그녀의
불편한
진실

그녀의
불편한
진실

the truth about rape
강간 피해 생존 경험 드러내기

테레사 라우어 지음
강영 옮김

도서출판 또하나의문화

THE TRUTH ABOUT RAPE by Teresa Lauer

Copyright ⓒ 2002 by Teresa Lauer
All rights reserved.
Korean Translation Copyright ⓒ 2010 by Alternative Culture Press
This Korean edition was published by agreement with Teresa Lauer.

이 책의 한국어 저작권은 저작권자와의 독점 계약에 의해 도서출판 또 하나의 문화에 있습니다.
신저작권법에 의해 한국 내에서 보호를 받는 저작물이므로 무단 전재와 복제를 금합니다.

그녀의 불편한 진실
— 강간 피해 생존 경험 드러내기

2010년 5월 24일 초판 발행 | 테레사 라우어 지음 | 강영 옮김 | 유승희 펴냄 | 도서출판 또하나의문화
121-818 서울 마포구 동교동 184-6 대재빌라 302호　전화 02-324-7486 팩스 02-323-2934 전자우편
tomoon@tomoon.com　누리집 www.tomoon.com | 등록번호 제9-129호(1987.12.29)

※ 이 도서의 국립중앙도서관 출판도서목록(CIP)는 e-CIP홈페이지(http://www.nl.go.kr/ecip)에서 이용할 수 있습니다. (CIP제어번호: CIP2010001764)
※ 이 책은 환경 보호를 위해 재생종이를 사용해 제작했으며 한국간행물윤리위원회가 인증하는 녹색출판 마크를 사용했습니다.

이 책을 남편 필에게 바칩니다.
나의 천사이자, 구세주이며,
가장 친한 친구이고, 사랑하는 연인입니다.
나의 공기이자 물입니다.
당신 아니면, 나는 존재할 수 없습니다.

감사의 말

수많은 분들이 애써 주신 덕분에 책이 나왔습니다. 많은 도움을 주신 분들께 진심 어린 감사를 전하고 싶습니다.

우선 남편 필에게 감사합니다. 제 생명을 구원해 주었으며, 앞으로도 드러나지 않게 저를 다시 구원해 주리라 믿습니다. 그때가 언제인지 몰라도 이 자리를 빌려 마음 깊이 당신께 감사를 전합니다.

엄마이자 소중한 친구 릴리안 여사, 고맙습니다.

게리 부시윌러 박사님, 멋진 친구로서 이 어려움을 함께 헤쳐 나와 주셔서 감사합니다. 힘든 상황 속에서도 흔들리지 않고 저를 저버리지 않은 것, 영원히 고맙게 생각할 것입니다.

데니스 힝클 박사님, 저를 굳게 지지해 주고 믿어 주셔서 고맙습니다.

쉴라 크리플즈, 방향을 제시해 주고 마음을 함께 나눠 주어 감사합니다.

끝으로 마음 뿌듯한 글과 이미지를 담은 책을 만들어 내는 데 도움을 주신 분들께 감사드립니다.

예술적인 통찰력을 보여 준 케시 던과 수전 켄드릭, 고맙습니다. 케시는 강렬하고 인상적인 표지를 만드는 데 힘을 아끼지 않았고, 수전은 이야기의 핵심을 뽑아 표지 글을 써 주었습니다.

또한 탁월한 비평과 편집 기술을 보여 주고 중요한 부분에서 단어와 생각을 제대로 전달하도록 도와준 레베카 차운, 이 프로젝트에 생명이 깃들도록 도와준 니키 스탈과 마레사 오어스에게도 감사드립니다.

모두 감사합니다.

강간 피해자에게 띄우는 글

 강간이 삶에서 외상 흔적이 가장 크게 남는 경험 가운데 하나임은 의심의 여지가 없습니다. 아마도 당신은 일련의 감정으로 혼란스럽고 두려웠을 것이며 지금도 그럴 것입니다. 일시적으로 기분이 좋아질 수 있는 말은 얼마든지 할 수 있습니다. 하지만 회복을 위해서는 강간이 개인적으로 무엇을 의미하는지 충분히 인지하고 자신의 삶에 미치는 영향력을 파악해야만 합니다.
 저는 여러분의 소중한 시간을 아껴 드리고자 합니다. 그것은 피부로 느낄 수 있을 만큼 평온한 마음의 건강을 되찾는 데 필요한 시간입니다. 또한 정신적인 회복을 위해서, 그리고 잠재적 능력의 최고치에 도달하기 위해 필요한 시간입니다. 육체적으로 건강하게 생활함으로써 충만하게 삶을 누릴 수 있기 위한 것입니다. 여성으로서 성적인 만족감을 충분히 얻을 수 있기 위한 시간으로, 지난 기억에 대한 고통 대신에 사랑스러운 손길을 자유로이 누리기까지 필요한 시간입니다.
 말하자면 일종의 임무를 다하려는 마음에서 이 책을 썼습니다. 여러분도 아주 잘 알고 있듯이, 강간 이후에는 혼자서 감당해 내기 버거운 혼돈을 경험하기 마련입니다. 여러분이 저나 제가 상담한 많은 여성들과 비슷하다면, 강간 이후에 오는 수백만 가지의 질문들을 안고 있을 것입니다. 그 질문들은 감당하기 힘든 슬픔에 직면해 어떻게 침대 바깥으로 나와야 하는가와 같은 기본적인 생존 기술에서부터 자신의 성적 관심을 되찾는 일처럼 장기적인 문제에 이르기까지 다양합니다.

조심스레 써서 부드럽게 들려준 다른 이들의 글이 제 고통을 덜어 주며 구원의 손길을 내밀었고, 단순히 생존에 만족하는 것을 넘어 더 잘 살 수도 있음을 알게 해 주었기에, 강간을 경험한 다른 이들과 더불어 제 자신의 경험을 여러분에게 들려주려고 합니다. 이 책을 읽는 분들이 책의 내용을 체득하면서 배우고 성장하기를 바랍니다. 한 시간 전이든, 이십 년 전이든 스스로를 돌보기에 너무 이르거나 너무 늦은 때란 없습니다.

여러분의 고통을 저 역시 겪어 낸 터라 충분히 이해하지만, 강간이 여러분 각자의 삶에 미친 영향을 일일이 다 안다고 말할 수는 없습니다. 즉 그런데도 남자를 신뢰하는지, 행복하고 안정된 관계를 유지하고 있는지, 일상생활에서 별 문제 없이 생활하면서도 좀처럼 벗어날 수 없는 슬픔을 안고 있지는 않은지 생각해 보십시오.

이 책을 읽는 동안 염두에 두세요. 저는 단 한순간도 강간에서 회복되는 일이 쉽다거나 금세 된다거나, 별 노력 없이 이뤄질 거라고 한 적은 없습니다. 피해자로서 반드시 거쳐야 할 단계들이 있습니다. 이 단계들을 지나가는 적당한 빠르기를 정하는 일은 그 누구보다도 자기 자신이 결정해야 하는 것입니다.

여러분은 혼자가 아니라는 것을 기억하기 바랍니다. 여러분의 회복을 염려하고, 여러분을 사랑하며, 고통이 끝나기만을 바라는 수없이 많은 사람들이 있습니다. 그들은 가족이나 친구일 수도 있고, 직업적으로 고통을 줄이고자 헌신적으로 일하는 전문가일 수도 있고, 지원을 아끼지 않는 다른 강간 피해자들일 수도 있습니다. 몸과 마음, 가슴을 열어 회복의 길로 발걸음을 내딛으세요.

솔직하게 말씀드리면, 저 역시 아직 강간에서 완전히 벗어나지 못했고 일상에서 지난 기억이 떠오르는 상황이 여전하지만, 그런 내 상태를 긍정하게 되었습니다. 강간은 육체적으로나 심리적으로 고통스럽지만 다른 경험과 마찬가지로 지금의 저를 이루는 일부분으로 생생하게 자리 잡고 있습니다.

여러 질문들을 읽어 가면서 한 가지 더 유념해야 할 것은 제가 회복에 유용한 수많은 정보들을 일일이 공정하게 판단하기에는 한계가 있다는 것입니다. 최선을 다해서 강간 피해자들이 염려하는 바에 대한 단면을 잘 보여 줄 질문들을 포함시켰습니다만, 부족하나마 말씀드리면 그 정보들을 디딤돌 삼아 여러분이 한층 더 나은 도움을 받기 바랍니다.

그리고 책을 읽다가 감당하기에 너무 힘들다고 여겨지면, 읽기를 중단하세요. 자신을 돌보고 자신의 속도에 맞춰 나가기 바랍니다.

언제든지 이메일(Teresa@RapeRecovery.com)을 보내 주셔도 좋습니다. 개별적으로 일일이 답장을 드립니다. 여러분이 각자의 회복을 향한 발걸음을 시작하는 데 제 마음이 함께하겠습니다.

여러분의 평안을 기원하면서
테레사

옮긴이 말

어느 여름 밤 창문 너머로 슬픈 울음소리가 들려왔습니다. 아파트 창문으로 내려다보니 공중전화 부스에서 중학생 정도 되는 여자아이가 수화기에 매달려 눈물을 펑펑 쏟아 내고 있었습니다. 어떤 이유에서인지는 몰라도 제 가슴을 쿵쿵 때리는 그 소리를 좀처럼 외면하지 못하다가 말이라도 걸어 이유를 물어볼까 한참을 고민했습니다. 그렇지만 알은체하는 것이 오히려 상처가 될까 염려되어 끝내 작은 손수건 한 장을 건넨 뒤 무거운 발걸음을 돌렸습니다. 그날 밤 그 소녀는 왜 그렇게 서러워했을까, 한참 여리고 여린 그 시기에 소녀를 목 놓아 울게 만드는 그 슬픔의 정체는 도대체 무엇이었을까, 그리고 그 소녀에게 뭔가 달리 해 줄, 아니 해 주어야 했던 일이 있지 않았을까 고민하느라 잠을 설쳤고 그것은 여전히 풀지 못한 숙제처럼 제 마음속에 남아 있습니다.

『그녀의 불편한 진실 *The Truth about Rape*』은 수년간 번역 활동에서 정식으로 출간되는 첫 책이며, 수많은 강간 피해생존자 가운데 한 사람으로서 작은 용기를 내, 그 결실이 맺어졌다는 점에서 특별한 의미가 있습니다. 국내 유명 서점의 인터넷 사이트에서 '강간'과 '성폭력'이라는 단어를 검색할 때마다 그 결과가 거의 전무한 것이 놀랍기도 하고 또 속상하기도 했습니다. 나중에야 강간과 성폭력에 관련된 책들은 대부분 제목에 그 단어를 직접 넣지 않을 뿐, 이미 번역되거나 저술된 책들이 꽤 있음을 알게 되었습니다. 하지만 이 책을 처음 만났을 당시에는 그런 사실을 모른 채 용기는 선한 의지에서 나온다는 말을 되새기면서 한 장 한 장 우리말로 옮겨 보았습니다. 혼자 무턱대고 시작한 만큼 과연 끝까지 해낼 수 있을까 하는 의구심이 없지 않았고 특정 부분에서는 읽기조차 겁이 나서 저도 모르게 제 안에서 일어나는 거부 반응을 다스리느라 다소 힘들었습니다.

사실상 제게도 성폭력이나 강간 같은 단어들은 너무나도 많은 감정과 잇따른 경험이 복잡하게 얽혀 감정적 응어리로 존재하고, 외상후 스트레스 장애를 불러일으켜 한마디로 내뱉기가 힘든 단어들입니다. 그것은 기억 자체로 끝나는 문제가 아니라 과거와 현재를 통틀어서 제 정체성이나 주변 관계에 영향을 주었습니다. 때로는 그 기억을 지울 수만 있다면 하고 생각한 적도 있지만, 그 기억은 이미 제 일부가 되어 있다는 것을 알고 있습니다. 마치 화석이 있던 자리에 그 화석은 없어져도 자국은 남는 것처럼, 문제는 기억 자체라기보다 그 불편하고 싫은 기억과 제 자신이 함께해 왔다는 사실입니다. 그런 만큼 오랫동안 그 기억과 더불어 나름대로 살아 냈음을 인정하고 의미를 부여해야 합니다. 따라서 제 몸과 마음의 일부가 된 그것을 감추려고만 하거나 없는 듯이 외면해도 아무 소용이 없음을 깨달았습니다. 저는 몸이 알고 있는 것을 부인하지 않으며 그냥 두어서는 결코 사라지지 않는 상처를 속에서 곪지 않도록 밖으로 표출하고 건강해지자는 메시지를 전하고 싶습니다. 어두컴컴한 방에서 얼굴은 모자이크 처리를 하고 변조된 목소리에 가명으로 하는 인터뷰는 피해자의 인권을 배려하지만 아이러니하게도 피해자가 햇볕으로 나올 기회를 막아 버리는 것이라고 생각합니다. 왠지 피해자는 스스로 비굴해져야 한다고 말하기라도 하는 듯한 통념을 더욱 공고히 할 수도 있기 때문입니다.

'raped'라는 영어 단어도 흔히 쓰이는 '강간을 당하다'는 표현이 아니라 '강간을 겪다'라고 일관되게 번역하여 의식의 전환, 표현의 전환을 제안하려 했습니다. '당하다'는 말은 가해자의 책임에도 불구하고 은연중에 피해자가 일부 자초한 듯한 인상을 내포하거나 피해자의 무기력함에 과대하게 초점을 맞춘 것이라는 생각이 듭니다. 다시 말해, 강간에 대한 일반적인 인식에서 특히 문제가 되는 것은, 가해자에게 온전히 비난의 화살이 돌아가지 않아 피해자의 입에 무거운 자물쇠가 채워짐과 동시에 왠지 모를 자책감에 시달리게 되는 것입니다. 따라서 그 누구도 아닌 피해자와 그 가족의 고통에 관심을 기울이고 회복 과정에 주목하려는 의도에서 '겪다'는 표현이 적절하다고 생각했습니다.

책을 단순히 읽는 것을 넘어서 한 단어 한 단어 우리말로 옮기다 보니 피해자이자 생존자의 한 사람으로서 막연히 생각해 오던 것을 확인하게 되었고 저자 테레사의 아픈 경험과 통찰에 이르는 과정이 그야말로 피부에 와 닿아서 중간 중간 뺨을 적신 적이 한두 번이 아니었습니다. 이 책은 제게 일의 차원을 떠나 절실한 공감과 제 안의 깊은 영역으로 침잠할 수 있는 명상의 시간을 허락해 주었습니다. 스스로 외면한 제 자신을 끌어안으려 한 이 시도는 내내 보잘것없이 여겨진 제 삶을 좀 더 남다르고 특별하게 느끼게 도와주었고, 흔히들 말하듯이 세상은 살아볼 만한 곳이라는 것도 실감하게 해 주었습니다. 가슴이 바라보는 곳을 머리가 알아주고 손과 발이 함께 나아가 주는 것이 제 존재를 긍정해, 스스로를 더 온전하게 해 주었습니다. 더불어 세상과 화해하며 트라우마에서 회복하는 데 한 걸음 더 가까이 갈 수 있도록 해 준 만큼, 고통을 이겨 내는 열정은 종종 삶에 또 다른 에너지로 작용하는 것임을 이 책을 옮기는 내내 깨달았습니다.

마침내 초벌 번역을 끝내 놓고 저자에게 이메일을 보내 출간하고 싶다는 의사를 표시했을 때 흔쾌히 응해 준 테레사에게 감사의 뜻을 전합니다. 다른 언어로 출간하는 계획안은 처음이라며 용기 있는 행동이라고 격려도 아끼지 않았습니다. 재벌 번역 및 확인, 윤문 작업 등을 거쳐서 한국어판이 나

오기까지 많은 분들의 도움이 있었습니다. 이 자리를 빌어 특히 이 책이 빛을 볼 수 있도록 도와주신 또하나의문화 유이 사장님, 의학적 전문가 견해를 감수해 주신 가톨릭대학교 의정부성모병원 권용실 교수님, 원문 해석에서 난해한 부분을 함께 고민해 준 페넬로페 톰슨, 윤문 과정을 도와준 친구 은진과 윤주, 그리고 편집자 조은, 이현정 님께 감사의 말씀을 드립니다. 우리나라 실정에 맞는 자료 보충에 힘써 주신 한국성폭력상담소 김민혜정 님을 비롯한 활동가 여러분, 출간 준비 기간 내내 함께한 또문 출판사 분들, 더불어서 이 분야에서 노력하고 애쓰고 계신 모든 분들께도 진심으로 감사하며 격려의 말씀을 전하고 싶습니다. 끝으로 예술의 영역을 확장해서 실천할 수 있음에 감사하며, 좀 더 다각적인 차원에서 성에 대해 자유롭게 얘기할 수 있는 분위기가 조성되고, 여성이 성을 말할 수 있도록 그 장벽이 조금 더 낮춰지기를 바랍니다.

2010년 4월

강영

이 책 사용법

1부는 심리상담가와 나눈 50여 차례의 실제 상담 내용을 담고 있습니다. 시작 단계, 중간 단계, 마무리 단계의 특징을 통해서 예상되는 여러 단계들을 보여 줌으로써 상담이 어떤 식으로 진행되는지를 알려 주기 위한 것입니다. 회복 단계는 제가 제시한 일기처럼 전체를 아우르는 시각을 통해서 좀 더 쉽게 인식될 수 있습니다. 따라서 가능하면 일기를 기록해, 상담을 거치면서 자신이 생각한 것과 느낀 것, 그리고 진행되는 방향을 남길 것을 제안합니다. 진행 과정을 되돌아보는 일은 감정적인 차원에서 매우 큰 가치가 있습니다.

2부에 포함된 다섯 개의 장은 좀 더 구체적인 정보를 통해 여러분이 해결해야 하는 삶의 영역을 규정하는 데 도움을 줍니다. 여러분의 시간은 말할 수 없이 값진 것입니다. 삶, 가족, 친구, 취미 생활, 욕구, 목표하는 바도 있을 것입니다. 강간은 여러분이 누려야 할 이 모든 것들로부터 소중한 시간을 앗아 갔을 것입니다. 제 목표는 여러분의 에너지를 스스로의 회복에 집중하게 하는 것입니다.

이 작업을 하는 동안에 남들은 어떻게 회복했는지에 대한 질문을 수없이 받았습니다. 간단명료하게 대답하자면 열심히 노력하고 인내하고 피와 땀과 눈물을 흘려 왔다는 것입니다. 다행인 것은 여러분을 염려하고, 여러분의 경험에 공감과 연민을 갖고서 도와주려는 사람들이 세상에 있다는 것입니다. 각 장에서 다른 사람들이 물어 왔고, 여러분 역시 궁금해할 만한 질문들을 모아 보았습니다.

이는 상황별로 유용하도록 엮은 책으로서 심리적 건강의 네 가지 중대한 주춧돌이라고 할 수 있는 감정, 정신, 육체, 성의 영역을 다루고 있습니다. 강간이 20일 전에 있었든지, 20년 전에 있었든지 관계없이 중대한 정보를 제공해 주기 위한 것입니다.

또한 여기에 나오지 않은 질문이 있으면 제게 이메일로 고민을 들려주시기 바랍니다. 개인적으로 하나하나 모든 메일에 답변을 할 것입니다.

다음 장들은 2부에서 주요하게 다뤄집니다.

: 감정 치유 : 여러분 내면에 채워지지 않는 공허함이 있나요? 현재 여러분의 행동 가운데 많은 부분이 강간을 겪은 사실 때문이라고 여겨지고 자기 감정을 충분히 얘기하지 못했다고 생각하나요? 무자비한 악몽과 플래시백으로 고통받고 있나요? 여전히 강간 때문에 정체되고 있다고 여기나요? 여러분이 스스로 원하는 모습이 되기 위해 필요한 것이 무엇인가요? 서로에게 충실하고 행복한 관계를 유지하고 있나요? 여러분의 얘기를 알 필요가 있는 사람들에게 털어놓은 적이 있나요? 죄책감이나 수치심, 걱정으로 고통받고 있는지 생각해 보세요. 느낌이라고 하는 것은 결코 옳고 그름의 문제가 아닙니다. 느낌은 말 그대로 느끼는 것일 뿐입니다. 우리는 이런 질문들을 '감정 치유'에서 좀 더 많이 살펴볼 것입니다. 이 장의 개요는 이렇습니다.

- 강간 : 외상적인 사건
- 강간의 재경험
- 회피 증세
- 각성 증세

: **정신 치유** : 이 책이 지향하는 바를 고려할 때 '정신 영역'이 강간의 회복을 위한 한 과정이라고 말할 수 있습니다. 강간에서 정신적인 요소가 있다고 믿는데, 어떻게 해야 그 중대한 사건을, 겪지 않았으면 평범했을 여러 상황과 통합해 나갈 수 있는지, 어떻게 해야 아침에 일어날 때 스스로에 대한 신념과 자아에 대한 상을 그대로 유지한 채로 그 경험이 전혀 영향력을 행사하지 못하도록 할 수 있을지에 관한 것입니다. 우리는 신문에서 항상 강간 관련 뉴스를 읽지만 그런 기사들은 범죄의 심각성을 피해자에게 제대로 일깨워 주지 못합니다. 몸과 마음에 심각한 상처를 남기는 경험에서 벗어나 회복에 다다르기 위한 노력은 최대한 빨리 시작해야 합니다.

도대체 어떤 남성들이 강간을 하는지 궁금한가요? 스스로 얘기를 꺼내고 싶지 않고 다만 이런 감정이 저절로 없어지기만을 바라나요? 상담에 관해서 혼란스럽고 시간과 비용을 투자할 만한 가치가 있는지 궁금한가요? 전문적인 도움이 필요한데 어디서부터 시작해야 하는지 모르나요? 집단 상담이나 지지 모임이 여러분에게 도움이 될지 궁금한가요? 우리는 이러한 질문들을 '정신 치유'에서 좀 더 자세히 살펴볼 것입니다. 이 장의 개요는 이렇습니다.

- 관련된 내용에 대해 더 많이 공부하기
- 강간에서 회복하는 데 필요한 단계들
- 회복 과정

: **육체 치유** : 육체의 치유는 엄청나게 중요합니다. 강간이 미친 의학적, 생리학적 영향에 대해 스스로 더 많이 공부해야만 학습된 고객으로서 전문가들을 적절히 찾아내어 도움을 구할 수 있습니다. 강간 이후 첫 산부인과 의사 진료가 염려되나요? 검사 도중이 어떤 일이 벌어지는지 정확히 알고 싶

은가요? 식이 장애가 있는지, 그리고 그것이 강간과 연관이 있는지 궁금한가요? 스스로에게 해로운 행동을 하는데 어떻게 멈춰야 하는지 알 필요가 있나요? 여러분의 안전이 염려되나요? 우리는 이러한 질문들을 '육체 치유'에서 좀 더 자세히 살펴볼 것입니다. 이 장의 개요는 이렇습니다.

- 의학적인 문제
- 생리학적인 문제
- 안전상의 문제

성적 치유 : 성적인 치유는 여러분의 질적 행복에 중요합니다. 여러분의 감정, 정신, 육체의 요구는 종종 얘기하면서도 성적인 요구에 관해서는 충분히 논의하지 않습니다. 여러분은 남성의 성기가 무기로 사용된, 두말할 나위 없이 심한 상처를 남기는 사건을 경험했습니다. 우리는 강간이 힘에 근거한 범죄라는 것을 이해하고 있지만, 여전히 범죄에 사용된 도구는 본질적으로 성에 관한 것입니다.

여러분이 성적 관심에 혼란스러움을 겪는 것은 당연합니다. 여러분은 (많은 여성이 그렇듯이) 자신의 성적 매력이 강간범의 행동을 부추겼다고 여기고 있나요? 여러분은 스스로 매력적으로 보이지 않게 하려고 외모를 바꾼 적이 있나요? 어떻게 해야 강간에 대해서 생각하지 않고 성관계를 가질 수 있을까 궁금한가요? 섹스에 대한 관심이 별로 없나요? 강간을 상기시키기 때문에 너무 힘든 자세들이 있나요? 어떻게 해야 파트너와 여러분의 요구에 관해 소통할 수 있는지 궁금한가요? 섹스에 관한 상담이 도움이 될지도 몰라 궁금한데 어떻게 해야 하는지 모르나요? 강간 도중에 성적으로 반응해서 죄책감과 수치심으로 고통받고 있나요? 스킨십에 다시 익숙해지도록 마사지 치료사가 필요한가요? 강간으로 인한 상처가 당혹스러운 결과를 낳은 적이 있나요? 질 경련으로 고통받고 있나요? 만성 통증이나 장애로 고통을 겪고 스스로 벗어날 필요성을 느끼고 있나요? 우리는 이런 질문들을 '성적 치유'에서 좀 더 자세히 살펴볼 것입니다. 이 장의 개요는 이렇습니다.

- 친밀감에 관한 문제
- 신체 이미지 및 관능성
- 성적 치유

: **가족 및 친구** : 여러분의 빠른 치유를 도울 수 있는 가족과 친구들은 회복에 가장 큰 지원군이라고 할 수 있습니다. 이 장에서는 감정, 영성, 육체, 성적 관심사에 관해 여러분을 돕도록 합니다. 더불어, 그들이 여러분에게 도움을 주기 위해 정보를 찾을 수 있도록 관련 문제를 다루는 지원책들을 제공하고 있습니다.

2부는 감정, 정신, 육체, 성적 치유에 관한 수많은 질문들에 대한 답변과 더불어, 각 장은 여러분에게 필요한 정보를 명확하고 간결하게 제공하는 형식을 취하고 있습니다.

: **질문과 답변** : 각 질문에 대한 개략적 내용입니다.

경험자 견해 이 부분이 아마도 제가 가장 좋아하는 영역일 것입니다. 강간과 회복에 관련된 일을 하면서 저는 엄청나게 용기 있는 여성들을 수없이 만나 보았습니다. 알고 지내던 내담자와 친구들, 그리고 처음 만나 이제 친구가 된 그 사람들은 모두 자기 자신을 비롯해서, 희망, 꿈, 힘겨운 투쟁을 다

내주었습니다.

그들이 자신의 삶을 저와 공유해 주었고, 이제는 여러분과 나눈다는 사실은 제가 특별한 권한을 누리고 있다는 생각이 들게 합니다. 그들의 동기는 전적으로 이타적인 것으로 우선 어떤 것이 자신들에게 효과가 있었고, 어떤 것이 그렇지 않았는지 공유함으로써 다른 이들의 고통과 시간을 아껴 주었습니다. 진심으로 그분들께 감사의 마음을 전합니다.

전문가 견해 이 부분은 각 질문마다 임상 정보를 제공합니다. 사실상 매 주제에 유용한 정보량이 엄청난 까닭에 개략적인 내용만을 전할 뿐입니다.

지면의 제약으로 핵심적으로 값진 정보를 제공하도록 관련 정보를 깔끔하게 편집하였으므로 자기 주도 학습이나 심리상담사와 함께하는 경우 어느 쪽에서도 유용하게 활용할 수 있습니다.

차례

감사의 말 ······ 7
강간 피해자에게 띄우는 글 ······ 9
옮긴이 말 ······ 13
이 책 사용법 ······ 17

1부 상담

들어가는 말 ······ 33
 1_9시 약속 시간에 맞추기 위해 ······ 35
 3_내가 여기 온 것은 ······ 40
 4_지난번 상담 이후에 ······ 44
 7_오늘따라 내가 우울한 것을 바로 알아차리고 ······ 47
 9_상담에서 가장 중요한 것이 시간이기에 ······ 52
 10_조심스레 게리에게 말을 건넨다 ······ 55
 11_나를 편안하게 이끌어 주려는 걸 알기에 ······ 57
 12_내게 일어난 어떤 일을 얘기하고 싶어요 ······ 59
 13_게리가 오늘 상담에 늦는다 ······ 62
 15_몇 년 전에 겪은 강간에 대해 ······ 66
 16_요즘 읽고 있는 강간 관련 책 ······ 70
 17_수년 전에 겪은 강간의 기억을 ······ 74
 18_게리 방으로 향하는 발걸음이 유난히 가볍지 못하다 ······ 77

19_잿빛 하늘에 비가 내린다 …… 81
20_강간에 대한 얘기를 시작한 이후로 …… 85
21_지난번 상담이 있은 지 거의 한 달 …… 89
22_게리가 상담실로 부른다 …… 93
23_다소 낯선 느낌 …… 96
24_그때 그 남자의 집에서 …… 99
26_얘기를 털어놓기로 한 목적 …… 103
28_이 상담에서 이겨 내고자 하는 슬픔은 …… 105
30_아빠 얘기를 하던 내 반응 …… 107
31_매우 촉박하게 연락했는데 …… 109
33_깨달음의 순간을 고대해 왔지만 …… 112
34_게리의 휴가가 꽤 어중간하게 잡힌 탓에 …… 114
36_가까운 이의 죽음을 온전히 슬퍼해 보지 못한 …… 117
37_소소한 일상에 관한 얘기 …… 119
38_게리를 만나고 싶은 마음이 간절하다 …… 121
40_상담에 오고 싶지 않았다 …… 123
41_아빠의 죽음 이후 …… 125
44_지금껏 상담 대기실에서 한 번도 본 적 없는 광경 …… 128
46_이 문제를 일부러 피해 왔지만 …… 130
47_게리가 아파서 지난번 상담을 취소했다 …… 132
48_강간의 결과에 초점을 맞춰 계속 노력해 보자고 …… 134
50_아무 말도 하지 않는다 …… 137

53_단호한 태도로 나를 맞으면서 …… 140
55_상담 시간 동안 상담실을 안전한 피난처로 …… 143
56_출산 경험 …… 146
57_한결 편안하고 격의 없이 …… 148
60_엄청나게 강렬한 느낌에 저항하려니 …… 150
61_깊은 이야기를 하려면 …… 152
62_내 얘기는 바닥을 다 드러낸 듯하다 …… 155
64_게리와의 관계는 긴밀하고 친근하다 …… 157
65_자리에 앉자마자 …… 159
67_상담에서 맛본 큰 행복감 …… 161
68_거의 한 달 동안 …… 163
69_날씨가 포근하다 …… 165
71_강간에 대해 연구한 것 …… 167
72_상담 과정 중에 종종 게리의 소파에 올라가 어린아이가 되고 싶었지만 …… 169
74_이제껏 정말 고생이 많으셨습니다 …… 172
78_빨리 만나고 싶은 마음 …… 174
82_가장 심오한 배움과 통찰 …… 177
83_상담 이후 생긴 일들로 엄청난 행복감에 빠져 …… 179
89_석사 학위에 필요한 과제를 수행 …… 182
94_상담의 종결에 대해 준비 …… 184
95_나의 독립기념일 …… 186
에필로그 …… 188

2부 감정, 정신, 육체, 성적 치유

❶ 감정 치유
내가 겪은 것이 강간인가요? ······ 194
데이트 강간도 진짜 강간인가요? ······ 196
데이트 강간 마약이 무엇인가요? ······ 198
교내에서 강간을 겪었어요. 누구에게 도움을 받을 수 있죠? ······ 200
강간에 관한 생각이 머리에서 떠나지 않아요. 왜 벗어나지 못하는 것일까요? ······ 202
플래시백은 어떤 '느낌' 인가요? ······ 204
언제쯤 악몽을 꾸지 않게 될까요? ······ 206
왜 어떤 냄새를 맡으면 강간범이 떠오르는 것일까요? ······ 208
그것에 대해서는 얘기하고 싶지 않아요. 얘기해서 무슨 소용이 있겠어요? ······ 210
왜 아무 일도 하고 싶지 않은 거죠? ······ 213
그 일이 있는 후로 왜 집중할 수가 없죠? ······ 216
왜 아주 작은 소리에도 깜짝 놀라는 걸까요? ······ 218
의사가 불안 발작이라고 진단했는데, 그게 무엇인가요? ······ 220

❷ 정신 치유
이해하고 싶은데, 이것이 도움이 될까요? ······ 224
도대체 어떤 남자가 이런 짓을 할 수 있죠? ······ 226
형사 고발을 할 수 있을까요? ······ 229

강간이 별 영향을 주지 않았어요. 아무것도 바꿀 수 없을 텐데 왜 굳이 그 생각을 해야 하나요? …… 232
하느님은 어떻게 내게 이런 일이 생기게 내버려 두셨을까요? …… 234
더 주의했더라면 이런 일은 일어나지 않았을까요? …… 236
세상이 죽어 버린 것만 같아요. 왜 이렇게 우울한 걸까요? …… 238
어떻게 해야 일어난 일을 받아들이는 법을 알 수 있을까요? …… 241
강간 회복을 위한 단기간 지원은 어떤 게 있을까요? …… 243
긴급 상황에서 어떤 도움을 기대할 수 있을까요? …… 246
강간 회복을 위한 장기적 도움에는 어떤 것이 있을까요? …… 249
심리상담가를 어떻게 찾을 수 있나요? …… 251
어떤 종류의 심리상담이 가능한가요? …… 253
누군가 미술 치료를 제안했는데, 도움이 될까요? …… 255
EMDR이란 무엇입니까? 이런 상담이 도움이 될까요? …… 258
집단 상담을 받으러 가야 할까요? …… 261
지지 모임이 내게 더 잘 맞을까요? …… 263
상담을 시작한다면 어떤 것을 미리 준비하고 있어야 할까요? …… 265
상담을 받고 싶지 않은데, 다른 방법이 있을까요? …… 268

❸ 육체 치유
산부인과 진료 예약이 불안하게 느껴져요. 어떻게 하면 좋을까요? …… 272
에이즈 검사를 받아야 할까요? …… 275
강간으로 임신하게 될까 너무 두렵습니다. 어떻게 하면 좋을까요? …… 277

식이 장애가 계속되고 있는 것 같은데 어떻게 하는 게 좋을까요? …… 279
왜 자해를 하고 싶을까요? …… 281
내 몸에서 분리된 느낌이에요. 왜 성욕을 느낄 수 없는 걸까요? …… 283
다시 안전하다고 느끼려면 어떻게 해야 할까요? …… 285

❹ 성적 치유
어떻게 해야 다시 성감을 되찾을 수 있을까요? …… 288
이제 더는 성생활을 하고 싶지 않아요. 벼랑 끝에 선 느낌이에요. 성 상담사를 찾아봐야 할까요? …… 291
특정 체위가 감정적으로 매우 힘든데, 어쩌면 좋을까요? …… 293
강간 도중에 성적으로 반응했기 때문에 죄책감이 있어요. 뭐가 잘못된 걸까요? …… 296
남편에게 이제 사랑을 나눌 준비가 되었다는 말을 어떻게 할 수 있을까요? …… 298
만지려고 하면 움츠러드는데 어쩌면 좋죠? …… 301
어떻게 해야 내 과거를 이해할 수 있는 마사지 치료사를 찾을 수 있을까요? …… 304
강간으로 인해 만성 통증을 안고 사는데 해결 방법이 있을까요? …… 306
강간으로 영구적인 장애를 입었는데 어떻게 하면 좋을까요? …… 309
흉터 때문에 옷을 벗기가 창피합니다. 벗은 몸이 다시 편하게 될 방법이 있을까요? …… 311
엄청난 통증을 겪고 있고 의사는 강간으로 상처가 생긴 것 같다는데 어떻게 하면 좋을까요? …… 312
산부인과 의사가 성병 검사를 제안했는데 그게 무엇입니까? …… 314
의사가 질 경련으로 진단했는데 그게 무엇인지 또 어떻게 해야 좋을지 알고 싶어요. …… 316

❺ 가족·친구

아내는 너무나 엄청난 고통을 겪고 있고 나는 분노만을 느낄 따름인데, 그녀와 나 자신을 도울 방법에는 무엇이 있을까요? …… 320
아내가 회복하는 데 심리상담이 도움이 될까요? 함께 가야 할까요? …… 323
아내를 보호하지 못한 것을 자책하고 있습니다. 그녀 역시 그럴까요? …… 325
언니가 식이 장애로 심각한 부정 단계에 있는데 어떻게 도울 수 있을까요? …… 328
딸이 고의적으로 자해를 하고 있는 듯해서 안타깝습니다. 어떻게 해야 할까요? …… 330

3부 도움이 되는 책·영상·기관

1
상담

들어가는 말

나는 기억력이 유난히 좋은 편입니다. 사람, 장소, 겪은 일 등을 잘 기억하는 것이 좋을 때도 있지만 항상 그런 것은 아닙니다. 옛일을 잘 기억하지 못하는 사람들은 부러워할 테지만 나는 오히려 기억력 나쁜 사람들이 부럽습니다. 그때 그 일이 일어난 곳에 가면 기억이 불꽃처럼 확 되살아나 당시의 감정이 생생하게 떠오릅니다. 그때 그곳의 기억에서 벗어나기 위해 심리상담을 받기로 했습니다.

기억력만 남다른 것이 아니고, 그날 그날 일어난 일을 하루도 빼놓지 않고 기록해야만 직성이 풀리는 유별난 습관도 있습니다. 사건을 하루하루 시간순으로 정리한 꼼꼼한 기록을 보면서 내 행동을 성찰합니다.

이렇다 보니 3년에 걸친 심리상담 과정을 심리상담가와의 관계, 일련의 감정, 진행 사항까지 모두 시간순으로 정리하게 되었습니다. 효과를 높이기 위해 일지 형식으로 사건마다 현재 시제로 기술했습니다. 날것 그대로의 감정 상태를 현재인 것처럼 기억하고 있기 때문입니다. 기억하는 방식대로, 가공되지 않은 느낌 그대로를 나타내려는 것입니다. 숨이 차오르고, 동공이 커지면서, 살갗은 불에 덴 듯 화끈거린다. 이것이 내가 그 일을 기억하는 방식이며, 있는 그대로를 기록하려고 했습니다. 그 특정한 시간과 장소는 육체적으로, 감정적으로, 정신적으로 내게는 현재형인 것입니다.

다음은 강간 시점과 그 후에 죽 기록한 일기에서 발췌한 내용입니다. 652쪽을 모두 옮겨 오면 독자들이 부담스럽고 지루할 수도 있어서, 주요 사건을 서술한 도입 부분이나 상담에서 얻은 주된 성과와 통찰력을 위주로 다소 의미가 적은 부분은 생략했습니다.

심리상담에서 얻은 가장 깊이 있는 통찰로, 이 책을 읽는 모든 이가 마음속에 담아 두기를 바라는 것은, 바로 배우자와 가족, 친구, 상담 분야 전문가 단체 같은 도움의 손길이 우리 가까이에 있다는 사실입니다. 그러므로 강간의 후유증으로 외롭게 침묵 속에서 고통을 겪을 이유는 전혀 없습니다. 그런 충격적인 외상을 경험할 때 그 어려운 시기를 함께 아파해 주고, 여러 가지로 도움을 주고 돌봐 줄 수 있도록 해당 연수 과정을 거친 사람들이 있습니다. 여러분은 그들이 제공하는 이해나 배려를 받을 자격이 충분합니다.

나의 웹사이트 www.RapeRecovery.com을 방문해도 좋고, 정보나 소개 등을 원한다면 이메일을 보내도 좋습니다. 여러분이 구원을 얻고자 손을 내밀 때, 나는 진심으로 여러분의 회복에 애정 어린 관심을 가지고 성실하게 답변할 것입니다.

상담 1

9시 약속 시간에 맞추기 위해 아침 7시 반에 집을 나선다. 1.5킬로미터 거리밖에 되지 않으니 늦을까 봐 걱정할 필요는 없다. 30분 뒤 도착해 빌딩 문이 열릴 때까지 동네를 돌고 또 돈다.

지난 5주 동안 마음속으로 내 이야기를 되풀이하고, 차분하게 사실을 떠올리면서 보낸 것이 괜한 시간 낭비 같다. 상담실이 열리기를 기다리면서 드는 생각이라고는 여기 있는 것 자체가 큰 실수라는 것뿐이다. 머릿속이 새하얘지는 것 같다.

대기실은 차분한 색상으로 꾸며져 있고 푸른 식물이 가득한데, 너무 밝게 느껴진다. 테이블 램프가 있으면 훨씬 더 안정감을 느꼈을 텐데 내 모습이 이곳의 진열품처럼 보일 것만 같다.

잡지를 들어 보지만 좀처럼 집중이 안 돼 그저 책장을 뒤적이며 앉아 있다. 방을 죽 둘러보면서, 다른 환자는 무슨 일로 왔을까 생각한다. 구석에 한 커플이 마주 앉아 있는데 여자는 고개를 숙이고 있다. 남자는 무릎에 놓인 그녀의 손을 잡고 귀에다 속삭이듯 얘기하고 있다. 그는 무언지 모를 상실의 아픔을 겪고 있는 듯한 그녀를 위로하고 있다. 필에게 와 달라고 부탁하지 않은 것이 실수인 듯하다. 늘 그렇듯이 혼자 할 수 있다는 것을 증명해 보여야 하지만, 이 커플을 보고 나니 어느새 내 곁에 필이 있었으면 하고 바라게 된다.

다른 쪽 구석에는 한 남자가 손을 쥐어뜯면서 앉아 있다. 극심한 외로움을 겪는 듯하다. 잠을 며칠 못 잤거나 옷도 갈아입지 못한 듯 흐트러진 차림새다. 왠지 모를 연민과 모성을 불러일으킨다.

한 사람씩 환자들이 불려 들어가고 나 혼자 남는다. 얼마 후 키가 훤칠하고 매력적인 남자가 문 쪽에 나타나서 내 이름을 부른다. 그는 자신을 심리 상담가라고 소개하면서 성이 아닌 이름, 게리로 부르라고 말한다.

그는 자신의 상담실이 복도 쪽이라는 몸짓을 하고는 앞서 걸을 것을 권한다. 상담실은 넓고 편안한 느낌에 산의 정경이 아름답게 내다보인다. 온화한 지중해 기후의 캘리포니아라서 1월인데도 창밖으로 건물에 바짝 붙어서 핀 화사한 꽃이 보인다.

한눈에 게리가 마음에 든다. 자신 있고 확신에 찬 태도, 수줍은 듯한 미소로 눈을 맞추는 것이 마음을 끈다. 부서의 책임자 같은데 나보다 겨우 열 살 정도 위라는 것을 알고 놀랐다. 사실 마음 한편에는 그가 나이도 많고 매력적이지 않기를 바랐는데 완전히 반대다.

의자와 물을 권하고 그가 잠시 사라진 동안 상담실을 차근차근 둘러본다. 넘치는 서가는 상담 이론에 관한 온갖 서적을 갖춘 방대한 도서관 같은 느낌이다. 그는 물 한 잔을 가지고 돌아와서 내 앞에 앉고는, 의자에 편하게 기댄다. 들어오는 그에게 시선을 맞추지 못한 것은 나답지 않은 행동이다. 너무 긴장한 나머지 단어가 모두 입에서 뒤엉켜 버릴 것만 같고, 일단 시작하면 멈출 수 없을 것 같다. 아니, 일단 시작하고 나면 울음을 멈출 수 없을 것만 같다.

차트를 보면 알 수 있을 텐데도 그는 내게 상담하러 온 이유를 이야기해 달라고 한다.

수년 전의 성폭행, 아니 물론 이것이 모든 얘기를 다 해 주지는 않는다. 현재 상태를 묻는 질문에 플래시백(환각적 재연 — 옮긴이), 불안, 수면 장애 등의 항목에 그렇다고 대답한다. 그러나 내 목소리는 지난 5주간 나타난 그런 증상이 별 거 아니었다는 듯 점점 무미건조해진다.

질문에 조심스레 응답을 하고는 기본적인 설명을 한다. "네, 좋은 남자를 만나 11년째 결혼 생활을 하고 있어요. 함께 지낸 것은 18년이고요. 그의 이름은 필이고, 소프트웨어 디자이너예요. 우리는 함께 소프트웨어 회사를 운영하고 있어요. 아뇨, 자녀는 없어요."

목소리가 마치 다른 사람 같다. 그의 눈을 바라보면서 나 자신을 드러내는 일이 편하지 않다. 살아온 얘기를 띄엄띄엄 늘어놓는 동안 나를 충분히 배려하면서 대화를 이끌어 주는데도 괜히 주눅이 든다. 웃음소리마저도 신경이 쓰이고, 왠지 모르게 어색해져서 나를 나약하거나 멍청한, 심지어는 미친 여자로 보지 않을까 걱정이 된다.

애써서 연습한 단어는 서로 연결이 안 되고 감정이 빠져나간 듯 낯설게 들린다. 속이 불편하다. 상담 자체가 실수였노라고, 그리고 시간을 빼앗아 미안하다고 말하고 싶다. 그러나 아무 말도 하지 않는다. 실은 그의 도움이 절실히 필요하다.

왜 이토록 오랜 시간이 지나서 도움을 청하는 거냐고 묻는 게리에게, 오늘 상담 약속을 잡으려고 상담실로 전화하던 날 이야기를 한다.

❦ ❦ ❦

추수 감사절을 일주일가량 앞두고 있다. 행사 관련 업무 때문에 지칠 대로 지친 상태다. 뜬눈으로 밤을 새다시피 하고, 산만하게 가지를 뻗는 생각으로 마음이 어지럽다.

그러던 어느 날 저녁, 녹초가 되어 일찌감치 잠이 든다. 이른 아침, 식은땀을 흘리며 깨어난다. 두려움에 떨면서 꼼짝도 못하고 누워 있다. 입도 뗄 수 없고 곁에 잠든 남편에게 도움을 청하려 해도 손조차 뻗을 수 없다. 그의 숨소리를 들을 수 있고 내 뺨에 닿는 숨결을 느끼지만, 입을 열 수도 팔을 들 수도 없다. 다시 움직이는 데 30분 남짓 걸렸다. 여전히 날은 밝지 않았지만, 다시 못 일어날지도 모른다는 두려움 때문에 다시 눕지 못하고, 집 안을 서성인다. 죽어 가는 느낌이다. 해 뜰 무렵 나를 온통 에워싼 숨 막힐 듯한 슬픔이 반드시 누군가와 얘기를 나눠야 한다는 사실을 분명하게 해준다, 그것도 가능한 한 빨리.

필이 고객을 만나러 나가자마자 전화를 건다. 마치 손이 그 결정을 내리고 손가락이 알아서 전화번호를 누르는 것 같은 묘한 느낌이다. 앤이라는 여성과 얘기를 나눈다. 편안한 안도감을 주는 목소리. 친절함과 배려심이 느껴져 전화하길 잘했다는 생각이 든다. 전화하면서 주방 바닥으로 미끄러져 앉았을 때 기댄 찬장의 차가운 나무 느낌이 그다지 나쁘지 않다.

얘기하는 동안 심장이 어찌나 뛰는지 쿵쾅거리는 소리가 귓전에 울리는 듯하다. 그녀는 차분하면서 부드러운 목소리로 어떤 도움이 필요한지 묻는다.

말이 엉켜서 두서가 없지만 그것도 잠시, 곧이어 연발로 터져 나온다.

최근의 폭행, 그러나 그 문제는 아니다. 진짜로 그것이 문제는 아니다. 문제는 수년 전에 있었던 강간이다.

남자 심리상담가를 부탁한다고 내가 말한다. 왜 그랬는지는 나도 모르겠지만. 그녀는 이유를 묻지 않고 게리에게 상담을 받는 것이 좋겠다고 한다. 게리에 대한 신뢰감이 내게도 스며들어 그녀의 말을 따르기로 한다. 10여 분간 더 얘기를 나누면서 나를 안심시키고 모든 것이 잘될 거라고 확신시켜 준다. 자신이 항상 곁에 있겠노라고, 필요할 때면 언제든지 전화해도 좋다고 한다. 시간을 들여 안심시켜 준 친절함에 고마움을 전한다. 전화를 끊는 것이 망설여지지만, 이제 그만 수화기를 내려놓는다.

하지만 전화를 끊자마자 마음이 불편해진다. 결정을 내렸는데도 누군가의 도움이 필요하다는 데 스스로 실망한 까닭이다. 낯선 사람과 감정을 공유한다는 것이 비참하지만, 그렇게 하지 않는 것은 더 끔찍하다.

나는 굴복한다.

누군가에게 나 자신을 내맡김으로써 책임감에서 벗어난 듯한 묘한 느낌이 든다. 미처 생각지 못한 혜택이다. 이제 그냥 나 스스로 생각하도록 내버려 두고 무엇이든 느끼게 내버려 둘 수 있다. 설령 넘어진다고 해도 지켜 줄 누군가가 있는 것이다.

게리의 이름과 전화번호를 달력에 표시하고 동그라미를 쳐 두고는, 빨간 펜으로 상담 날까지 남은 날짜를 적어 놓는다.

✤ ✤ ✤

첫 번째 상담이 끝난다. 상담의 첫출발이 그렇게도 빨리 지나가다니 다소 실망스럽다. 오랫동안 내 안에 가둬 왔기 때문에 오늘 게리와 더 많은 것을 나누고 싶다. 이 시간을 그토록 기다려 왔는데, 시작도 하기 전에 끝나 버린 느낌이다. 겨우 이 정도를 위해 수백 시간이나 기다렸다니 기운이 다 빠진다. 몇 주 동안 게리를 볼 수 없다는 것도 실망스럽다.

우리가 함께 문제를 해결해 나갈 수 있을지 서로 조심스레 가늠해 보고 있는 것 같다. 그는 아마도 어떻게 나를 도울 수 있을지 판단을 내리는 중일 것이고, 나는 그가 가장 믿을 만한 사람이 맞는지, 그토록 오랜 시간 비밀로 간직한 사실을 그에게 드러내도 좋을지를 결정하려는 것이다.

상담 3

내가 여기 온 것은 수년 전에 있었던 강간에 대해 얘기하기 위해서라고, 게리에게 대답한다. 요즘 내 감정을 혼자 다 감당할 수가 없다. 다행히 이번 상담에서는 게리가 현재의 생활 — 내 일, 남편, 지금의 나 — 에 대한 이야기로 방향을 이끌고 가니 안심이다.

❦ ❦ ❦

필과 식탁에 앉아 있다. 일요일이다. 가장 좋아하는 요일이다. 신문도 보고 오븐에 뜨겁게 데운 오렌지 롤을 먹으면서 커피를 마신다. 오후 두세 시가 되도록 꼼짝도 않고 그렇게 지내는 날도 있다.

커튼 사이로 햇살이 들어온다. 꼭 필요한 것도 아니지만 벽난로를 피워 둔다. 참나무 책상 앞에 잠옷 바람으로 앉아, 바깥일은 그냥 내버려 둔다. 부드러운 재즈 선율과 벽난로에서 바지직거리는 소리가 들려오지만, 난 이미 게리와의 다음 상담에 대한 생각에 빠져 있다.

심리상담을 받을 준비가 되어 있지 않아 걱정이다. 평소 나답지 않은 모습임을 깨닫고, 목표를 정해서 상담 중에 그리고 상담 앞뒤로 해야 할 것을 챙겨 본다.

우선, 상담 과정에 대해 더 많이 알아야 한다. 많은 질문들에 대한 대답이 필요하다. 나는 게리에게 뭘 기대할 수 있을까? 그는 나에게 무엇을 기대하고 있을까? 가장 큰 목표 세 가지는 필에게 우리가 지금 살고 있는 집 주차장에서 일어난 폭행 사건을 알리는 것, 두려움을 줄이는 것, 플래시백을 좀 더 잘 조절하는 것이다. 그런데 사실 나는 이러한 것보다 더 심오하고 훨씬 중요한 일이 있다는 것을 알고 있다.

이 기회에 나를 괴롭히는 다른 문제를 드러내고 싶지만, 내 욕구에 집중하는 것이 이기적이라는 생각이 든다. 마음 한구석에서는 상담이 결혼 생활에 어떤 영향을 미칠지 궁금하다. 필은 내 삶의 전부지만, 그가 나에 대해 모르는 부분도 많다. 나를 많이 사랑하는 것은 알지만, 사실을 알았을 때 그가 어떤 반응을 보일지 두렵다. 하지만 동시에, 이것을 마음속에 더는 담아 둘 수 없다는 걸 깨닫는다. 슬픔과 두려움이 나를 삼켜 버릴 것만 같다. 자유로워져야 하며, 나라는 사람을 필이 제대로 알게 해야 한다.

때로는 어떻게 이 모든 것을 그에게 숨겨 왔는지 신기할 정도다. 그런 것이 너무 심해지다 보니 어떻게 진실을 말해야 할지도 모르게 된 것이다. 하지만 그를 사랑하는 만큼, 그가 모르는 것 때문에 거리감을 느낀다. 안도감을 느낀 것은 사실이지만, 그 안도감이 이제 슬픔으로 바뀌어 그 때문에 죽을지도 모른다는 생각까지 든다. 필은 내가 불안해하는 것을 알아차리고, 거실에서 앉아 쉬고 싶으냐고 묻는다. 그렇게 한다. 크리스마스, 그리고 새해 초가 지나면서 상담을 시작하기 위한 큰 발걸음을 내딛는다. 해야 할 일이 많이 있지만 오늘은 그냥 안긴 채 앉아 있고 싶다.

나는 우리 집을 사랑한다. 그러나 필이 함께 있을 때만 안전하다고 느꼈다. 전체적으로는 파스텔 연분홍색으로, 가장자리는 진분홍으로 칠해진 빅토리아 양식의 근사한 집과 아치 모양의 오래된 현관에 기대어 자란 예쁜 장미. 이 모든 것은 우리 꿈을 위해 들인 시간과 노력이 아깝지 않을 만큼 아름답다. 우리 집이 속한 이 작은 주택 단지는 네 가지 사탕 색깔 — 연분홍, 초록, 노랑, 주황색 — 중 하나로만 페인트칠을 하게 되어 있어서 빅토리아풍 인형 집으로 된 어린이용 놀이 세트처럼 보인다.

따뜻한 황갈색 나무 바닥이 깔린 큼지막한 이층 높이의 현관은 부엌 쪽으로 이어지는데, 거기서 두어 발짝만 더 가면 아담한 가족실이 있다. 다른 쪽은 식사를 할 수 있도록 꾸며져 있고, 거기서 조금 떨어져서 거실이 있다. 모든 창문과 정면 스테인드글라스 앞문에는 레이스 커튼이 늘어져 있어, 저물어 가는 부드러운 햇빛이 집 안에 잠시 머물도록 해 준다.

필이 내 삶 속에 있는 것은 특별한 행운이다. 그는 키가 훤칠한 미남에, 자신의 능력을 확신한다. 처음 끌리게 된 것도 그의 능력 때문이다.

갈색 눈동자는 자기감정을 온전히 다 보여 주며, 그가 나를 안아줄 때는 그에게 모두 내맡기고 싶은 마음이 저절로 든다. 그와 함께 있으면 안전한 느낌을 받기 때문이다. 그의 입술에는 우리 둘만 아는 비밀이 있다고 말하는 듯한 은은한 미소가 언제나 떠나지 않는다.

논리적이면서도 부드럽고, 따뜻한 배려를 잃지 않으며 현실적인 사람. 이렇게 그를 설명할 수 있다.

원만하지 못한 가정에서 자란 내 어린 시절은 이제 단지 과거에 지나지 않는데, 필의 담담하고 차분한 성품은 늘 나를 감동시킨다. 그는 좌뇌와 우뇌가 고루 발달된 보기 드문 사람으로, 적절한 성격이 적절한 순간에 발현되는 데다가 사람의 마음을 끄는 유머 감각까지 갖추고 있다.

난 항상 그의 성격이 감탄스러웠다. 그의 장점은 내가 갖지 못한 부분이다. 나는 죄책감과 수치심에 익숙하지만 그는 그런 것과는 거리가 멀다. 내 몸과 내가 성취한 것에 지나치게 비판적인 나와는 달리, 그는 정반대의 모습을 보인다. 때때로 잘못하더라도 자기 책임을 받아들이고 상황을 빨리 바로잡아, 자존감을 잃지 않고 앞으로 나아가곤 한다. 상당히 외향적이고 과거 일은 좀처럼 곱씹지 않는 반면, 나는 내향적이고 기분파인 탓에 과거를 애써 다시 쓰려고 하는 편이다.

감정 조절을 위해 좀 더 효과적인 다른 방법을 찾아 봐야겠다고 말하자 필은 그러라고 했다. 협조적인 태도를 보일 것이라 짐작은 했지만 무척 고맙다. 지난 몇 주 동안 좀 침울해 보였다며 시간을 충분히 가지고 느긋하게 하라는 말에 마음이 한결 편안해진다. 아무도 모르게 분노와 수치심을 감춰 둔 상자가 천천히 열리려 하고 있다.

필의 동의 없이 상담을 시작하는 것을 좀 망설이긴 했지만, 당분간은 알리지 않기로 한다. 한편으로는 그가 상담을 말리기라도 해서 좀 더 오랜 시간 내 감정으로부터 숨을 수 있기를 바라는 마음도 없지 않지만, 이성적으로 볼 때 필이 최선을 다해 도와주리라는 걸 알고 있다. 그는 나를 잘 알기에, 내가 생각 없이 아무 상황에나 뛰어들지는 않으리라고 확신할 것이다. 문제를 성찰하는 내 능력을 존중하기 때문이다.

❦ ❦ ❦

게리가 얘기를 중단시키고 시간이 다 되었음을 알린다. 일어설 채비를 하는 내게 우리 회사에 대해 묻기에 소프트웨어 디자인 회사라고 대답한다. 일을 사랑하지만, 남편에게 사업상 좋은 파트너뿐만 아니라 좋은 아내가 되는 것을 중요하게 생각한다고 말한다. 나는 전진하는 게 아니라 퇴보하고 있다고 말한다. 사람들이 상담하면서 얘기하는 것은 일상적인 사소한 일, 혹은 자신이 사랑하고 영향을 주는 사람과의 관계인 것 같은데, 나는 내가 여기 있어야 하는 이유의 핵심으로 접근하지 못한 채 피상적인 얘기만 하고 있다는 데 절망을 느낀다. 앞을 대비하고 나 자신에게 초점을 맞추는 일이 얼마나 중요한지를 깨닫는다.

상담 4

지난번 상담 이후에 생각을 좀 더 깊이 해 보았냐는 질문에 그렇다고 대답한다. 특히 많은 것을 잃은 그해에 대해서, 그리고 아직도 그 일이 내게 어떤 식으로 영향을 미치는지를 생각해 보았다. 또한 감정이 북받치면 마음이 흐트러져서 아주 작은 일조차도 영향을 받게 된다고 얘기한다. 지금 강간으로 인해 억눌리고 열등감에 빠지는 순간을 해결하고자 이곳에 와 있는 것이다. 게리에게 지난 한 주에 대해 말하기로 한다.

❦ ❦ ❦

  필과 점심을 먹은 뒤에 게리가 추천한 책을 사러 서점에 들른다. 몇 시간 동안 서점에서 머문다. 이렇게 혼자만의 시간이 되면 커피를 마시면서 내 옆을 스쳐 지나갈 길을 가는 사람들을 구경하곤 한다. 머리 위로 뻗은 어두운 마호가니 기둥과 낡아빠진 진초록 가죽 소파에 이끌려, 오늘같이 분위기 있는 비 오는 목요일에는 서점에 들른다.
  평소 자주 가는 대형 컴퓨터 서적 코너는 지나쳐 버리고, 대신 오늘은 심리학 코너로 향한다. 게리가 몇 가지 제목을 적어 준 쪽지를 들고 갔는데 하나도 찾지 못한다. 여성 코너를 지나 치유 코너마저 확인해 봤지만, 점원에게 물어봐야 할 상황이다.
  카운터에는 한 사람밖에 없어서 그 남자에게 쪽지를 건넨다. 첫 번째 제목이 암시하는 바가 있어서인지, 그는 나를 한 번 쳐다보고는 다시 제목을 본다. 종이를 다시 내주며 재고가 없으니 주문해서 전화로 알려 주기를 원하는지 물을 때엔 이미 마음이 불편해진 다음이다.
  주문을 하고는 몇 가지 흥미로운 책을 찾아서 치유 코너로 돌아온다. 전에는 강간이나 성폭행, 치유니 예방이니 하는 주제에 관해서는 읽어 본 적이 없다는 생각이 든다. 분야를 가리지 않고 읽는 편이고 내가 이해할 수 없는 것에 관해서는 이상하리만치 호기심이 일곤 했는데, 왜 이쪽 분야에는 관심이 없었을까?

서점 안 카페 한쪽에 앉아 가져온 책의 차례를 읽기 시작한다. 책 뒤편에 있는 저자의 사진을 본다. 그녀가 강간을 겪었을까? 모를 일이다. 고통이 가득한 얼굴을 숨기고 멀쩡한 척 살아가기도 하는 게 사람이니 말이다.

❦ ❦ ❦

함께 문 쪽으로 걸어가다가 게리가 나를 정면으로 바라본다. 그리고 작가가 강간을 겪었는지가 중요하냐고 묻는다. 작가가 동일한 일을 경험했는지가 중요한가요? 만일 그렇다면 그녀가 말하는 것에 더 많은 무게가 실릴까요?

나는 잠시 그의 질문에 대해 생각하고는 대답한다. 네, 그래요. 그런 거 같아요.

그러자 그가 반문한다. 그런데 왜 날 찾아왔죠? 왜 강간을 겪은 여성이 어떻게 느끼는지 경험해 본 적이 없는 남자를 선택했나요?

수년 전, 강간을 겪고 얼마 지나지 않은 시점에 여성 심리학자를 방문했다가 크게 실망한 것은 말하지 않기로 하고, 대신에 첫 상담 때 그가 건네준 쪽지를 꺼낸다.

그는 내가 아직 그 쪽지를 간직하고 있다는 사실에 놀라워하면서도, 미소 지으며 그것을 받았다. "나는 최선을 다했다." "다른 선택이 없었다." "이런 일이 내게 일어났다고 해서 내가 나쁜 사람인 것은 아니다." "이제껏 억누르고 부인한 것의 뚜껑을 열어젖히면 한동안은 더 악화될 수도 있다."

"심리적 공황은 통제력의 상실감에서부터 온다." "이 모든 감정이 나다."
 그가 첫 만남에서 한, 내 과거를 말로 풀어 나가는 것이 치유에 결정적이라는 말을 회상해 본다. 그때는 그 말에 몸서리를 쳤지만, 지금 나는 절박함을 느낀다. 이제 상담실에서 내 역할이 편안하게 느껴진다.

상담 7

오늘따라 내가 우울한 것을 바로 알아차리고 게리는 원래 다루려던 주제가 따로 있지만, 특별히 하고 싶은 얘기가 있는지 묻는다. 네, 그래요. 내가 대답한다. 내가 경험하는 증상 가운데 가장 끔찍한 플래시백이 잦아져 어젯밤에도 일어났다고 말하자, 최초의 플래시백 경험을 얘기해 보라고 한다.

❦ ❦ ❦

작년 11월 하순경이다. 그때 일 때문에 지금 여기 와 있게 된 것이다.
갑작스러웠고 돌이킬 수 없는 과거 일이 현재와 충돌하고, 지금 그 사이에서 심한 충격을 겪고 있다.
쇼핑을 할 때였다. 정말 기억하고 싶지 않은 일이다. 추수 감사절을 한 주 앞두고 있어서 쇼핑몰에는 볼거리가 많다. 화요일이라 쇼핑하는 사람은 대부분 아이와 함께 나온 젊은 엄마들이다. 빨강, 초록 반짝이가 산타와 사슴과 놀고 있는 아이들 위로 흩뿌려진다. 흥겨운 음악과 더불어 아이들 웃음소리가 들린다. 매년 이맘때 들을 수 있는 가장 멋진 소리지만 오늘 내 귀에는 슬프게 들린다.
늦었지만 백화점 한 군데를 더 들르기로 한다. 예쁘고 달콤한 캔디 가게의 장식이 아름답다. 빨강과 초록 줄무늬가 있는 초콜릿의 금박 포장이 발목을 잡지만, 그냥 지나쳐 백화점 안쪽 실크 블라우스 진열대로 향한다. 금색, 빨강, 초록 등 캔디 포장처럼 화려한 색상의 블라우스들이 가득하다. 오른쪽으로 시선을 돌리니 갑자기 너무 많은 형상들과 움직임이 눈을 덮친다. 캔디의 색깔이 내 눈앞에서 어지럽게 돌아다닌다. 고개를 돌려도 계속 따라다닌다.

블라우스 진열대 쪽으로 옮겨 간다. 하나 살까 해서 진열된 블라우스들을 죽 훑는다. 계속해서 실크의 감촉을 느껴 보는데, 갑자기 손이 팔에서 떨어져 나간 것만 같다. 더는 내 손이 아닌 것처럼 느껴진다. 블라우스의 색상이 녹아내린 듯 뒤죽박죽이 되어 버린다. 조금 전에 그토록 아름답게 흐르던 문양이 이제는 서로 뒤엉켜 끔찍한 모양을 만들어 낸다.

갑자기 숨이 멎는 듯하고 누군가에게 심하게 떠밀린 것도 같았으나, 여전히 그대로 서 있다. 뒤돌아 누군가를 보려 했지만 시선, 냄새, 소리가 불협화음처럼 얽혀 있음을 느낄 뿐이다. 특히 소리가 요란하다. 뭔가 알 수 없는 무서운 것을 파악하려고 안간힘을 쓰고 있는 느낌이다. 몸이 반쯤은 '여기에' 있고 나머지 반은 전혀 다른 곳에 가 있는 것 같다. 그 느낌이 얼마나 두려웠는지 말로는 표현할 수 없다. 내가 어리고 순진하고 천진난만할 정도로 뭐가 뭔지 모르는 사람이 된 것 같다. 그 이미지를 흐트러뜨리고 싶지 않아 꼼짝 않고 그대로 있다.

나이 지긋한 여자 둘이 내 어깨를 흔들며 내가 20여 분간 허공을 뚫어져라 쳐다보고 있었다고 말한다. 악몽에서 막 깨어난 것만 같다. 어이없어하는 그들의 시선에 대답하려고 뭔가 적당한 말을 생각해 보지만, 이내 포기하고 가게를 빠져나온다. 부들부들 떨다가 손에 쥐고 있던 물건을 떨어뜨리고는 다시 주워 든다. 심장이 쿵쾅쿵쾅 뛰는 소리가 들리는 듯하다. 주위를 둘러보면서 누군가 있었으면 하지만, 아무도 없다.

차까지 가는 데 온종일이 걸리는 듯하다. 익숙해진 악몽과도 같은 상태로 힘겹게 한 발을 내딛고 또 한 발을 내딛지만, 오히려 자꾸 더 멀어져 가는 것만 같다. 내가 산 물건에 짓눌리는 기분에다 발걸음은 콘크리트를 달아 놓은 듯 무겁기만 하다.

마침내 차에 이른다. 차 안에 있으니 안심이 된다. 차 문을 잠그고 가만히 앉아, 무슨 일이 일어났는지 짚어 본다. 여전히 심장 박동 소리가 들린다. 백미러에 공황으로 땀에 흠뻑 젖어 놀란 눈을 한 내가 보인다. 집에 가야 한다. 필을 봐야 한다.

❦ ❦ ❦

전형적인 플래시백이라고 게리가 말한다.

명칭이 있구나. 그것만으로도 감사하다. 명칭이 있다는 것은 다른 이들도 경험했다는 뜻이고, 남들도 겪는 거라면 나는 미친 게 아니다. 미치지 않았다면 나을 수 있다.

얘기를 계속한다. 필에 관한 게 아니면 모든 것에 흥미를 잃었노라고, 그와 텅 빈 어두운 극장에 앉아 있거나 온종일 영화나 보면서 팝콘 통을 비우는 일이 편하다고 말한다. 나 자신에게 아무 의욕이 없는 것이 수치스럽고, 의지대로 움직일 수 없을 때면 두려워진다. 누구나 그렇듯이 나 역시 과거에도 어려운 시기를 견뎌 왔지만, 이번은 다르다. 예민할 때는 무감각한 것이 그립고, 무감각할 때는 예민한 것이 그립다. 감정이 양극단을 오간다.

게리는 내 증상이 심각한 외상후 스트레스 장애(PTSD)로 진단할 수 있다고 말한다. 증상과 현재 상태를 고려할 때 증상의 지속성과 심각성으로 미루어 보아 이 진단이 확실하며 나를 도울 수 있으리라 확신한다고 한다. 그는 이 진단을 받고 감정적으로 치우치지 않도록, 그 증상을 나와 함께 살펴보는 방향으로 부드럽게 화제를 바꾼다.

서가에서 책 한 권을 꺼내고 의자를 가까이 당겨 앉아 PTSD에 관한 쪽을 펼친다. 그리고 이 진단이 내려지는 감정적인 문제에서부터 관련 증상까지 설명해 준다.

PTSD라고 진단할 수 있는 첫 번째 증상은 정신적 외상에 노출된 것과 관련이 있다. 이 경우에 노출이란 자연재해(홍수, 허리케인 등)든, 인재(강간, 전쟁, 신체적 혹은 성폭행 등)든 한 사건을 목격하거나 겪은 것과 관련이 있다. 실제로 상해를 입거나 폭행이나 죽임의 위협을 당하는 것이다. 이러한 외상을 겪은 피해자는 마비된 듯한 공포, 두려움, 무기력 등 극심한 반응을 보이게 된다. 그렇다. 우리는 내가 이 기준에 들어맞는다는 데 동의했다.

PTSD라고 진단할 수 있는 두 번째 증상은 악몽, 플래시백, 불면증, 시도 때도 없이 불쑥불쑥 떠오르는 생각들로 그 외상을 끝도 없이 되풀이해서 겪는 것이다. 외상을 떠올릴 때 공황 상태에 빠지거나 몸이 떨리기도 하고, 매년 그때가 다가오면 불안해지기도 한다. 다시 또 그 일을 겪는 것은 너무나도 혼란스럽고 상처받는 일임이 당연하다.

게리는 플래시백이 외상 피해자에게는 특히나 참기 힘든 것이라고 말한다. 갑작스럽게 감정의 소용돌이에 휘말리기 때문이다. 그렇다고 기절할 지경까지는 아니지만 순간적으로 혼자 내버려진 듯한 감정이 되기도 하고 몸이 마비되는 것 같기도 하다. 플래시백은 너무도 강렬해서 그 당시의 냄새가 나거나 뭔가가 보이거나 사건이 재연되는 듯 느껴지기도 한다. 사람마다 각자의 계기를 통해서, 또 서로 다른 방식으로 반복해서 경험하게 된다. 이러한 증상은 종종 도움이 절실히 필요하다는 걸 깨닫게 만든다.

게리는 이어서 말한다. 되풀이되는 공포, 수치심, 죄책감 등은 반복해서 경험하는 고통에 대한 회피로 이어집니다. 그 결과 더 절실하게 도움이 필요하게 됩니다. 회피는 외상에 관한 대화나 생각 자체를 원하지 않는 것으로, 여러 형태로 나타납니다. 관련된 장소나 행동이 연상될 수 있기 때문입니다.

내 경우에는 지속 기간, 그리고 전반적인 기능을 저해하는 정도를 감안해 중증 PTSD로 진단하게 되었다고 게리는 말한다.

매번 전화를 걸어 다음 상담을 취소할까 하다가 수화기를 그냥 내려놓기를 반복한다. 아주 사소한 일조차도 결정을 내리는 게 두렵고, 그럴 능력이 없다고 느낀다. 게리를 만나면서 안도감을 느끼면서도, 그냥 내버려 두면 될 감정을 공연히 드러내는 게 아닌가 하는 두려움 사이를 오락가락한다. 알고 있는 것에 충실해야겠다는 느낌이 든다. 진실을 부인하고 억압하는 힘이 아무리 강할지라도 나는 진실을 알고 있기 때문이다.

상담 9

상담에서 가장 중요한 것이 시간이기에, 달리 해결할 수 있는 문제라면 굳이 상담 시간에 이야기할 필요가 없다는 것을 금방 알게 되었다. 아직은 최근의 폭행 사건을 말할 때가 아니라고 마음을 굳힌다. 그 이야기를 하면 아주 오래된 상처가 덧날 게 분명한데, 아직 준비되지 않았다.

 사실, 아직은 그를 신뢰한다고 말할 수 없다. 게리와 알게 된 지는 얼마 되지 않았지만 이제 그가 본론으로 들어가려고 시도하고 있다는 것을 느낄 수 있다. 나도 나름대로 애쓰고 있음을 그에게 보여 주기 위해, 오늘은 내 기억의 상자와 다시 친해지기 위한 노력에 대해 얘기한다.

🌱 🌱 🌱

 커피를 한 잔 더 준비해 무선 전화기를 들고 손님방으로 올라간다. 집 안 앞쪽에 자리한 이 작은 침실은 자궁처럼 아늑하다. 1층에는 겨울의 한기가 스며들지만, 이곳만큼은 방 전체가 열을 빨아들이는 것처럼 훈훈하다. 황금빛 햇살이 창을 타고 흐르며 부드러운 손길로 짙은 담쟁이를 무럭무럭 자라나게 해 준다.

 이곳의 색상은 집 안 다른 곳과는 대조된다. 진초록과 발랄한 자줏빛이 어우러져 손님이 편히 쉴 수 있게 해 준다. 가구와 커튼 색깔을 프렌치 바닐라나 달콤한 화이트 초콜릿색으로 고른 것을 보면 방을 꾸밀 때 심하게 배가 고팠던 게 틀림없다며 필과 농담하곤 한다. 섬세한 조각누비 문양이 두툼한 거위 털 이불과 커튼에 펼쳐져 있다.

 침대에 다리를 꼬고 앉아서 내 앞에 놓인 상자들을 뚫어져라 바라본다. 빗방울이 창문에 부드럽게 부딪힌다. 어둑해진 방이 내 기분을 맞춰주는 듯하다. 태양은 구름 뒤로 깊숙이 숨는다.

1년 중에 그때가 다가오고 또 지나간다. 이는 시간 가는 것을 짚어보는 데 중요한 기준이 된다. 그때 이후 몇 주가 지났고, 몇 달이 지났고, 몇 년이 지났다는 식으로 시간의 흐름을 짚어 낸다. 과거를 돌이켜본다. 음미하기 위해서가 아니라 조목조목 따지기 위해서다.

과거를 들여다보기 위해 이따금씩 비밀 여행을 떠나는 것은, 새집으로 옮길 때마다 마치 부상이라도 되는 양 늘 가지고 다닌 상자들을 통해서다. 그 상자들은 예쁜 꽃무늬 천으로 싸여 아무것도 모르는 듯이 놓여 있다. 그 상자들을 피라미드 모양으로 쌓고 맨 위에다 동물 인형을 얹어 둔다.

지금 동물 인형들이 내 앞에 앉아 상자를 지키고 있다. 복슬복슬한 인형들은 어려운 시기를 함께하며 그 선물을 준 사람들이 전하려던 마음, 즉 따뜻함, 위로, 사랑, 마음을 달래 주는 보살핌 등을 주었다. 나비넥타이를 맨 북슬북슬한 토끼 인형은 필에게 처음으로 받은 선물이다. 제일 조그마한 녀석은 부드러운 갈색 눈을 가진 크림색 테디베어다. 기분 좋아 보이는 판다는 수술 후 내 기분을 띄워 주려고 필이 어깨에 앉혀서 가져온 것이다.

❦ ❦ ❦

게리는 경청하면서도 고개를 살짝 들어올린다. 흥미롭기는 한데 이게 강간과 무슨 상관입니까? 하고 말하려는 듯하다. 아이같이 위안으로 삼는 물건에 대해 얘기하는 것이 어리석게 느껴지지만, 이 상자들이 분명 과거와 뚜렷한 연관이 있다는 것을, 그리고 과거를 살피는 일이 중요하다면 이것이야말로 내 과거를 고스란히 담고 있음을 말하려는 것이다. 이렇게 해서

53

그가 요구한 임무를 수행하려 한다. 그는 과거가 진정으로 중요하다는 사실을 다시 한 번 확인시키고, 나는 집에 돌아가 상자를 열어 반드시 임무를 완수하겠다고 마음먹는다.

상담 **10**

오늘은 조심스레 게리에게 말을 건넨다. 그 인형들은 나를 위해서 기억들을 호위해 주고 있는데, 그 기억들은 이제껏 삶의 고통을 어떤 식으로 이겨 왔는지를 상징적으로 보여 주는 상자들 속에 담겨 있다. 상자들을 예쁜 천으로 감싸고 차곡차곡 쌓아서 안 보이는 곳에다 치워 버렸다.

과거를 살피는 일이 중요해요. 게리가 한 번 더 말한다. 강간이 일어난 때와 그 후에 경험한 모든 생각과 감정을 같이 짚어 보도록 한다. 그렇게 하면 생각과 감정을 분리해 볼 수 있다. 글로 쓰거나 말로 하거나 어느 쪽이든 강간의 재구성이 필요하다. 악몽을 꾸고 플래시백이 생겨나는 원인이 무엇인지 확실히 아는 것이 중요하다.

목표가 훨씬 더 명백해진다. 이렇게 매우 감정적인 문제에 분석력과 지적 능력을 활용하도록 격려해 준 덕분에 자신감이 생긴다. 이제는 좀 더 체계적으로 접근하려 한다. 지난 상담 이후 기울여 온 노력에 대해서 얘기한다.

❦ ❦ ❦

집 안을 이리저리 서성거리면서 왜 이렇게 불안하고 짜증스러울까 생각해 본다. 상자 속을 들여다보는 일을 미뤄 둔 탓임을 깨닫는다. 지난번 상담 직후에 한 결심이 사라진 것이다.

마실 것 한 잔을 들고 손님방으로 향한다. 계절에 맞지 않게 따뜻한 편이라 창문을 연다. 부드러운 바람이 레이스 커튼 사이로 들어온다. 이불 위로 일렁이는 햇살을 보면서 상자 속을 들여다봐야 할 것 같은 강렬한 감정에 휩싸인다. 게리와 함께 다음 단계로 가려면 그래야 한다는 것을 잘 알고 있다. 선택의 여지가 없다. 침대에 누워 잠시 앞에 놓인 임무에 대해 찬찬히 생각해 본다. 어느 때는 스스로 놀랄 정도로 감정 상태가 무디다가, 또 어느 때는 예민하기가 면도날 같다. 어느 쪽이 더 나쁜지는 모르겠으나 일단 한번 쏠리기 시작하면 멈출 수가 없다. 카드, 편지, 사진, 법률 서류, 일기 등이 든 상자에는 내 모든 비밀이 숨겨져 있다. 지금 내가 어떤 사람인지는 그 상자만 보면 알 수 있다.

첫 번째 상자를 열어 보려 한다. 가능한 한 덤덤하게 이 일에 임하기로 작전을 세운다. 계획은 이렇다. 뚜껑을 연다. 안을 들여다본다. 내용물을 하나하나 살펴본다. 마음을 가라앉힌다. 간단하고 깔끔하게 끝을 낸다. 상자들은 꼼꼼하게 싸매져 있다. 방 인테리어와 어울리게 진초록과 발랄한 자줏빛이 멋지게 혼합되게끔 상자를 빈틈없이 신경써서 포장해 놓았다. 그러고 나서 비밀스레 이런 이름을 지어 주었다. 죄. 죽음. 탄생.

❧ ❧ ❧

얘기를 마치자 게리가 나를 바라본다. 어쩌면 서두르지 않는 것이 최선이라고 말하려는 것일 거다. 과제 하나를 내준다. 강간 사건을 재구성해서 내가 경험한 느낌을 뚜렷이 파악해 보라는 것이다. 두렵지만 아무 말도 하지 않는다. 난 이제 걸음마를 떼고 있는 게 분명하다.

마법 같은 질문을 던져 내 안에서 진실을 끌어내 주었으면 하고 기대하지만, 그가 그런 질문을 알 리가 없다. 나조차도 알 수가 없다. 3개월이나 지난 지금까지 핵심에 다가가지 못하고 뚜렷한 진척이 없는 데에 낙담한다. 아마도 그가 제시한 대로 강간을 직시하는 일이 상담에 도움이 될 것이다.

필에게 상담을 줄이든지 아니면 아예 관둘까 한다고 말하자, 두 팔로 날 감싸 안으며 당분간만이라도 계속해 보라고 다독인다.

상담 **11**

게리가 나를 편안하게 이끌어 주려는 걸 알기에 마음속에 있는 것을 털어놓고 싶지만, 혼자 있을 때는 명료하고 통찰력이 깊다가도 그와 있을 때는 입을 다물게 된다. '퇴행이야.' 나는 마음속으로 생각한다.

그가 나를 옳다, 그르다 판단할 거라는 생각 때문에 내 안의 무언가를 속 시원히 털어놓지 못하는 것 같다. 지금 내게 필요한 것이 무엇인지도 또렷이 표현할 수 없다. 뭔가를 요구하는 연습이 안 되어 있다 보니 내 욕구는 충족되지 못한다. 그의 잘못이 아니고 내 잘못이지만 결과는 어차피 마찬가지다. 그를 좋아하지만 그것과는 별개로 그가 나를 어떻게 생각하는지 궁금하다.

내가 질문한다. 치유가 다 되면 그것을 어떻게 알까요? 우리가 성공했는지를 어떻게 확인할 수 있을까요?

게리의 의미심장한 미소를 보니 마치 내가 만찬 자리에서 수프를 대접받자마자 일어서려는 손님이 된 듯하다. 그 눈빛의 의미를 안다. 아직 전채 요리도 안 나온 상태에서 코트를 입으려는 것과 마찬가지라는 뜻이다.

그는 그게 왜 중요하냐고 물었고, 그저 어떻게 그것을 알게 되는지가 궁금해서요, 라고만 대답한다. 나는 기준이나 증거에 관한 한, 사실·숫자·측정 가능치·인용구 같은 것들에 아주 친숙하다. 어떤 표준이나 테스트에서도 마찬가지다. 그런데 지금은 아주 모호한 상태다. 우리가 한 작업이 어느만큼 진전되었는지 이해하려면 내게는 설명이 필요하다.

이 과정에서는 또한 그의 세상과 나의 세상을 연결하려는 태도가 중요하기에, 서로를 향한 친근감에 대한 기대도 있다. 바깥에서 객관적으로 보기에는 분명 내가 정직한 것처럼 보이지만, 실제로는 그렇지 않다. 내가 스스로 속이고 있거나 속이려 하기에, 그는 내게 친근감을 느끼기 어려울 것이다.

"거꾸로 해 보면 어떨까요?" 내가 묻는다. 직장에서 일할 때는 바람직한 결과를 내다보고 역으로 일을 해 나간다. 일의 순서표를 만들고 원하는 결과에 도달하기 위해 필요한 과정을 짚어 본다. 심리상담에서는 이것이 불가능하다고 게리가 말한다. 이제껏 익숙한 방식에서 벗어나 실제 우리가 진행 중인 과정을 있는 그대로 받아들여 보라고 조언한다.

내 모든 행동에는 분명 모순이 있다. 소리를 지르고 싶어도 웃으면서 고개를 끄덕이기도 하고, 다가가고 싶으면서도 거리를 유지하기도 한다. 심각해지고 싶으면서도 농담을 늘어놓아 불안감을 감추려 할 때도 있다. 어딘가에 답답하게 갇힌 듯, 탈출해야겠다는 생각을 한다. 자유로움을 마음껏 누릴 수 없는 상황에서 나는 퇴행하는 쪽을 택한다.

그가 내준 과제에 대한 질문을 피하기 위해서 상담 중에 춤이라도 추는 듯 어슬렁대고 엉뚱한 짓을 해대기도 한다. 수백 번도 더 했지만, 정신적으로든 지면을 통해서건 강간에 관한 세부적인 내용을 명명백백하게 들여다볼 자신이 없었다.

지금 나는 궤도에서 벗어나 귀중한 시간을 낭비한 것을 자책하고 있다.

상담 **12**

내게 일어난 어떤 일을 얘기하고 싶어요, 라고 오늘 아침 게리에게 말한다. 뜬금없이 단호해 보이는 내 말투가 호기심을 자극했는지, 그는 허리를 펴고 다리를 꼬고 있던 자세를 바로잡으며 깍지를 낀다.

필에게 무언가 말해야 하는데, 먼저 게리에게 얘기해 본 뒤 어떻게 할지를 가늠해 보려 한다는 설명을 한다. 필에게는 엄청난 충격이 될 테니 그의 감정을 지켜 줘야만 한다. 시선을 내린 채 말을 이어간다. 필이 배신감을 느끼지 않도록 잘 말해야 한다고 말한다. 그동안 침묵을 지킨 것은 배신 때문이 아니라 보호하기 위해 필요한 것이었다. 그리고 필이 사실을 알게 되면 날 떠날까 봐 입을 다물고 있었다는 것도 인정한다.

일어난 일에 대해 말하려고 했는데, 어느새 나는 과제를 드디어 끝낸 날에 대한 이야기를 하고 있다.

❧ ❧ ❧

집 안에는 정적이 흐른다. 이른 시각인 데다 날이 흐려서 서재에 불을 켠다. 도와줄 사람은 아무도 없으니 나 혼자서 온종일이 걸려서라도 과제를 수행하고야 말겠다고 다짐한다. 적당한 온도를 유지하고, 커피도 갖다 놓고, 필의 스웨터를 입으며 준비를 한다. 그래야 그의 체취를 맡으며 보호받고 있고 안전하다고 느낄 수 있으니까.

컴퓨터 앞에 앉는다. 내 기억은 칸칸이 나뉘어 있다. 기억 속에서 사건들이 나뉘어져 정렬되어 있기 때문에 나를 보호할 수 있었는지도 모른다. 어떤 의미에서 기억을 통째로 지워 버릴 수 있는 사람들을 부러워하는 것은 내가 그럴 수 없었기 때문이다.

내 기억은 바다 깊은 곳에 있는 해파리처럼 침이 있다. 그것들은 숨어서 기다리고 있다. 그 침에 언제 찔릴지는 알 수 없지만, 찔리면 얼마나 고통스러울지는 안다.
　과거는 부식된 자국처럼 내 마음에 고스란히 남아 있다. 어떻게 해야 게리를 내 마음 깊은 곳으로 데려갈 수 있을지 고민한다. 어떻게 그때의 색깔, 그 냄새, 그 소리를 알려 줄까. 나를 갈기갈기 찢어 놓는 감정을 그에게 얘기할 수 있을까? 결혼을, 그리고 제 정신을 유지하기 위해서 무엇이든 다 하고 싶지만, 도무지 어찌해야 할지 모르겠다.
　노트에 세 칸을 만들고, 각 칸에 사건, 느낌, 감정이라고 제목을 써 넣는다. 줄을 그어 표를 만드느라 분주하다. 그러고는 본격적인 작업에 들어가 열네 시간으로 구분해 놓는다. 실제로 일어난 끔찍한 내용은 첫째 칸에 상세하게 적는다. 이때 느낀 것이나 감정은 개입시키지 않는다.
　이 작업이 끝나기까지 몇 시간인가 흐른다. 외부와 연락도 완전히 끊은 채, 사실만을 종이에 기록해 나간다. 정오가 조금 못 되어서야 겨우 끝내고는, 점심을 먹고 돌아와 다시 작업을 계속한다. 살길이 오로지 그것뿐인 양 냉정을 유지하려고 하지만, 기록한 종이를 보니 몸이 떨리기 시작한다. 점심을 먹은 게 잘못된 것 같다. 속이 메스껍고 머리가 몽롱해진다. 잠시 짬을 내어 산책을 하고 속을 안정시킨 다음 다시 작업에 임한다.
　다음 칸은 겪은 것에 대해 느낀 점을 적는데, 일종의 도전이다. '무서운' '두려운' 같은 단어를 써 봐도 깊이가 너무 없다. 사전까지 꺼내서 뒤적거리며 적절한 단어를 찾고 또 찾는다. 단어를 읽으며 강간을 다시 생생히 떠올리고 있자니 몸이 떨리지만, '광란의, 패닉 상태의, 수치스러운, 고문당하는, 침해당한' 같은 표현으로 그 느낌을 명확히 그려 낸다.
　멈출 수가 없다. 필요 이상으로 오랫동안 끌려는 것은 아니지만 지속해야만 한다. 이번 칸도 마치고 감정을 묘사하는 쪽으로 옮겨 간다. 끝날 무렵에 나도 모르게 흐르던 눈물은 이내 걷잡을 수 없는 흐느낌과 울먹임으로 변해 버린다. 두려움과 분노는 내가 느낀 것에 부여한 감정 상태다(느끼는 것과 감정 상태에 대해 우리는 보통 구별 없이 쓰지만, 실제로 느끼는 것은 신체상의 반응에 가까운 데 반해, 감정 상태는 그러한 신체상의 반응에 이름을 붙임으로써 더 추상적인 성격을 띤다고 볼 수 있다. — 옮긴이) 그는 내게서 엄청난 것을 빼앗고도 여전히 많은 것을 앗아 가고 있지만, 내 마음을 꽁꽁 싸매고 있던 끈이 그래도 어느 정도 풀린 것을 느낀다.

※ ※ ※

게리는 원래 내 의도에서 벗어나고 있음에 알아차리고, 오늘은 시간이 다 되었으니 하려던 이야기를 다음 시간에 하자고 한다. 중요한 문제인 것 같으므로 놓치면 안 되겠다고 말한다. 나는 다음 달에는 한 번만 올 계획이라고 말했는데, 지금 이것을 쓰면서 생각해 보니, 앞으로도 계속 그와 상담을 하겠다는 것을 확고히 해두려는 것임을 깨닫는다. 두렵다.

상담 13

게리가 오늘 상담에 늦는다. 다른 내담자 때문이라는데, 그 말에 나 자신이 작고 초라하게 느껴진다. 나는 전혀 중요하지 않은 사람 같다. 익숙한 느낌이다.

뭔가 뒤죽박죽인 것만 같다. 인생에서 유난히 아름답지 못한 기억이 늘 따라다닌다는 것이 매우 모호하고 혼란스럽다. 불안하고, 갇힌 느낌이고, 쉽게 짜증이 난다. 필 앞에서도 이런 게 다 드러나는 것은 아닐까 하는 걱정에 더욱 화가 난다.

강간에 관하여 게리에게 얘기할 생각이었지만, 깊게 얘기할 시간이 충분하지 않다고 판단한다. 스스로에 대한 불신감이 나를 집어삼킬 것만 같다. 이렇게 고통받는다고 뭐가 달라질까? 내 문제가 남의 문제보다 훨씬 더 참아 내기 어렵고 심각하기라도 하다는 건가? 그 다른 내담자는 도대체 어떤 사람일까? 어쩌면 그녀가 그와 같이 있는 것이 더 도움이 될 수 있지 않을까 하는 생각에 그녀를 위해 내 상담 시간을 포기할까도 생각한다.

익숙한 사고의 패턴이다. 언제나 남을 의식하고 나 자신은 뒤로 미룬다. 그렇지만 내 행동에서 무엇을 얻을 수 있단 말인가? 문득 행동 이면에 있는 동기에 대해 질문하게 되었음을 인식하고 나니, 새삼 상담이 어느 정도 유익했음을 깨닫는다.

그녀에게 내 시간을 내주지 않기로 결심하지만, 게리에게 그 내담자는 괜찮으냐고 물어 보는 것으로 슬그머니 타협을 한다. 네, 괜찮아요. 그는 이렇게 답하고는 내가 나아갈 방향을 제시한다. 당신 시간이 중요합니다. 지금 이 순간은 나와 당신에게만 집중합시다. 그리고 이제껏 회피하려고 한 일에 관해 이야기하기로 했다는 걸 일깨운다.

그 일을 떠올리니 몸이 떨리기 시작한다.

❦ ❦ ❦

오후 2시 무렵이다. 작년 11월 11일, 친구와 점심을 함께하고 헤어져 집으로 돌아오는 길이다. 우리 집은 이웃의 세 가구와 공동으로 마당을 사용한다. 차 진입로 쪽으로 방향을 틀고, 차고 문을 열어 차를 집어넣는다. 밖으로 나와 뒷좌석에 있는 짐들을 집어 드는데 누군가가 내게 시간을 묻는다.

좀 놀랐지만 특별히 무섭지는 않다. 집 주변은 사람들 왕래가 잦은 편이라 누구를 보는 일이 드물지 않다. 짐을 다시 차에 집어넣고 돌아서면서 손목시계를 보려고 한다. 그가 순식간에 내 손목을 낚아채더니 양손을 모두 잡고 차 밖으로 끌어내 땅바닥에 팽개친다. 콘크리트 바닥에 넘어지니 그제야 손목을 놔준다.

그러고는 곧 내 위로 덮친다. 한손으로는 나를 짓누른 상태에서 내 벨트를 풀고 청바지 지퍼를 내린다. 왼쪽을 보니 열쇠 꾸러미가 바닥에 떨어져 있다. 팔을 뻗으면 잡을 수 있을 듯하다. 그러면 경보음을 작동할 수 있을 것이다. 정신을 바짝 차린다. 내가 무엇을 해야 하는지 정확히 알고 있다.

차 열쇠 꾸러미를 잡으려고 갖은 애를 쓰고, 그는 내 바지를 내리고 마구 내 안으로 밀어 넣으려 한다. 그는 어디까지 갈 것인지에 기가 꺾이지 않고 오로지 차 열쇠 꾸러미에만 신경을 쏟는다. 마침내 열쇠 꾸러미를 손에 넣고 열쇠를 하나하나 눌러 본다.

나를 고분고분하게 하려고 주먹으로 턱을 때리고는, 뒤로 물러나 다시 눈을 세게 친다. 고통 대신에 머릿속에서 삐걱거리는 진동만이 느껴진다. 지붕을 보니 주차장 문 스위치가 눈에 들어온다. 어지러워서 기절해 버릴 것만 같지만, 정신을 바짝 차리려고 안간힘을 쓴다.

미친 듯이 자동차 리모컨 버튼을 눌러 대기 시작한다. 차 문이 닫히는 소리에 이어 다른 버튼을 눌러 보니 이번에는 차 문이 열린다. 또 다른 버튼, 이번에는 트렁크가 확 열린다. 다시 한 번 미친 듯이 누르자 이제야 경보음이 울린다.

놀란 그가 몸을 일으켜 주차장에서 뛰쳐나가자 모든 게 끝이 난다.

몸을 일으켜 걸어 보려고 애쓴다. 겨우 무릎으로 엉금엉금 걸을 수 있을 뿐이다. 주차장 문을 여닫는 스위치에 팔을 뻗어, 손바닥으로 세게 내리쳐 문을 닫고는 그대로 주저앉는다. 그가 아직 밖에 있을까 두려움에 떨면서 무릎을 끌어안는다. 혹시 창문으로라도 나를 볼까 두려워 한쪽 구석에 들어가, 꼼짝도 않고 굳은 듯이 앉아 있다.

한참 뒤, 나는 샤워기 앞에 서서 델 정도로 뜨거운 물줄기를 맞으며 서 있다. 턱을 만져 본다. 그때까지만 해도 붓지도 않고 어딘가 부러진 느낌도 없다.

하지만 눈을 다쳤다, 그것도 심하게. 겁이 나서 샤워기 바깥으로 나와 거울을 들여다본다. 겉으로 봐서는 그다지 눈에 띄지 않는다. 약간 멍든 정도지만, 속은 심하게 손상된 것 같다. 눈물샘에서 눈물이 가득 배어 나온다. 마치 검은 얼룩이 있는 불투명 스타킹을 대고 보는 느낌이다.

전화를 들고 내게는 의사이자 경찰인 필에게 전화하려고 한다. 좀 있다가 전화를 내려놓는다. 주차장을 빠져나가 달아나면서 그가 어깨 너머로 내뱉은 말이 머릿속에서 폭발하듯 들려온다. "입만 뻥긋하면 너나 네 남편이나 죽은 목숨인 줄 알아!" 손이 너무 떨려서 수화기가 바닥에 굴러 떨어진다.

창문 옆 크고 푹신한 의자에서, 태아 같은 자세로 무릎을 세워 웅크리고 필의 체취가 느껴지는 스웨터로 나를 감싸 안는다. 떨리는 것을 막으려고 애를 써 봐도 별 효과가 없다.

구름이 태양을 가려 어두워졌는데도 불을 끈 채로 그냥 있다. 내게는 이 가족실이 은신처다. 안락하고 안전한 이곳으로 들어오니 일어날 마음이 나질 않는다. 빅토리아 풍 벤치 사이에 장미 덤불을 심어 손수 가꾼 아름다운 정원을 내다본다. 작년 여름 장미를 심을 때를 떠올리니, 가지마다 봉긋이 솟은 통통하고 새빨간 봉오리에 입을 맞추던 기억이 되살아난다.

태양이 구름 뒤로 옮겨 가는 것을 죽 지켜본다. 창가의 나무 잎사귀가 이리저리 흔들리며 춤추듯 오르락내리락 하는 것을 보고 있는데, 어느새 보슬비가 창가를 적신다.

죽음의 순간을 두 번씩이나 모면했다는 사실에, 나는 승리감에 도취된다.

❦ ❦ ❦

얘기를 멈추고 눈을 들어올린다. 게리는 믿기 어렵다는 표정이다. 상담을 시작할 무렵 내 증상 — 그 뒤로는 점점 약해졌지만 — 이 왜 그렇게 심했는지를 갑자기 아주 잘 이해하게 된 것이다. 최근의 이 폭행이 꽤 오래전에 있었던 강간에 대한 기억을 불러일으키는 촉발제 역할을 한 것이다. 그렇게 수년 동안 묻혀 있던 일이 표면으로 올라와, 이제는 드러내야 하고 또 해결해야 할 시급한 문제가 되었다.

다시 얘기를 시작할까 하는데 게리가 중단시킨다. 시간이 다 되었단다. 애초에 상담을 하게 만든 증상들은 필에게 폭행 사건을 얘기해야 하는 것에 비하면 부차적인 문제다. 우리 관계에 너무나도 중요한 문제여서 말하지 않으면 안 된다.

게리에게 그 폭행 사건에 대해 말한 것이 기쁘고, 또 내가 가치 없다는 느낌을 떨쳐버리고 자신에게 필요한 것을 살필 수 있게 된 것이 기쁘다.

상담 과정에서 일어나고 있는 일을 다 이해하지 못한다고 게리가 느낄 것 같다는 말도 안 되는 두려움이 아직도 있지만, 나는 그가 아닌, 나 자신을 위해 여기에 오는 것이다.

상담
15

게리는 몇 년 전에 겪은 강간에 대해 필에게 한 번이라도 얘기한 적이 있냐고 묻는다.

아니요. 내가 대답한다. 우리가 만나기 1년 전에 있었던 일이고, 그 일로 인해 육체적으로나 감정적으로나 얼마나 큰 상해를 입었는지 알게 되면, 그는 아마도 겁이 나 도망칠 거예요. 변명이 아니라, 내가 말하지 않은 이유가 정말로 그거예요, 라고 말한다. 그해 일이 내게는 너무나 당혹스러운 일이라 오로지 잊고 싶을 뿐이다. 필이 그 일에 대해 아무것도 모르니 그저 그렇게 지내기를 원한 것이다. 게다가 과거의 일이다. 우리가 가까워지기 전에 강간을 겪은 적이 있다는 정도로만 말했다. 어떤 부연 설명도 하지 않았고, 그 역시 아무런 설명도 요구하지 않았다. 그는 내 사생활을 존중했다.

하지만 고백하건대, 그동안 나는 그때의 강간을 전체적인 시각에서 볼 수 없었다. 그 일로 인해 내 몸에 대한 이미지, 그리고 나 자신이 생각한 나라는 사람의 이미지가 바뀌었다. 그 강간 사건이 내 일상에 어떤 식으로 영향을 주어 왔는지를 게리에게 얘기한다.

첫 번째 변화는 한계에 부딪힐 때마다 나타난다. 그 일이 있은 뒤로 불안이 점점 자주 엄습하는데, 특히 밖으로 다닐 때 그렇다. 비행기처럼 폐쇄된 공간에 있으면 감옥에 갇힌 기분이 든다. 추락에 대한 공포가 아니라 나를 안에 가두고 문이 닫혀 버릴 것만 같아 두렵다. 다닐 때도 남들에게는 아무렇지도 않은 공간에서 공포스러워지는데, 터널, 다리, 그 밖에 내가 잘 빠져나올 수 없을 만한 곳이면 어디든 마찬가지다.

불안감을 더욱 증폭시키는 또 다른 유형의 폐쇄적 공간은 상점과 극장

같은 실내 공간이다. 그 일을 겪고 나서 수년이 지난 뒤, 은행에 들어갔는데 마침 무장 강도가 침입해 있었다. 직원 책상 뒤로 고객을 몰아넣고는 강도 한 명이 총을 겨누고 다른 두 명은 돈을 그러모으고 있었다. 내가 들어가자 총을 내게 겨누면서 고래고래 소리를 질렀다. 그 이후 은행은 내게 폐쇄적인 공간이 되었고, 식당 역시 마찬가지였다. 안으로 들어가서 내 마음대로 나갈 수 없게 되어 있는 곳에 있으면 어디서든 극도의 불안감이 생겨났다.

요즘은 단순한 논쟁과 같이 악의가 없는 것에 맞닥뜨려도, 주체할 수 없이 불안하고 말하기 창피하지만 어디론가 숨어 버리고픈 마음이 든다. 충돌이 예상되는 것은 가능하다면 무조건 멀리하려고 한다.

이런 일로 필이 당혹스러워하는 것은 물론이고, 내 행동이 비논리적이라는 사실이 나를 그에게서 더 멀어지게 만드는 것만 같다. 강간범의 분노를 너무나도 완전히 내재화한 까닭에, 언성이 높아지는 일이 생기면 나는 그야말로 무릎을 꿇고 만다. 이런 행동은 정상 범주에서 심하게 벗어나 있는 일이라서 미쳤다고 낙인찍힐까 두렵다. 침묵을 지키고 이성을 유지하면, 아무도 내 상태를 알아채지 못할 것이다.

사실, 이것은 관계에 심각한 손상을 준다. 친밀한 관계의 장점 중 하나가 신뢰인데 신뢰라는 것은 상대와 자신의 모든 것을 공유하는 데서 생기는 법이다. 필과의 관계에서 이 문제를 제대로 해결하지 못해 왔고, 좋든 나쁘든 어떤 일이 생겼을 때 가장 가까운 필과 공유하지 못한다는 사실을 놓쳐 왔다.

내 몸 역시 무척 많이 변했다고 게리에게 말한다. 나 자신을 보호하려고 체중을 늘린 것이다. 하지만 11월에 일어난 폭행은 그런 생각이 엄청난 판단 착오였음을 증명한다. 필을 만나기 전부터 이미 체중이 불어 있었지만, 필은 단 한 번도 그에 대해 핀잔 같은 것을 한 적이 없다.

그렇게 살면서, 나는 불안을 다스리기 위해 할 수 있는 것을 다했다. 필과 나는 떼려야 뗄 수 없는 관계가 되었다. 더욱 더 친밀해지고, 우리 부모님이 누리지 못한 그런 결혼 생활을 위해 노력을 기울였다.

내가 퇴행의 행동을 보일 때면 그는 혼란스러워했다. 그는 뭔가 석연치 않아하는 기색이지만, 사실을 알면 그가 떠날까 두려워 굳이 설명하지 않는다. 말하고 싶지 않아서가 아니라 그냥 말할 수가 없어서, 무엇보다 결혼 생활을 유지하고 싶어서다.

아무에게도 악영향을 주고 싶지 않았던 순수한 동기에도 불구하고, 그 폭행에 대한 침묵과 과거에 관한 잇따른 혼란이 우리 관계를 파멸로 몰고 갈지도 모른다고 게리에게 말한다. 이토록 철저한 침묵이란 것은 도무지 말이 안 될 정도라는 것도 잘 안다.

필에게 과거를 다 드러내려니 죄책감이 든다. 필과 나는 꽤 가까운 사이라고 게리에게 말한다. 어떻게 가장 가까운 친구를 두고 다른 누군가에게 이런 얘기를 할 수 있을까요?

게리의 대답은 명확하다. 내가 필에게 강간에 대해 말한다고 해서 잃는 것은 없을 것이고, 다만 필이 나를 떠나기로 결심할 때에야 모든 것을 잃게 된다고 한다. 게리가 묻는다. 당신의 생각이 어느 정도 현실적이라고 생각합니까? 필이 19년간의 관계를 포기하고서 정말로 당신을 떠날 그런 사람인가요?

그 말에 우리 관계를 좀 더 자세히 들여다보게 된다. 게리는 내가 우리 관계의 견고함을 축소시켜 왔을 수도 있다고 말한다. 아니면, 모르기는 해도 나에 대한 필의 사랑을 과소평가한 것인지도 모른다고 한다.

그의 말이 맞는 것 같지만 그가 말하는 것과는 다른 차원의 얘기다. 나는 스스로 나를 하찮게 여기듯 필과 게리 역시 날 하찮게 여기게 될까 마음이 쓰이지만, 둘 다 그렇지 않을 것이다. 그러나 그들이 내게 보이는 연민은 일종의 마약이다. 그것이 있으면 내가 현명하고 멋지게 여겨지다가, 없을 땐 더 큰 불만에 차게 된다.

게리는 필에게 얘기해야 할 또 다른 이유를 든다. 강간은 갑작스럽고 통제할 수 없기에 피해자를 무기력하게 만들고 제대로 생각조차 할 수 없게 합니다. 그의 말대로, 눈에 상처를 입고도 내가 아무런 조치를 취하지 않은 것이 그 이유 때문일까?

그대로 앉아서 강간 이후에 내 눈을 덮고 있는 필름을 통해 게리를 물끄러미 바라본다. 불투명한 회색에서부터 새까만 검정에 이르기까지, 갖가지 모양과 크기와 음영이, 그날 이후 매일매일 그랬듯이 내 눈을 가득 메운다. 처음에는 겉으로 보기에 타박상이 크게 눈에 띄지 않는 것을 천만다행으로 여기고, 그 덕분에 주차장 사건을 나 혼자만 알고 있을 수 있었다.

하지만 때로는 그때 겉으로 드러나는 증거가 더 많이 있었더라면, 그래서 필에게도 얘기하지 않을 수 없게 되어 도움을 청했더라면, 하는 생각이 여러 번 든다. 이제는 거의 매일같이 편두통이 있어, 안과를 찾아가 눈에 심각한 손상이 있는 건 아닌지 확인해야 할 필요성을 느낀다. 이제는 필에게 모두 말할 때라는 것을 마음속으로 알면서도, 무슨 말을 어떻게 해야 할지 생각만 해도 마음이 아프다. 그의 가슴이 미어질 것이다.

상담 16

오늘 상담에서는 요즘 읽고 있는 강간 관련 책에 대한 얘기만 나누고 싶다. 내가 겪은 강간에 관한 구체적 사실을 회피하기 위해서라는 걸 알지만, 게리에게 이런 나를 좀 더 참아 달라고 부탁한다. 강간에 대해 물어보고 싶은 것이 있다. 그가 — 아니면 누구라도 — 답을 해 줄 수 있는 문제인지는 모르겠지만.

강간에 관한 책을 읽는 것만이 지금 여기에서 내가 문제 해결을 위해서 할 수 있는 일이다. 이성을 발휘해 이 분야에 대해 스스로 배워 가는 것이다. 이 주제에 관해 찾을 수 있는 모든 책을 읽어 가는데, 왜 남자들이 강간을 하는지에 대한 대답은 알아내지 못하고 있다. 아니면, 왜 일부의 남자들이 강간을 하는지에 대해서조차도.

그리고 여성은 강간 이후에 어떤 유의 수치심을 느끼게 되는가? 왜 이런 일이 일어나는가? 왜 여성은 명백히 자신의 잘못이 아닌 일에 수치심을 느낄까?

수치심을 느끼는 여성이 있는 것은 사실이다. 강간은 힘의 문제이지 성적인 문제가 아니라는 사실도 나로서는 잘 받아들여지지 않는다. 게다가 사실이라는 것도 내게 개인적으로 적용할 수 있는 것이 없다면 아무런 의미가 없게 된다. 그래도 책을 더 많이 읽고 있다. 아마도 책에는 강간범이 어떤 유의 인간인지, 그자와 나의 삶이 엮여 버린 것이 내게 어떤 영향을 주었는지에 대한 정보가 있을 것이다.

강간범에는 네 종류가 있다고 한다. 내 경우는 가학성이다. 모든 강간범이 다 그렇지 않나 하는 생각을 하면서 계속 읽어 나간다. 가학적인 강간범은 담배·막대기·병·채찍·전기 충격기 같은 도구를 사용하고, 단순히 고통을 가하는 데에서 만족하지 못한다. 가학적인 강간범은 다른 부류보다 교살이나 수족 절단을 용의주도하게 저지른다. 신체 부위 가운데 가슴·엉덩이·입·항문·성기 같은 성감대에 폭력을 가한다.

상담 시간이 15분쯤 남아 있을 때, 게리에게 주차장 폭행 사건을 필에게 말했노라고 알려 준다. 외식을 하면서 겁쟁이처럼 털어놓았더니, 필이 많이 놀라면서, 두 눈에 눈물이 고였는데 그렇게 슬퍼하는 모습은 처음 보았다. 필은 내가 그동안 그토록 위험한 일을 숨겨 왔음을 믿기 어려워했고, 말로는 표현하지 않았지만 그의 눈빛에는 내가 그렇게 두려워하던 바로 그 배신감이 비쳤다.

하지만 그에게 얘기함으로써 우리는 함께 극복해 나가기 위한 발걸음을 뗀 것이다. 필은 예상대로 알아서 잘 이끌어 주었다. 내가 망막 전문가를 찾아갈 수 있도록 도와주었다. 그런데 그는 예전과는 다른 모습을 보였다. 항상 내가 특정한 시간에 어디에 있는지에 신경을 쓰고 나를 보호하려 했다. 어느 날 밤 잠들기 힘겨워하고 있는데, 불 꺼진 상태에서 그가 내 손을 잡았다. 그는 속삭이며 말했다. 이번 일은 내가 막아 주었어야 하는 거야. 앞으로 다시는 어떤 나쁜 일도 겪지 않도록 해 줄게.

또한 우리는 함께 계획을 세워 나갔다. 지금의 집에 그대로 사는 것은 꺼림칙해 다른 집을 찾아보기로 했다. 내가 혼자 있는 것을 겁내고, 폭행범이 다시 올까 두려워하니까 집에서 일하는 것은 더욱 위험한 상황을 초래할 수 있다. 사실상 이 동네를 완전히 벗어날 가능성이 높아졌다.

내가 읽고 있던 책에 관한 소소한 얘기를 늘어놓다가 어째서 시간이 얼마 남지 않았을 때 갑자기 이렇게 중요한 얘기를 하는지, 게리는 혼란스러워하는 눈치다.

혼란스럽게 해서 좀 미안하지만, 게리에게 의지할까 말까 혼란스럽고 또 그의 인정과 지지가 내게는 너무 중요한 것이 되어 버린 까닭에 이런 식으로 평정을 유지하려 하는 것 같다. 그러한 인식과 더불어, 필에게 그런 것처럼 게리에게도 뭔가 다 털어놓지 못하고 속에 담아 두는 일종의 패턴이 생겨나고 있음을 깨닫는다. 고쳐야 할 부분이다.

게리는 내 아버지도 아니고, 그렇다고 개인적 친분이 있는 친구도 아니며, 내가 이 문제에서 헤쳐 나올 수 있도록 도움을 받으려고 찾아온 전문가라는 사실을 나 자신에게 꾸준히 상기시킨다. 나와 다른 사람을 구분하는 경계선이 종종 흐려진다. 어디까지가 나고 어디서부터가 그들인지를 몰라 혼란스럽다. 혼자 동떨어진 듯 남겨지는 것이 두렵지만, 이 시점에서 그에게 나를 전적으로 드러내 보인 것이다. 이게 우리가 맺어 온 관계의 목표가 아닐까? 그가 나를 떠나는 건 우리가 원하는 것을 이루고 나면 이어지는 당연한 결과가 아닌가?

게리의 인정을 받으려는 생각이 마음 깊이 깔려 있다. 숨을 크게 쉬고 이제껏 말하지 못한 것을 얘기한다. 내가 대학원에서, 상담심리학 학위를 따려고 공부하고 있다고 말한다.

그가 어떤 식의 반대 의견을 내놓을까 단단히 각오하고 있었는데, 그런 것은 전혀 없다. 오히려 얼마나 오랫동안 공부했는지, 어느 학교에서 누구에게서 견습 과정을 거치고 있는지 물어보며 뜻밖의 반응을 보인다. 나는 내 자아가 아직 다치지 않은 데 대한 들릴 듯 말 듯한 안도의 한숨을 내쉰다. 게리는 좀 더 많이 얘기하고 싶지만, 아무튼 자기는 힘을 실어 주고 지지하겠노라고 말한다. 상담과 학업을 마치면, 내가 나와 유사한 문제를 가진 사람에게 도움이 될 거라는 말에 기분이 한껏 고양된다.

하지만 상담을 받기 시작한 뒤로 어쩐지 내가 상담자가 되기에 자질이 부족하게 느껴진다고 말한다. 나 스스로 어려움을 겪고 있으면 내담자의 정신 건강에 도움을 주지 못할 것 같아 두렵다. 듣고 있던 게리는 실제로 문제를 경험한 심리상담가들이 내담자에게는 종종 특별한 도움을 준다며 나를 안심시킨다.

상담 **17**

수년 전에 겪은 강간의 기억을 내 안에서 없애 버리려는 욕구가 나를 금방이라도 집어삼킬 듯이 목을 조른다. 게리는 가능한 한 상세하게 얘기하는 것이 치유의 첫걸음이라고 단호히 말한다. 그래서 이번 상담에서는 그날에 대해 말하기 시작한다.

❦ ❦ ❦

1976년 6월 17일 오후 4시 30분. 열아홉 살이다. 더없이 맑고 청명한 날씨에 샌프란시스코는 어느 때보다 아름답다. 안개가 다시 찾아와 섬세한 막으로 도시를 살포시 뒤덮는다.

누군가가 갑작스럽게 내 등을 밀쳐서 나는 수풀 속으로 넘어진다. 스타킹이 찢어지고 손에서 피가 난다. 얼굴을 바닥에 정면으로 부딪쳐, 뺨에 상처가 난다. 화가 나서 고개를 돌려 보니 낯선 남자의 얼굴이 보인다. 그자는 내 긴 머리를 틀어쥐고 나를 확 끌어당긴다. 그리고 꼿꼿이 선 채 무릎을 꿇린 다음 팔을 등 뒤로 꺾는다. 다른 내 한 손은 앞에 떨어진 지갑과 책을 잡으려 허공을 휘젓는다.

마구 소리를 지르고 욕을 하면서 나를 끌더니 이내 길을 가로질러 간다. 내 발은 땅에 닿을 듯 말 듯 질질 끌린다. 온갖 저속한 말을 내뱉으며, 우리가 서로 아는 사이인 양 말한다. 순간 이 사람이 나를 다른 누군가로 착각한 게 아닐까 하는 생각을 하는데, 마침내 길에서 한 사람이 우리를 보고도 지나치는 것을 본다. 드디어 우리가 아는 사이인 양, 여자 친구나 아내인 것처럼 가장해서 아무도 끼어들지 못하게 하려는 것임을 알아차린 순간, 나는 경악한다. 그가 내뱉는 말이 머릿속을 점점 더 소란스럽고 어지럽게 만든다. 머리가 심하게 요동치는 바람에 어떤 말도 입 밖으로 내지 못한다.

어떤 집을 향해 가면서 뭐라고 말을 하는데, 고개를 끄덕이려고 했지만 머리를 너무 꽉 쥔 탓에 움직일 수조차 없다. 비명을 지르려 하지만 한마디도 내뱉을 수 없다. 서둘러 집 쪽으로 다가가 거의 계단에 들어선다. 공포감 때문에 목소리가 몸 안에 갇혀 버린 것만 같다. 나를 좌지우지하고 있는 것이다. 발이 포장도로에 거의 닿지도 않는다. 계단 위로 올라가라고 다그친다. 그리고 앞문을 걷어차고 안으로 끌고 들어간다.

손으로 내 머리를 쥐고서 자기 쪽으로 튼다. 내 눈이, 아마도 내 두뇌가 재빨리 파악에 들어간다. 190센티미터가 넘을 듯한 키에, 금발 곱슬머리가 어깨까지 내려와 있다. 증오와 분노에 찬, 엽기적인 초록 눈동자는 내 눈을 뚫어져라 보고 있다. 온몸에 냉기가 착 흐르는 것만 같다. 당장이라도 나를 해칠 것만 같다. 미색 스웨터는, 키가 큰 편인데도 소매가 죽 늘어져 있다. 데님 셔츠를 입었는지 스웨터 목 안쪽으로 파란색이 보인다.

손을 내 어깨에 얹은 채 얼굴을 내려다본다. 무언가 말을 할 줄 알았는데 대신 가까이 오려 한다. 순간 나는 뒤로 자빠지고 뭔가 이상한 느낌을 감지한다. 그의 시선은 여전히 내 눈을 바라보며 움직이지 않고 있다. 팔로 바닥을 짚으며 뒤로 물러나려는데, 엉덩이와 팔꿈치에 이어 머리가 딱딱한 바닥에 부딪힌다.

어느새 바닥에 깔린 얇은 매트리스 위에 나자빠졌다. 당황한 나는 재빨리 정신을 차려 무슨 일이 있었는지 떠올려 보려고 한다. 그는 내 손을 앞으로 묶고 속옷과 스타킹을 벗긴다. 앞쪽에 단추가 있는 청치마는 맨 위 고리만 잠긴 채 겨우 몸에 걸쳐져 있다. 블라우스 단추를 풀어 젖혀 가슴이 드러난다. 레인코트 한쪽이 완전히 벗겨진다.

주변은 조용하고 내 의식은 또렷하다. 방을 살펴보려고 애를 쓴다. 리모델링이 진행 중이다. 마룻바닥을 새로 마감하는 데 쓰인 새 페인트와 안료의 메스꺼운 냄새가 섞여 머리가 아프다. 주변에는 아무런 기척도 없고, 그래서 더욱 불안해진다.

❧ ❧ ❧

게리가 의자에서 일어나는 것을 느낀다. 그는 내 고개를 들어 자신을 바라보게 한다. 그리고 정중하고 부드러운 말투로 오늘은 그만하자고 말한다.

상담 18

게리 방으로 향하는 발걸음이 유난히 가볍지 못하다. 지난번에 어디서 그만했는지 그가 기억하고 있을까 궁금해서다. 마지막 상담 이후 그 장소 그 시간에 꼼짝없이 갇혀 있다시피 한다. 이젠 벗어나고 싶다. 그는 의자에 앉으라는 신호를 보내고, 그 일을 계속해서 얘기할 마음이 있는지 묻는다. 나는 심호흡을 하고, 목요일 오후 그 집으로 그를 데려간다.

※ ※ ※

　방에는 매트리스뿐 다른 가구가 없다. 갓이 없는 스탠드 전구는 불이 꺼진 채 구석으로 치워져 있다. 몹시 낡은 매트리스에는 파란색과 하얀색 줄무늬가 있다. 너무 얇아 바닥이 그대로 느껴진다. 머리 바로 밑에서 올라오는 착색제 냄새, 땀 냄새, 먼지 등이 뒤섞인 듯한 고약한 냄새가 집 안에 진동해 속이 메스껍다.
　묵직한 술이 달린 블라인드가 창문을 가려 좀 전보다 더 어둡다. 소리는 달라졌다. 내 오른쪽에는 주방이 있고, 위로는 주방과 식당 사이 음식을 내주는 창구가 나 있다. 조리대 모서리 너머로 소총 한 자루가 보인다. 춥지는 않은데, 또 다른 공포감이 엄습해 오면서 주체할 수 없을 정도로 몸이 떨린다. 내 두려움을 그가 분명히 알아채는 것을 느낀다. 나는 위험한 동물 곁에 있는 것처럼 스스로를 차분히 진정시키려고 노력한다.
　주방 뒤쪽 성에가 낀 창문 틈으로 들어오는 한 줄기 빛 말고는 그 어떤 광원도 없다. 곁눈으로 그를 보는데, 그 역시 내가 움직이는 것을 알아차린다. 가만히 있으려고 했지만, 때는 이미 늦었다. 순식간에 나를 덮쳐 다리를 벌려 내 안으로 들어오려 한다.

온몸이 얼어붙어 심장 박동이 빨라지는 것만을 느낀다. 너무 심하게 겁에 질려 숨을 들이쉬는 일조차도 힘들다.

그의 몸은 뜨거워서 끓는 듯했지만, 손은 얼음같이 차갑고 거칠어서 난폭하게 살점을 찢어 놓는다. 손에서는 이미 묶일 때 난 상처에서 피가 흘러 배 위로 떨어지고 있다. 배에 맞닿은 팔의 피부가 부드럽고 따뜻한 것이 그의 차가운 손과는 정반대다. 그의 피부는 불쾌한 느낌이다. 아무것도 걸치지 않은 채 내 위에 누워 페니스를 내 다리에다 대고는 내 안으로 삽입하려고 애를 쓴다. 원하는 대로 딱딱해지지가 않자 대신에 손가락을 집어넣으려 애를 쓴다.

허벅지 근육에 심한 통증을 느낀다. 요구에 굴복하지 않으려고 다리를 꽉 더 오므리려고 하기 때문이다. 계속해서 씨름을 벌인다. 내 모습은 마치 살아남으려는 원초적인 본능을 가진 한 마리 동물 같다. 사람이 아니라 그저 성욕을 위한 물건에 지나지 않는다. 그의 몸뚱이 아래서 벗어나려고 갖은 애를 쓰지만 틈조차 노릴 수 없다. 고개로 그의 어깨를 밀어젖히며 일어나 보려고도 한다. 두뇌와는 상관없는 듯 생각지도 못한 말이 입 밖으로 마구 튀어나온다. 사정하고, 구걸하는 말이다. 내 목소리인 것 같은데 머릿속에서 나온 말이라고 인정하기에는 너무 끔찍하다. 그저 신음만이 새어 나오고 있다. 그가 하는 말은 이해하기가 어렵다. 한꺼번에 튀어나와 횡설수설로 들린다. 내가 미친 것일까? 왜 이해하지 못하고 하라는 대로 하지 못하는 것일까? 그렇게 하는 것이 내가 살 수 있는 일인지도 모른다. 다른 선택이 없는데, 생각들이 그냥 머릿속에서 오락가락한다. 내 안 깊은 곳에서부터 시작되는 엄청난 비명이 짧게 터져 나온다. 다리를 모으려고 안간힘을 쓰고, 그는 다리 사이를 파고들려 애를 쓴다. 너무 엎치락뒤치락한 탓에 다리 근육에 불이라도 붙은 듯 뜨겁게 느껴진다.

얼굴을 바짝 대고 혀를 입속에 집어넣으려 하면서 손으로 나를 끌어당긴다. 나는 숨이 가쁘다 못해 헐떡대기 시작한다. 그는 한 손으로는 내 다리를, 다른 손으로는 내 턱을 잡고 얼굴을 못 돌리게 한다.

미쳐 날뛰더니, 뒤로 물러나 무릎을 대고 앉는다. 자세를 고쳐 잡고, 마지막으로 다리를 세게 벌린다. 그러고는 곧바로 꿇어앉아 왼손을 다시 사용한다. 맞을 것을 알았으면서도 막상 주먹이 내 턱을 곧바로 내리치자 충격에 휩싸이고 만다. 내리친 힘의 세기에 놀라 정신을 차릴 수 없을 지경인 데다, 그의 완력 아래서 내 힘이 얼마나 약한지에 다시 한 번 놀라 멍해진다.

깊은 숨을 들이쉬고, 입 속으로 흐르는 피를 빨아들인다. 혀가 본능적으로 상처 부위를 훑는다. 흔들리는 아랫니가 빠지지 않도록 주위 잇몸을 혀로 꼭꼭 눌러 밀어 넣는다. 입술이 얼얼하다. 찢어지고 피가 나는 입술은 금세 부어오른다. 얼굴을 왼쪽으로 틀고, 매트리스에 피를 뱉어 낸다. 일부는 삼켜 목구멍 아래로 흘러 들어간다. 고개를 다시 돌리자 주먹이 한 번 더 날아온다. 이번에는 오른쪽 턱이다. 뼈가 으스러지는 소리가 가슴을 파고든다.

주먹으로 맞은 데가 너무 아파서 눈의 초점을 맞출 수가 없다. 온몸을, 다리, 가슴, 배, 얼굴 할 것 없이 마구 두들겨 팬다. 숨 쉬는 것이 힘들다가 거의 불가능해진다. 그의 주먹이 다음에는 어디를 내리칠지 예상조차 할 수 없고, 내 몸 어디를 가격하든 괴로운 것은 마찬가지다.

뭐라 지껄여 내가 의식을 차리게 만든다. 사정하듯, 협박하듯 자신이 원하는 것을 해 달라는 것이다. 혼돈스러우면서도 분노가 인다. 내가 그를 해치고 있는 것이 아니다. 칼자루를 쥔 것은 그다. 나를 깔아뭉개는 욕을 내뱉더니 왜 삽입이 안되는지 묻는다. 경험이 없노라고 낮은 소리로 말한다. 나중에 안 일이지만 그 말은 실수였다. 오히려 더 큰 흥분을 불러일으켰을 뿐이다.

육체적인 폭행이 계속된다. 내뱉는 말마다 모두 끔찍하고 악의에 가득 차 있다. 알아들을 수 있는 것은 단지 단어뿐, 의미를 구성하지 못한다. 지칠 대로 지쳐 간다. 이제 또 무슨 일이 벌어질까 두려워하는 것만으로도 기운이 다 빠질 지경이다. 다시 다리를 벌릴 때는 어떤 저항도 할 수 없다. 내 근육은 그의 힘에 결국 밀리고 만 것이다.

내게서 새어 나오는 끊어질 듯 말 듯한 짐승의 울음소리 같은 것을 듣자, 그의 얼굴에는 놀라는 기색이 스친다. 페니스로 나를 억눌러 오리라는 것을 알면서도 굴복할 수밖에 없다. 그런데 대신에 무언가 날카로운 것을 내 안으로 밀어 넣을 수 없을 때까지 밀어 넣었다 끄집어내었다 하는 동작을 계속 반복한다.

본능적으로 그 물건을 확인하려고 하지만 묶인 손으로는 어찌 할 도리가 없다. 손가락으로 그의 손을 할퀴어 봐도 꿈쩍도 않는다.

⚘ ⚘ ⚘

게리가 얘기를 중단시킨다. 그의 얼굴이 충격으로 일그러지지 않은 것이 고맙다. 시간이 다 되었다고 말하면서 고개를 돌리면서도, 상담실을 나올 때엔 내 팔에 부드럽게 손을 대어 준다. 앉아서 일기를 쓰는 지금 역시 마비된 듯 무감각한데, 눈물은 단 한 방울도 흘리지 않으려 애를 쓴다. 멈출 수 없을 정도가 아니라면 말이다.

상담 **19**

잿빛 하늘에 비가 내린다. 상담하러 오면서 필의 스웨터를 입은 것은 따뜻하고 포근한 느낌을 받기 위해서다. 게리와 눈을 맞추기도 어렵다. 여느 때와 같은 농담도 주고받지 않고 소파에 몸을 내맡기고, 지난 시간에 중단한 데서 얘기를 이어 나간다.

❧ ❧ ❧

얼굴이 말로 다할 수 없을 만큼 심하게 부어오르고, 숨이 가쁘고 고통스럽다. 피가 목구멍 뒤로 조금씩 넘어가는 것을 느낀다. 누워 있는 것이 너무도 힘들다. 손을 들어 그에게 제발 좀 풀어 달라고 사정한다. 놀랍게도 들어준다. 다시 손을 들어 보지만 그의 몸에 닿지는 않는다. 그는 내 두 손이 허공에서 허우적대는 것을 보다가 팔을 뻗어 나를 꼼짝 못하게 한다. 나는 다시 매트리스 안으로 푹 쓰러지고 만다.

등 쪽에 경련이 점점 더 심해진다. 그가 그 물건을 내 안으로 밀어 넣는 것을 계속하는 통에 내가 움직일 수 있는 여지가 거의 없다. 서서히 지쳐 가면서 빼내려 한다. 그가 하는 일을 감지하자 가만있을 수가 없어진다. 몸을 이리저리 움직여서 그것이 빠지기를 기다린다.

다리를 올리고 오른쪽으로 굴러, 배를 끌어안는다. 피가 흘러나오는 것을 느낀다. 얼굴의 고통은 이루 말할 수 없다. 두 눈에 가득 찬 눈물이 뺨을 타고 매트리스로 떨어진다. 온전히 혼자라고 느낀다. 이보다 더 끔찍할 수는 없을 것이다.

기운이 다 빠지자 나를 혼자 내버려 두고 발밑의 벽에 몸을 기댄다. 그때만큼은 내가 우선 대상이 아니다. 잠시 동안의 그 틈이 다행스러우면서도 다음에는 무슨 짓을 할지 몰라 오히려 공포스럽다. 어떻게 이 집을 빠져나갈까 생각하려 애를 쓰지만 도무지 생각이란 것을 할 수가 없다. 이 상황이 끝나기만을 원한다. 움직이려 하지만 그럴 수 없어 옆으로 누운 채 그대로 있다. 그를 보는 일이 속이 울렁거릴 만큼 싫은데 근육 하나 꼼짝하지 않는다. 이 장소 이 시간 그대로 나는 얼어붙은 것이나 마찬가지다.

발에서부터 진행된 마비가 다리, 허벅지, 배를 타고 올라와 가슴을 답답하게 죄어 온다. 놀란 마음에, 이런 식으로 목까지, 호흡까지 진행되면 어떻게 될까 생각한다. 그냥 숨 쉬는 일이 멈춰지는 것일까? 여기서 이제 난 죽는 걸까? 목숨을 구하는 일은 고사하고 움직일 수조차 없다.

그는 몸을 일으켜 주방 주변을 돌아다니다 조리대 뒤에 선다. 뭘 가져오나 했더니 코카인을 순화하기 시작하면서 그 짓을 설명한다. 방 안에 연기가 퍼진다. 정신을 차려 보려고 애를 써 보지만, 코카인의 달짝지근한 향에 머리가 핑 돈다. 잠이 오는 것을 가까스로 참으며 굴복하지 않으려 애쓴다. 무엇보다 정신을 잃을까 두렵다. 눈이 무거워 떴다 감았다 하는 것도 매우 느리다. 코카인 때문인지 그가 내게 한 짓 때문인지 알 수 없지만, 눈을 감을 때마다 잠에 빠지려는 충동과 싸운다. 나를 죽일지도 모른다는 생각에 두렵기 때문이다.

글자들이 눈앞에 나타나서 허공을 떠다니는 것 같다. 어떤 식으로든 낱말을 만들어 보려고 하면서 한 글자 한 글자가 이루는 낱말에 집중하려고 한다. 글자는 진동하거나 뱅글뱅글 돌면서 매우 크게 보인다. 거기에 집중하느라고 그가 무슨 짓을 하는지는 잘 보지 못한다.

겨우겨우 글자가 자리를 잡아 간다. 머릿속으로 제대로 방향을 잡고 번쩍이는 색을 없애고 어지러운 모양새를 없앤다. 그것을 하나하나 짜 맞추고 같은 크기로 정렬한다. 한 번 더 맞춰서 순서까지 맞춘다. 마음을 온통 이 일에 쏟는다. 지난주에 읽기 시작한 책에서 나온 단어가 지금 떠오른 것이다. 그 단어의 아름다움이 불현듯 내게 다가온다. 온통 그 책을 읽어야겠다는 생각뿐이다. 이 집 밖으로 나갈 수 있기를 원하는 것이다.

  그 낱말을 떠올리려고 안간힘을 쓴다. 작가는 이곳처럼 사람들이 살고 삶을 경험하는 그러한 집에 대해서 얘기했다. 한 낱말 한 낱말 천천히 떠오른다. 너무나 힘들고 버거운 일이지만 낱말을 떠올리는 일을 해야만 한다. 여력을 다 빼앗겼지만 멈출 수가 없다.

  내가 붙잡은 단어가 화려한 색채로 흔들리면서 진동이 생긴다. 마치 살아 있는 듯 앞뒤로 흔들리면서 움직이는 것이다. 동일한 형식에 맞춰 색상, 모양, 느낌, 크기, 글꼴까지 일정해진 상태에서 또 다른 낱말로 넘어간다. 계속해서 낱말들이 따라 나온다. 마치 선물인 양 문장이 완성된다. 두 볼에 흐르던 눈물방울이 주체할 수 없는 울음으로 바뀌어 내 뺨을 벌겋게 달아오르게 한다.

  무슨 소리가 들려와 깜짝 놀란다. 그쪽을 바라보자 그가 무릎으로 일어나는 게 보인다. 방이 어두워 마치 유령 같다. 그의 얼굴이 좀 더 뚜렷하게 보이지만 아무것도 느낄 수는 없다. 한동안 감정이 사라지며 이상하게 차분해지고, 아마도 이런 것이 사람이 죽기 전에 느끼는 기분이겠구나 하는 생각이 든다. 마치 편안한 이끌림 속에서 모든 것을 놓아 버린 것만 같다. 다음에 무슨 일이 일어난다 해도 이 순간에 비하면 아무것도 아닐 것이다.

  감정의 부재 상태는 금세 사라진다. 숨을 들이마시고, 입술의 피비린내를 맡으며 숨 쉬는 것도 잊고 있었음을 깨닫는다. 다시금 공포감이 밀려오고, 부모님과 강아지가 떠오르면서 다시는 못 보리라는 두려움에 휩싸인다.

  비단결 같은 두 손. 그 외에도 많은 단어가 떠오르는데, 이해되는 것도 있고 그렇지 않은 것도 있다. 진동하고 빙글 돌면서 커지기도 하고 핏빛이었다가 크림색의 부드러운 상태가 되어 거의 반투명 상태가 되기도 한다. 글자가 쓰인 종이가 언뜻언뜻 보이면서 바닐라 아이스크림의 부드럽고 달콤한 색상이 눈에 들어오고 종이의 재료인 향긋한 나무 향내가 난다. 그의 손아귀에 놓인 나는 존엄성이라곤 온데간데없다. 살아

남기 위해서는 내 앞에 단어가 필요하다. 그 단어들이 이 집 밖으로 나가게 될 것이라고 확신시켜 주고 위로가 되어 준다.

이 낱말들이 형태를 이루는 것은 평생이 걸려도 불가능할 것만 같다. 한 단어가 다른 단어 위에 겹쳐져 있다. 꿈속에서 내 몸 바깥으로 멀리 더 멀리 걸어 나가고 있다. 그리고 마치 이제껏 일어난 모든 일을 지워 버리기라도 할 것처럼 그를 바라본다. 몸 밖으로 나가는 일이 해방감을 가져온다. 그는 이제 나를 해칠 수 없다. 아무도 나를 건드릴 수 없다는 생각에 마음이 차분해진다. 그 느낌은 내부에서 나오는 것이 아니라 외부에서 나를 감싸고 있다. 지금 나는 무엇인가 이해할 수 없는 것을 이해하려 하고 있으며, 이 순간에는 왜라는 질문조차 던질 수가 없다.

※ ※ ※

호흡이 달라지자 게리가 얘기를 중단시킨다. 가슴속에 불길이 타오르는 것 같아 공기를 충분히 들이마실 수가 없다. 게리는 발을 바닥에 내려놓도록 시키고 안정을 위한 운동을 권하면서 호흡을 정상으로 되돌리려 애를 쓴다. 기억하는 일이 육체적으로 고통스럽다. 나를 배웅하는 그의 눈빛에서 연민이 느껴진다. 나 역시 상담실을 나오면서 슬펐고, 지금 이 글을 쓰면서도 기분은 좀처럼 나아질 줄을 모른다.

상담 **20**

강간에 대한 얘기를 시작한 이후로 꾸게 된 악몽에 대해서는 말하지 않기로 한다. 그러면 게리는 진정시키려고 속도를 늦추게 하거나 아예 중단시킬지도 모르는데, 어떤 일이 있었는지에 대해 말할 수 있다는 것부터 나름의 자유를 느낀다. 게리에게 짐을 안겨준 듯 미안한 마음이 든다. 얘기를 들어 준다는 것이 쉬운 일이 아니란 것을 알면서도, 그의 도움이 절실히 필요하다.

지난 시간에 중단한 부분에서 다시 얘기를 시작하여 그 집 안으로 함께 들어간다.

✤ ✤ ✤

처음으로 그를 이모저모 뜯어본다. 전혀 강간범처럼 보이지 않는다. 그런 괴물 같은 행동을 할 사람처럼 생기지도 않았다. 다르게 생겼어야 했다. 모두가 한번 보면 멀찌감치 거리를 두고 싶게 생겼어야 옳다. 그렇지 않으면 우리는 안전할 수 없다. 벽을 등진 채 축 처져 있는 그는 길거리 어디에서나 흔히 볼 수 있는 사람이다.

거리는 이제 더욱 조용하다. 모든 소리가 잦아들어, 빌딩숲 사이로 스며든 안개나 지붕 위를 돌아다니는 고양이 발소리마냥 차분히 가라앉았다. 언제나 한밤 이 무렵의 시간은 내게 안락함과 위안을 가져다주었지만, 이제 다시는 이 시간을 예전처럼 순수하게 보낼 수 없으리라는 것을 깨닫고 슬픔에 젖는다.

더욱더 비참한 것은, 그토록 안락하던 소리들이 이제는 온데간데없이 사라져 버렸다는 것이다. 이제야 내가 사람들 소리, 차 소리, TV·라디오 소리를 제대로 인식하지 못하고 있었음을 깨닫는다. 이제 멀리서 길고 낮게 울리는 안개 경보 외에는 정적뿐이다.

바깥이 조용하니 더욱더 외롭다. 세상은 여전히 똑같이 돌아가고 있지만 그 속에 나는 없다. 오늘 아침의 나는 이제 없는 것이다. 참을 수 없는 상실감이 나를 집어삼킬 듯하다. 죽을힘을 다해 비명을 지른다 해도 아무도 듣지 못할 것이다.

너무나 크게 상심한 상태라, 그가 내게 하는 말을 거의 알아듣지 못한다. 그가 목소리 톤을 바꿔 사과 조의 욕을 시작하는데, 화가 치민다. 나에게 이해를 구하면서, 마치 본인이 의도한 짓은 아니라는 듯이 나에 대한 염려를 대놓고 말한다. 커질 대로 커진 까만 동공에 가려진 듯한 초록 눈으로 나를 뚫어져라 본다. 농담치고는 너무 잔인하다.

그가 해대는 질문에 대답하지 않는다. 지껄이는 얘기에 역시 전혀 반응하지 않는다. 악의에 찬 나의 조용한 반항을 보면서, 그는 고통 속의 내가 더욱 아름답다는 말을 한다. 그를 노려보면서 누워 있다. 교착 상태에 빠져 있는 것이다. 서로가 이 방에서 칼자루를 쥔 것은 그임을 알고 있다. 둘 다 그가 원하는 것을 내게 강요할 수 있음을 잘 알고 있다.

그의 갑작스런 침묵에 더욱 두려워진다. 오늘 밤 나를 더욱 심하게 해치리라는 것을 알고 있다. 내 손을 또다시 묶는다. 주방에서 식당 창구에다 옮겨 놓은 초가, 그가 벽에 기댈 때마다 흔들려 촛불이 깜박거린다. 매트리스로 떨어져 불이 옮겨 붙으면 어쩌나 두려우면서도, 그 촛불을 바라보며 정신을 잃지 않으려고 애를 쓴다. 그는 내가 쳐다보는 것을 알아차리고는 나를 괴롭힐 도구를 발견한 표정이다.

내가 봐서는 안 되는 것을 보기라도 한 듯 욕을 퍼부으며 나를 일어나지 못하게 밀친다. 그러고는 손을 뻗어 초를 잡아 촛농을 내 가슴에 들이붓는다. 타 들어가는 듯 심한 고통이 전해진다. 촛농이 가슴에 떨어져 한가운데로 흘러내리면서 피부에 그대로 물집이 생긴다. 내 머리를 뒤로 젖히고 내 목을 입에다 갖다 대어 깨물면서, 차라리 죽기를 바라게 될 것이라고 속삭인다.

다리를 벌려 나를 꿰뚫을 듯한데, 아무런 반항도 하지 못한다. 이것으로 그만 끝이 나고 집에 갈 수 있기를, 그래서 나를 돌볼 수 있기를 간절히 바란다. 나를 세게 치받고 또 치받는다. 그래도 사정은 할 수가 없다. 손은 아직도 앞쪽으로 묶여 있어 팔과 가슴 쪽으로 밀쳐지는 행위는 그 자체가 고통이다. 어찌나 무지막지한지 살이 뼈에 부딪히는 것을 느낀다. 짐승처럼 킁킁거리면서 씩씩대는 그와 동일한 목적의 더럽고 구역질나는 공모에 빠진다. 그가 사정하기를 바라는 것이다.

사정에 이르지 못하자 실망해 왼쪽으로 나를 밀친다. 그러고는 일어나 내 등을 한 대 갈기고 다시 앞으로 옮겨와 무릎을 꿇는다. 내 머리를 낚아채고 끌어 당겨 입에 페니스를 넣으려고 한다. 턱이 깨져 온통 부어올랐는데도 전혀 개의치 않는다. 나는 사래라도 걸린 듯 기침이 터져 나와 뒤로 물러난다. 이와 턱에서 새빨간 피가 흐른다. 정교하게 맞춰진 나의 치아 교정기는 망가져 버렸다. 입을 크게 벌릴 수가 없는 상황이다. 손으로 그의 허벅지와 배를 밀친다. 입에다 넣는 것은 생각만 해도 끔찍하다.

매 순간 나 자신과 약속한다. 앞으로 10분만, 15분만 버티면… 고통을 견디는 내 한계를 시험한다. 그가 원하는 것은 섹스가 아니라 나를 욕보이는 것 자체다. 페니스를 입에 넣을 수 없자 화를 내면서 떨어져 나간다. 나는 등으로 구른다. 골반으로 매트리스를 누르면서 다리를 모으고 떨지 않으려 애를 쓰고 있는데, 변을 보고 싶은 마음이 다급하다. 아랫배를 억누른다. 더는 수치심을 견딜 수 없다. 그가 하고 싶은 대로 되는 꼴을 못 보게 하려는 의사 표시를 계속한다.

최대한 차분하게 화장실에 가야 한다고 낮은 소리로 말한다. 다급한 티를 내지 않으려는 것이다. 그는 홀 쪽을 가리키면서 손은 풀어 주지 않겠노라고 말한다. 작은 승리를 거두어 일어서려고 갖은 애를 쓰지만 불가능하다. 손이 풀렸다고 해도 힘이 없을 텐데 그렇게 6미터쯤 옷을 질질 끌면서 무릎과 묶인 손을 버둥거리며 화장실로 향한다.

❧ ❧ ❧

　게리가 이야기를 중단시키고 시간이 다 되었노라고 낮은 목소리로 말할 때 걷잡을 수 없이 심하게 떨고 있다. 이 모든 것을 회상해야만 하는 것, 다른 이에게 이것을 털어놓은 후에 전혀 괜찮지 않은 상태에서 모든 게 정상이라는 듯이 세상으로 나가야 한다는 것에 절망하고 만다.

상담 21

지난번 상담이 있은 지 거의 한 달이다. 게리를 보고 싶은 마음이 간절하다. 최근에는 모든 면에서 수수께끼를 푸는 느낌이 든다. 그나마 잠을 잘 수 있을 때는 악몽을 꾸고, 대체로 매일 밤 불면증에 시달린다. 이에 대해서는 얘기하지 않고 그의 바람대로 계속해서 강간에 대해서 얘기한다.

❦ ❦ ❦

화장실까지 못 가는 게 아닌가 걱정하며 부들부들 떨고 있다. 언제라도 나를 뒤에서 낚아채어 매트리스로 데려갈 것만 같다. 그의 손이 와 닿는 것이 느껴지지 않아 천천히 바닥을 따라 움직인다. 뒤돌아보기가 두렵다. 딱딱한 바닥의 나뭇결 하나하나를 느끼면서 손등으로 차가운 바닥을 짚어야 한다. 왼쪽 무릎, 또 오른쪽 무릎 그리고 또다시.

깨어나 보니 매트리스에 다시 누워 있다. 어떻게 방으로 돌아왔는지, 심지어 화장실에 갔었는지조차 기억이 없다. 청치마 맨 위쪽 고리는 여전히 풀리지 않은 채 몸을 감싸고 있다. 눈이 타오르고, 얼굴이 붉어진다. 내 존재는 실종된 상태다. 그 누구도 내가 여기 있다는 것과 무슨 일이 벌어지고 있는지를 알지 못한다. 나를 구해 줄 사람은 아무도 없다.

그가 기어와서 내 다리를 벌리려고 애를 쓴다. 그가 내지르는 고함을 들어도 얼굴을 똑바로 보는 것은 힘겹다. 말하는 대로 따르고 있다는 등의 말을 할 수 있을 만큼 입을 벌리지도 못한다. 나를 끌어당겨 엉덩이를 잡아 꼼짝 못하게 한다. 항문 성교를 시도하는 것이다.

얼굴 오른쪽을 매트리스에 짓누르면서 내 몸을 뒤집어 엎드리게 만든다. 고개를 돌려 바닥을 향하게 했다가 다시 얼굴 왼쪽을 대고 눕는다. 손이 여전히 묶여 있어서 고개를 비스듬히 할 수밖에 없다. 숨을 쉴 수도, 그만하라는 뜻으로 제발 손을 풀어 달라고 사정하는 신음 소리조차 낼 수가 없다. 내 목소리를 들을 수 있도록 최대한 입을 벌려 본다. 턱뼈가 같이 으스러지는 듯하다. 또다시 정신을 잃을 듯한 순간이 찾아온다.

내 몸 아래로 손을 뻗어 양손을 묶은 끈을 풀어 주더니 피에 절은 천을 입에다 쑤셔 넣는다. 부들부들 떨면서, 정신을 차리기 위해 몇 번이나 침을 삼켜 본다. 양손을 쓰지 못하도록 등 뒤에서 붙잡고 있다. 숨을 쉬려고 할 때마다 천에 묻은 먼지와 피를 함께 마실 수밖에 없다. 숨을 쉴 만한 탈출구는 전혀 없다. 반항을 멈춘다. 온몸으로 숨을 내쉬어 보려고 한다. 기묘하게도 근육이 무기력해지면서 힘이 빠지는 기분이다. 이런 것이 죽는 거구나, 점점 흐느적거리면서 이제 삶의 끈을 놓을 때라는 느낌이 든다. 힘이 빠진 그가 묶은 손을 풀어 준다. 숨을 다시 쉬려는 욕망이 나를 끌어당기는 암흑보다는 강해서일까, 손을 놓아주자마자 천을 입에서 빼낸다.

허리까지 치마를 끌어올려 항문 성교를 한다. 준비 따위는 전혀 없이. 생살이 찢어지는 듯한 갑작스럽고 지독한 고통이다. 그는 계속 치받으면서 허벅지 안쪽에서 흐르는 피를 탓한다. 몸이 두 쪽으로 찢어질 것만 같지만, 버텨 내면서 깊은 숨을 몰아쉰다. 이제 짐승처럼 끙끙대는 소리가 내 안 깊은 곳에서부터 삐져나온다.

갑자기 내가 몸에서 빠져나오는 듯한 느낌에 깜짝 놀라고 만다. 거칠고 악마 같은 그의 몸짓과는 반대로, 몸 밖으로 나오는 내 움직임은 부드럽고 여유롭다. 방 한구석으로 가서 내게 일어나는 일을 바라본다. 지금 일어나고 있는 일, 너무도 심한 고통을 감당할 수 없어서 생기는 정신적 혼란이다. 매트리스에 누운 한 소녀로부터 해리되고 나니, 내가 그 소녀를 버린 것 같은 느낌이다. 그녀는 완전히 혼자 내버려진 듯하다.

고통을 감내하려는 몸짓은 의식적인 것이 아니라 본능적인 것으로, 그 안에 더는 내가 없기 때문이다. 정상의 범주에 남아 있기 위해서는 몸을 벗어나야 한다. 그를 밀쳐 손과 무릎으로 일어서는 나를 본다. 다시 숨 쉴 수 있게 된다. 그는 내게 욕설을 퍼붓고 더 깊이 넣겠노라고 협박한다. 내 안은 불타는 듯하고, 그의 것이 닿는 근육 역시 분노에 차고 또 고통스러운 상태로 경직된다. 매트리스 앞으로 손을 뻗어 딱딱한 바닥으로 나아간다. 딱딱하면서 생생한 느낌, 무언가 느낄 수 있는 것이다. 손가락이 나무 틈 사이를 마구 파고든다.

공황 상태로 허우적대는 나 자신을 다시 느낀다. 이런 것을 경험하면서도 동시에 그런 나를 볼 수 있는 분열 상태가 나를 온통 휘감는다. 그가 두려우면서도, 내게 일어나는 일이 더욱더 두렵다. 그는 나를 미치게 만들고 말 것이다.

갑자기 나를 잔인하게 끌어당겨 바닥에서 양손을 떨어뜨린 후에, 쿵 하는 소리와 함께 다시 내려놓는다. 찌릿한 통증이 순식간에 허리를 세게 내리친다. 손톱으로 바닥을 긁어 필사적으로 손가락을 내뻗으면서 빠져나가려고 미친 듯이 애를 쓴다. 양손에서 초현실적인 느낌을 받는다. 팔에서 영혼이 빠져나간 듯 분리된 듯 내 앞에 펼쳐지는 양상을 내 것이 아닌 양 바라볼 뿐, 그것을 인식한다고 보기는 어렵다. 불투명한데도 피가 흐르고 있는 것을 볼 수 있고 뼈나 신경도 볼 수 있다. 딱딱한 바닥의 파편이 손톱 밑 피와 뒤섞여 있다.

광폭하게 내 안으로 들어와 반복해서 쑤셔 댄다. 허리를 붙잡고 자기 쪽으로 끌어당겼다가 거칠게 밀어 넣는다. 내게서 빠져나가도 바라던 만큼의 안도감은 찾아오지 않는다. 고통은 말로 표현할 수 있는 정도를 넘어선다. 그가 벽 쪽으로 나가떨어지자 나는 곧바로 기절한다.

내 엉덩이를 잡은 그의 손이 빠져나가자, 매트리스 위에 쭉 뻗어 꼼짝도 할 수 없다. 탈진 상태다. 할 수 있는 일이라곤 움직이지 않고 멍하니 허공을 바라보면서 누워 있는 것이다. 앞에 있는 벽으로 시선이 향한다. 새로 칠해진 표면 위의 작은 붓 자국들이 화려한 굽도리 널과 교차된 모양에 눈길이 간다. 참 정교하고 예쁘다는 생각이 든다. 깊고 검은 잠이 나를 덮친다.

심장 뛰는 소리, 그리고 몸에서 쿵쾅거리는 울림을 듣고 깨어난다. 근육이 움직이지 않는다. 그가 들을까 두려운 마음에 스스로 진정하려고 숨을 들이마신다. 물속으로 들어갈 때처럼, 공기를 언제 다시 접할 수 있을지 모르는 상태처럼, 숨은 짧고 거의 들릴 듯 말듯 희미하다.

힘이 들지만 눈을 감은 채 그가 움직이는 소리를 듣는다. 다시는 보고 싶지 않다. 그의 눈을 다시는 보고 싶지 않다. 눈을 뜨니 그가 주방 쪽으로 가는 것이 보인다. 거기서 한참 있으면서 뭐라고 알아들을 수 없는 말을 지껄이고 있다. 아무 반응이 없자 그는 곧 되돌아온다. 들어줄 수 없는 요구를 내게 하는데, 나는 토할 것 같다고 말한다.

그러자 더욱 화를 내면서 통로에 있던 총을 쥐고 내 턱에 겨눈다. 그리고 시키는 대로 하지 않으면 얼굴을 쏴 버리겠다고 협박한다.

내 목을 심하게 내리치고는 손가락으로 목을 짓누른다. 심한 욕설에 목과 가슴을 억누른 압박감이 더해져 그가 더 멀게 느껴지고 그의 말을 더욱 알아들을 수가 없다. 나는 천천히 움직인다. 내 손을 그의 손 위로 가져가서 세게 할퀴자 피가 스며나와 내 손을 적신다.

갑작스럽게 그가 발작적으로 움직여 깜짝 놀란다. 총을 내 뺨에다 갖다 대고 주저 없이 방아쇠를 당긴다. 호흡, 그리고 심장이 멈춘다.

᭦ ᭦ ᭦

게리가 얘기를 중단시킨다. 시간이 다 된 것이다. 스스로 털어놓은 얘기에 분노가 치밀고, 이 모든 고통을 되살려 놓은 것에 화가 난다. 기진맥진한 채로 소파에서 기다시피 해서 내려온다. 요즘 꾸는 악몽 얘기를 하고 싶지만 시간이 없다. 시간이 단 한 번도 충분한 적이 없다.

상담 22

게리가 상담실로 부른다. 내가 그만두고 싶어 하는 것을 알아차린 듯하고, 그 역시 내 얘기를 더는 듣고 싶지 않을 것이라고 확신하지만, 이제 와서 중단하기에는 너무 깊이 들어왔다. 마치 내 몸에서 독을 빼내야 하는 것처럼 느낀다고 말한다. 지난번에 중단한 데서부터 다시 이어 나간다.

❦ ❦ ❦

서로에게서 눈을 떼지 못한 채, 총알이 뺨을 뚫고 머리를 날려 버리기를 기다린다. 다음 순간이 일평생에 걸친 고통처럼 느껴지고, 내 모든 삶이 이 행동, 이 집 안, 이 강간범, 이 강간, 이 순간 속에서 존재하는 것 같다.

아무 소리도 들리지 않는다.

천둥 같은 포탄 소리가 머리를 뚫고 지나가리라 예상해 보지만 아무런 소리도 나지 않는다. 그는 뒤로 물러나 똑바로 서서 총탄을 빼내어 손바닥 위에 올려놓는다. 그리고 하나씩 세어 본다. 하나, 둘, 셋, 넷, 다섯. 잔인한 웃음을 터뜨리며 총과 총알을 주방 조리대 위에다 냅다 던진다.

다시 내 쪽으로 다가온다. 내 눈은 그의 눈에 고정되어 있다. 이제 힘이 남아 있지 않다. 도망가려는 환상도, 희망도, 아무런 저항도 없이 그냥 멍한 공허뿐이다. 몸을 숙여 또다시 삽입한다. 나는 한 조각 고깃덩어리다. 내가 알고 있듯이 그도 그것을 안다. 그의 페니스가 내 안쪽 깊숙이 와 닿는다. 몸을 뒤로 젖히면서 사정을 하고 나를 꽉 끌어안는다. 그리고 1분 후에 다시 시작하고 또 사정을 한다.

내 눈이 그의 눈을 똑바로 본다. 그는 얼굴을 돌린 채 계속 해댄다. 그의 얼굴이 내가 이 세상에서 보게 될 마지막 얼굴이라는 사실이 두렵다. 왜곡되고 혼란스러운 이미지들 속에서, 더 명확히 보려고 애를 쓰긴 해도 그럴 수 없음에 오히려 감사한다. 아무 감각이 느껴지지 않고, 그가 내 속으로 넣을 때마다 피부가 뼈 위에서 움직인다. 내 피부가 마치 치수가 너무 큰 옷처럼 느껴진다. 그를 향한 의식의 초점이 멀어지면서 암흑으로 빠져든다.

깨어난다. 춥다. 그는 내 몸에서 떨어져 멀찌감치 있고 한 줄기 빛이 너무도 부드럽게 커튼 가장자리에서 빛나고 있다. 햇빛이 비치는 것 같지는 않고 막 동이 튼 것 같아 보인다. 근처 집에서 노랫소리가 약하게 흘러나오고, 사람들이 학교와 일터로 갈 준비를 하고 있다. 이 소리는 진짜일까, 환청일까?

방을 둘러본다. 그는 내게서 멀리 떨어진 벽에 기대어 있다. 머리가 아픈 듯 어정쩡한 자세다. 나는 그가 숨을 쉬는지를 보려고 가슴 한 곳과 벽 위의 한 지점을 영원이라도 되는 듯이 한참동안 뚫어져라 바라본다.

나는 고개를 든다. 조금씩 움직인다. 멈춘다. 조금 움직인다. 멈춘다. 무릎으로 설 때까지 조금씩 조금씩 계속한다. 평생이 걸릴 것만 같다. 현기증이 나고 메스껍다. 그래도 계속 움직인다. 천천히, 하지만 조심스럽게. 눈은 그와 문 사이를 왔다 갔다 한다. 무릎에 온몸을 지탱하고 앉을 수 있다. 앞으로 몸을 숙이고 팔 바깥쪽에 기대어 웅크리니, 조금 전과 비슷하지만 이제 손 대신에 팔을 사용하고 있다. 문 쪽으로 다다르려는 목표가 있어 육체적 고통은 한결 수월하게 견뎌 낼 수 있다.

용의주도하게, 너무나 고통스럽지만 천천히, 쉬지 않고 움직인다. 그가 뒤에서 잡을까 조마조마해서, 아주 조금씩 움직였다가 잠깐 멈추기를 되풀이한다. 코트와 치마가 뒤에서 질질 끌려온다.

마침내 문에 도착해서 멈춘다. 한동안은 뒤를 돌아보지 않는다. 문손잡이를 쥐고 이제껏 해 본 적이 없을 만큼 천천히 돌린다. 거의 다 왔는데, 내가 도망치는 것을 그가 보면 무슨 짓을 할지 두렵다.

그 집에 들어갈 때 정신없이 들어갔듯 나올 때도 정신없이 나온다. 나는 지금 관 밖으로 나와 그 앞에 서 있는 것이다. 온몸이 피범벅이다. 매달린 옷을 대충 휘감는다. 집으로 가고 싶다. 아주 가까이에, 몇 블록만 가면 거기에 집이 있다. 바깥에 적응이 안 되어 처음에는 비틀거린다.

아직 이른 시각인지 거리에는 사람이 없다. 내 아파트에서 몇 발자국 떨어진 곳에서 한 남자가 내 어깨를 잡으며 괜찮은지 묻는다. 미친 듯이 고개를 끄덕인다. 집에 가야만 하고, 뒤를 돌아보는 것이 무섭다. 제발 해치지 마세요, 잡지 말아요, 건드리지 마세요. 그냥 집에 가고 싶어요. 아마 그쪽에서도 마찬가지로 두려웠는지, 온통 피와 멍으로 뒤덮여 옷을 반쯤 벗은 젊은 여성을 보고도 그냥 가게 내버려 둔다.

🌱 🌱 🌱

그만하고 게리를 올려다본다. 심장이 땅에 떨어져 그냥 나뒹구는 듯한 느낌이다. 제발 도와달라고, 나를 구원해 달라고 비명이라도 지르고 싶지만, 서로 아무 말도 하지 않는다. 그러다가 그가 나를 문 쪽으로 이끈다.

상담 23

오늘 상담 시간에 앞서 다소 낯선 느낌을 받는다. 지난 상담 시간을 통해 그때의 강간에 관하여 얘기하면서, 내 생각과 감정을 우리 일정에 맞게 성공적으로 조정할 수 있게 된 것이다. 지난 한 주 동안의 감정이 게리를 보자마자 터져 나온다.

게리에게 심리학자로서든 아니면 한 남성으로서든 상관없이 수년간에 걸쳐 내가 찾으려던 답을 알고 있는지 집요하게 물어보지만, 그는 침묵을 지킬 뿐이다. 길거리에서 만난 그 남자는 어떻게 나를 그냥 가게 내버려 두었을까요? 분명히 내 눈을 보았고 내가 얼마나 심한 상태인지 알면서도 어떻게 그냥 보냈던 것일까요? 게리에게 그 역시 그렇게 했겠느냐고 물어본다. 나는 구원받을 가치조차 없던 것일까요?

침묵이다. 무시할 의도는 아님을 안다. 그가 내게 답을 주지 않으려는 것이 아니라, 한마디로 답이 없는 것이다. 그날 아침 왜 그 남자가 나를 돕지 않았는지, 혹은 애초에 내가 왜 강간을 겪어야 했는지 이유는 없다. 나는 어떤 이유에서였는지 그 답이 무엇인지, 당연히 알아야겠다는 생각에 끝없이 스스로를 괴롭히면서 나 자신을 거의 미치기 직전까지 내몰고 갔다.

게리는 길거리에서 만난 그 남자에 대해 더 얘기해 보라고 한다.

༺ ༺ ༺

몇 발자국만 가면 집이다. 여전히 추운 날씨인 데다, 오래된 빅토리아 양식 건물들이 줄지어 서 있어서 그나마 조금 비칠 듯한 햇살도 아직 보도에 다다르지 않았다. 언덕을 가로질러 작은 식료품 가게를 지나친다. 이제 몇 발짝만 더 가면 된다. 어떻게 집에 가야 할지 전략을 세운다.

일단 그 강간범이 내가 도망친 것을 알아차리기 전에 집에 가야만 한다. 메스껍고, 금방이라도 기절할 것만 같은 느낌과 싸우고 있다. 옷이 땅에 닿지 않도록 입고 있는 것을 몸에 휘감는다.

숨 쉬는 게 힘들고 고통스러워 가슴이 터질 것만 같은데, 왼쪽에서 나에게 다가오는 한 남자가 보인다. 불현듯 나타난 그를 똑바로 보려고 몸을 튼다. 내 흐트러진 몸가짐이 그의 눈에 어떻게 비치는지 표정으로 알 수 있다.

내 어깨를 잡고 눈을 바라보면서 괜찮으냐고 묻는다. 나를 당기는 그 날랜 행동이 무섭다. 머리가 뒤로 젖혀지고 눈동자가 머릿속으로 들어갈 것만 같다. 눈을 떴을 때는 오로지 하늘만 보인다.

기겁한 상태에서 겨우 입을 열어 제발 나를 놓아 달라고 사정한다. 나를 해칠 것만 같아 두려운 데다, 강간범이 나를 찾지 못하도록 이 거리를 빨리 벗어나고 싶다. 그가 내 어깨를 잡은 탓에 주위를 좀 더 잘 인식할 수 있게 된 것 같다. 그가 내 어깨를 놔줄 때 약간 비틀거리다 넘어지지 않으려고 그의 팔을 잡는다.

그가 물러선다.

아래를 본다. 코트가 나를 감싸고 있지만 엉망진창이며, 안에 입은 셔츠는 단추를 채우지도 못한 상태다. 치마는 거의 입었다고 말할 수 없는 상태로, 허둥지둥 채운 단추마저도 고르지 못하다.

앞쪽을 훑어보니 셔츠와 코트에 가려지지 않은 부분은 모두 피범벅이다. 벌써 한참 지난 것이라 대부분 말라붙어 있지만, 가슴과 오른쪽 어깨에서는 새빨간 피가 다시 흘러나온다. 손으로 만져 본다. 아직도 따뜻하다.

❦ ❦ ❦

역겨워하면서 부들부들 떤다. 게리가 시간이 다 되었다고 부드러운 목소리로 말한다. 계속 말하지 않아도 된다는 데 안도한다. 오늘 내 얘기는 슬로모션처럼 흘러나온다. 하나도 연결되지 않고 더듬거려 네 시간은 걸린 듯 느껴진다.

여러 해가 지났는데도 그 남자의 표정이 지금도 나를 괴롭힌다.

상담 **24**

게리가 그때 그 남자의 집에서 내가 겪은 일을 듣고 감정 이입하는 모습이 오히려 혼란스럽다. 희생자라고 낙인찍히는 게 싫고, 그것이 실제로 함축하는 바, 즉 통제력을 잃었다는 것이 싫어서 당시의 강간에 대해 상세하게 밝히는 것이 꽤나 불편하다. 여전히 말할 것은 많고, 시작한 이상 이 여정을 끝내야 한다는 것을 안다. 깊게 숨을 들이마시고 지난번에 남겨 둔 부분에서 이어 나간다.

❦ ❦ ❦

드디어 집에 다다른다. 피를 흘리고, 처절함 그 자체다.

어느새 욕조 안에 서 있다. 샤워기를 틀었지만, 어떻게 했는지 혹은 얼마나 그렇게 서 있었는지는 기억이 나질 않는다. 아침 아홉 시, 아니 열 시쯤 되었을 것이다. 사람들이 출근하는 소리는 못 듣는다. 쿵쾅거리는 내 심장 소리 외에는 아무런 소리도 들을 수가 없다. 무슨 일이 있었는지 추스르려고 애를 쓰지만, 아직은 되질 않는다. 뭔가 크게 잘못된 일이 벌어지고 있다. 머릿속에서 내 목소리가 들리는 것이 아니라 강간범이 귀에 대고 따갑게 했던 말이 들린다.

알아들을 수 없는 말이 머릿속에 계속 울리고, 소리가 자꾸만 커진다. 미쳐 버릴 것만 같이 두렵다. 공포감이 올가미처럼 목을 조여 온다. 쏟아지는 물줄기가 끓는 듯 뜨겁지만 이 정도로는 부족하다. 물이 이 남자에 대한 기억을 다 태워 버리고 그가 건드린 내 살갗을 벗겨내 주었으면 좋겠다.

손으로 타일을 짚고 기대어 한쪽 발에서 다른 발로 체중을 싣는다. 아무런 감정도 없고, 살에서부터 뼛속까지 아무런 감각도 없다.

샤워실 벽을 똑바로 바라보는데 물 한 방울에 눈길이 간다.

찬찬히 초점을 되찾고 물방울을 바라본다. 물방울은 타일을 따라 흘러내리다가 수도꼭지에서 부드럽게 떨어져 내 발치에 고인 핏물에 섞인다.

얼마나 오랫동안 서서 물방울을 바라보고 있었는지는 잘 모르겠지만, 수만 개의 조그마한 물방울이 생명을 다하는 것을 바라본다. 한참을 푹 빠져서 들여다보고 있는데, 발 주변에 웅덩이를 이루고 배수구로 돌아나가는 것이 내 피라는 생각이 문득 든다. 얼마나 많이 피를 흘릴 수 있을까, 궁금해진다. 기절할 때까지, 아니면 죽을 때까지? 헝클어진 채 젖어서 덩어리진 머리를 뒤로 쓸어 넘긴다.

조그마한 물방울이 피부에 닿을 때마다 기포가 생기지만 거의 느끼지 못한다. 팔꿈치를 굽혀 손바닥을 펴 보고 이리저리 뒤집어본다. 손과 팔꿈치가 낯설게 느껴진다. 몸 가운데 발 빼고 유일하게 멍이나 베인 자국, 혹은 덴 자국이 없는 부분이기 때문이다.

옆구리를 따라 난 상처를 하나하나 짚어 가면서 몸 상태를 살펴본다. 손이 눈인 셈이다. 눈으로는 차마 그가 한 짓을 볼 수가 없다.

가슴은 부드러운데 오른쪽 가슴이 참을 수 없을 만큼 아프다. 촛농을 부어 덴 자국이 샤워를 하니 훨씬 더 쓰라려 온다.

손으로 배 쪽을 더듬고 더 내려간다. 엉덩이 쪽으로 가져가 몸 안쪽을 만져 본다. 피범벅이다.

조금만 움직여도 뼈를 깎는 듯 고통스럽다. 허벅지 근육이 화끈거리고 묵직하다. 기진맥진해서 부들부들 떨기 시작한다. 무릎이 꺾이지만 몸을 일으켜 세우려 하지도 않고, 욕조 바닥에서 천천히 흐느적거린다.

도저히 똑바로 앉을 수가 없어서 기도를 할 때처럼 바닥에 무릎을 꿇는다. 참 아이러니하다. 손과 무릎에 몸을 기대고 머리를 숙인 채, 움직이지도 않고 물이 몇 시간이나 등을 때리게 내버려 둔다. 여리디여린 부위가 열어젖혀진 채 그대로 드러난다.

처음에는 샤워가 위안이 되었지만, 이제는 참을 수 없을 만큼 불쾌하다.

현기증에 갑작스런 역겨움이 일어 밖으로 나온다. 뻣뻣해진 근육이 도통 말을 듣지 않아 기어서 욕조 바깥으로 나온 다음, 욕실 매트 위에 옆으로 누워 배를 부여안는다.

일련의 기억이 나를 집어삼킬 듯이 몰려오면서 공포감이 다시 휘몰아친다. 강간범이 따라왔을지도 모른다는 생각, 그리고 내가 사는 곳을 알 거라는 생각이 머릿속을 떠나지 않는다. 어쩌면 지금 아파트 안에 와 있는지도, 어쩌면 저 욕실 문 바깥에서 날 기다리고 있을지도 모른다. 내가 문을 어떻게 열었더라? 열쇠는 어디에 뒀지? 아직 문에 꽂혀 있는 게 아닐까?

움직이는 것조차 두려워 숨도 쉬지 않고 미동도 없이 그냥 누운 지 한참이다. 두려워서 소리를 낼 수조차 없다. 그가 바깥에 있다면 내 소리를 들을 것 같아 타월로 몸을 닦는 것조차 겁이 난다. 내 심장 소리를 들을 게 분명하다. 역겨움으로 뱃속이 울렁거리다가 갑자기 죽을 것처럼 아파 온다. 마치 몸이 그 강간범이 저지른 잔인함의 흔적을 제거하려는 듯 뱃속의 내용물을 토해 낸다.

욕실 바닥에는 더 있을 수가 없다. 천천히 고통을 추스르며 나아간다. 살살 움직여 또 구토가 나지 않게 주의한다. 입을 열 때마다 뼈가 서로 맞부딪히며 더 많은 상처를 낸다. 항문 성교로 인해 앉을 수가 없다. 오른쪽 엉덩이 상처가 너무 커서 그쪽으로 기대는 것은 생각도 할 수 없다. 움직일 때마다 몸에 난 상처를 새로 발견할 뿐이다. 가만히 있는 시간이 5분, 10분이 되고 또 15분으로 늘어난다. 배가 좀 괜찮아진다고 느껴지면 또 움직인다. 이번에는 20분 후에 다시 움직인다. 그렇게 조금씩 움직인다. 안간힘을 써 가며 욕실 매트 위를 구르면서, 피를 닦아 내고, 토하고, 소변을 본다.

용기를 내 현관 쪽 복도로 겨우 나간다. 그 남자는 없다. 침실 앞 바닥에 옷들이 쌓여 있다. 어제 아침에 입은 옷, 강간을 겪을 때 입은 그 옷. 찢어지고 여기저기 피가 묻은 것들로, 내 집 안에서는 정말 보고 싶지 않은 것이다.

❦ ❦ ❦

마침내 바닥의 한 지점에서 눈을 떼고 고개를 든다. 시간이 다 되었지만, 오늘 최소한 한 가지만큼은 성공했다고 게리에게 말한다. 그 한 가지란 이런 감정을 허용하는 것을 일주일 중에 이 한 시간 동안으로 제한한 일이다. 아마도 더 길어지면 미쳐 버릴 것 같다.

상담 26

게리에게 얘기를 털어놓기로 한 목적을 항상 염두에 두려고 애쓴다. 그 일이 일어난 해에는 또 다른 일도 일어났기 때문에 받아들여야 하는 감정들이 그 외에도 많다. 그래서 나는 그때의 강간이 벌어진 다음 날인 6월 19일 토요일에 관해서 얼른 얘기하고 싶다.

※ ※ ※

샤워 후에 침대에 쓰러졌다가 깨어난 것은 오후다. 오한이 들고, 얼굴은 풍선처럼 끔찍하게 부풀어 올라 있다. 입속의 고통 때문에 속이 불편하다. 그대로 두면 어떻게 될지 몰라, 늦었지만 이를 악문 채 치과에 전화를 걸어 저녁 늦은 시간에 예약을 한다. 버스에 올라 사람들의 시선을 피하며 동시에 속에서 탈이 나지 않도록 주의를 더 기울인다. 입술을 꽉 깨물고 아래쪽 이를 고정시키려고 한다.

앉는 게 불가능해 서서 기둥을 꽉 잡고 있다. 제대로 내리는 데만 신경 쓰고 있는데, 바깥쪽에서 안을 들여다보고 있는 나 자신을 새삼 깨닫고는 분열 상태에 기겁한다. 그때 그곳과는 다른 방향으로 향하고 있는데도 갑자기 강간범을 볼지도 모른다는 두려움에 휩싸인다.

치과 의사는 내가 샌프란시스코에 온 이후로 2년간 진료 받아 온 사람이다. 내 상처가 전화에서 말한 대로 교통사고 때문이 아닐 거라는 의심의 눈길을 보낸다. 교통사고로 생기는 상처와는 다르다는 것이다. 대답을 얻기 위해 계속 다그치다가, 내 눈에 눈물이 가득 고이는 것을 알아차린다. 동정을 느꼈는지 질문하는 것을 포기하고 아랫니를 고정하는 수술을 준비시킨다. 잠시 후에 턱을 철사로 고정한다.

마취와 진통제 때문에 어지럽다. 그리고 갑자기 탈진한다. 의사와 간호사가 집에 데려다 줄 사람에게 전화해 주겠다고 했지만, 아무도 없다고 글씨로 쓴다. 간호사가 엘리베이터를 함께 타고 내려와서 주의사항을 일러준다. 그들이 주차장으로 걸어 들어가는 것을 보면서 나 자신을 저버렸다는 느낌이 든다. 그들에게 강간의 진실을 말하지 않은 것이 수년간의 수치심과 침묵으로 이어진 것이다.

집에 도착해서 침대에 눕는다. 옷을 벗는 일조차 너무 버거워 바지 지퍼만 내린 채 깊고 깊은 잠에 빠져든다.

갑자기 전화벨이 울려 잠에서 깬다. 의식과 수면 사이 어딘가에 위치한 저세상에 있는 듯한 기분이다. 어제와 그제는 없다.

수화기를 통해 말소리가 드문드문 들리는데 꿈속에 있는 것 같다. 아빠 – 에어쇼 – 비행 사고 – 추락 – 많은 사람들 – 사상자 없음.

얼굴은 엉망에 피까지 나고 있고, 철사가 턱을 꽉 조이고 있어서 말하는 것이 어렵다. 전화를 건 간호사는 말소리가 잘 나오지 않는 것이 충격 때문이라고 해석하고는 전화를 아빠 친구분께 넘긴다. 그분은 간호사가 한 말을 그대로 반복한다. 더 자세한 내용은 없다. 그녀의 다음 말은 정리되지 않은 채 마구 튀어나온다. 수습해야 한다 – 당장 와라 – 그가 추락하는 것을 내가 보았다 – 당장 와라. 그녀와 나는 함께 울면서 전화를 끊는다.

᭙ ᭙ ᭙

나직이 울고 있는데 시간이 다 되었다고 말한다.

상담 **28**

이 상담에서 이겨 내고자 하는 슬픔은 강간을 겪은 그 해에 일어난 많은 사건들과 연결되어 있다. 지금에 와서야 깊은 연관성이 선명히 드러나고 있다.

게리는 아빠에 대해 더 얘기해 보라고 권한다. 처음에는 이 얘기가 강간의 고통을 줄이는 데 무슨 도움을 줄지 이해하지 못했지만, 그를 믿고 아빠의 장례식 얘기를 한다.

❦ ❦ ❦

6월 25일, 강간을 겪고 나서 얼마 후, 며칠이 걸려서 드디어 미시간에 도착하게 된다. 형편이 좋지 않아 기차를 타야 했는데 당시 내 상황에서는 긴 여행이다.

장례식장은 붐볐지만 조문 온 사람들의 얼굴과 어릴 적 나와 함께 자랐던 얼굴은 그저 흐릿할 뿐이다. 친구, 친척이라고 해도 캘리포니아로 이사한 뒤로는 본 적이 없는 사람들이다.

관은 닫힌 상태로 장례식장에 도착했다. 아빠 얼굴을 보게 해 달라고 장례 담당자에게 나지막이 말해 보지만, 아빠의 상해 정도를 감안해서 말린다. 상당수의 사람들이 추락을 목격했지만, 그래도 내 눈으로 확인할 필요가 있다. 금방이라도 어떻게 될지 모르는 너무나 힘든 상태인데 그는 내 말을 듣지 않는다.

고모들이 나를 한쪽으로 데려가 얼굴이 왜 이렇게 되었냐고 묻는다. 그들에게도 교통사고라고 말한다. 내 사생활이 필요 이상의 관심을 받는 것을 피하기 위한, 그리고 나의 미래를 나 스스로 결정하기 위한 거짓말이었다. 지금에 와서 난 그 결정을 후

회한다.

아빠의 관을 바라보며 앉아 있으니 아빠에 대한 그리움, 열망, 필요, 바람이 한꺼번에 밀려온다.

❦ ❦ ❦

게리가 이야기를 중단시킨다. 나도 모르게 흐느끼고 있다. 바닥을 내려다본다. 이미 허락한 것 이상으로 그가 내 안에 깊이 자리 잡게 할 수는 없다. 그가 필요 없었으면 좋겠다. 그는 내가 우리 사이에 두는 거리를 존중하는데, 거기에는 아직도 채워지지 않은 엄청난 골이 있다. 창문을 가린 블라인드를 물끄러미 보면서 소파 깊숙이 몸을 묻는다.

좀처럼 누그러질 줄 모르는 수치심, 죄책감, 혐오감으로 너무도 복잡하게 억눌려 있다. 무감각해져서 일을 할 수가 없다. 굳이 말로 하지는 않는다. 그가 존중해 주는 것은 나의 사회적 성취에 관한 부분일 뿐, 나라는 사람 자체는 아니라고 느끼기 때문이다.

매트리스 위에 있는 소녀에 대한 깊은 연민을 가져 보려는 목표를 계속 되새겨 보지만, 자꾸만 이리저리 빠져나가는 듯하다.

상담 30

게리는 아빠 얘기를 하던 내 반응을 떠올려 이런 말을 꺼낸다. "테레사는 아빠에게는 연민이 많으면서도, 정작 본인에게는 그렇지 않은 것 같군요."

그의 발언이 언짢게 들려 정확히 무슨 말을 하려는 것인지 확인할 맘도 생기지 않는다. 사실 오늘 상담 전부터 기분이 썩 좋지 않았다. 좀 더 정확히는 분노에 가깝다고 할 수 있다. 평소 감정을 숨기는 데 익숙한 내가 격렬한 감정으로 인해 두려움에 휩싸이고, 커다란 주홍 글씨 화인에 시달리며, 매일 아니 매 시간 그 일을 떠올려야 하는 것이 모두 이 상담 때문이다. 지쳐만 간다. 이젠 더 나아져야 하는데 그게 아니라면 지금이라도 그만두고 싶은 것이다.

주변이 조용할 때면 머릿속에 그 강간범의 목소리가 들려온다. 처음에는 얼굴이 가까이 다가오고 다음에는 입이 귀에 와 닿는다. 어찌나 가까이 다가왔는지 체취까지 맡을 수 있다. 나지막이 쉰 목소리로 자신이 무슨 짓을 하려는지 말한다.

게리의 눈을 들여다본다. 부드럽고 친절하며, 다 표현하지 못하는 고통까지도 이해하는 듯하다. 눈물이 두 뺨 위로 흐른다. 무언가 의미가 닿도록 말하려고 애써 보지만, 무언가 분위기를 확 바꿀 만한 그 어떤 말을 결국에는 하지 못한다. 하염없이 흘러내리는 눈물 때문에 눈이 화끈거린다.

게리에게 그 목소리에 대해서 말을 해야 할까 잠시 고민하지만, 관두고 그가 제기한 문제로 넘어간다. 아빠의 장례식 이후 미시간에서 보낸 시간에 관한 것이다.

❦ ❦ ❦

    7월 4일 독립기념일을 며칠 앞둔 어느 날, 변호사가 몇 주간 더 머물러 줘야 할 것 같다고 한다.
    친한 친구 집에서 지내기로 한다. 친구는 있는 동안 편히 쉬라고 했지만, 왠지 불편한 마음에 아빠의 재산을 받으면 어느 정도의 돈을 주기로 협의해 놓았다. 친구가 저녁 늦게까지 일하느라 집에 없을 때 배달부가 아빠의 지갑을 가져온다.
    앞쪽 창문으로 나무가 죽 늘어선 거리가 내려다보이는 2층에서 배달부가 차를 향해 걸어가는 것을 본다. 창문을 열고 그에게 다시 와서 지갑을 가져가라고 소리치고 싶은 충동을 가까스로 억누른다.
    대신에 부드러운 아이보리색 소파에 앉아 아빠의 지갑을 무릎에 올려놓는다. 안에는 신용 카드 한 장, 여러 파일럿 협회 회원증, 운전면허증, 그리고 파일럿 면허증이 있다. 뒤쪽에는 열두 살 때 찍은 내 사진이 꽂혀 있다. 사진을 뒤집어 본다. "사랑스럽고 멋지고 훌륭하신 나의 아빠께, 사랑하는 테레사가."라고 쓴 글귀가 보인다.

❦ ❦ ❦

    눈물이 차오르고 말이 나오지 않아 그만 중단한다. 딸이 아빠와 맺는 관계는 다른 남성들과 맺는 관계 하나하나에 영향을 준다고 게리에게 말한다. 내가 무슨 말을 하는지 미처 깨닫기 전에, 게리를 아빠로 생각해 왔다는 얘기를 하고 만다. 상담을 정신없이 끝내고 일어서면서 다음 상담 시간을 변경할까 하는 생각을 한다.

상담31

매우 촉박하게 연락했는데 오늘 상담이 가능하다고 한다. 약속된 정규 상담 사이에는 게리의 도움이 필요하지 않다고, 나는 다른 환자와 다르다고 굳게 믿어 왔는데, 그 생각이 틀렸다.

게리는 내가 화가 많이 난 것을 알아차리고 말하기 전에 심호흡을 몇 차례 시킨다.

가장 거슬리는 증상 하나가 다시 걷잡을 수 없이 나타난 것이다. 과거에 대해 말하고 싶지 않다. 지금 일어나는 것을 얘기하고 싶다. 상담이 깊어질수록 점점 더 심해질 이 증상에서 벗어나야 한다. 오늘 일어난 일에 대해 말하려고 한다. 매일같이 일어나기도 하는 것이기 때문이다.

❦ ❦ ❦

가게로 가는 길에 차에서 갑자기 뛰쳐나온다. 소스라치게 놀랄 만한 생각이 갑자기 떠오른 것이다. 고데기를 껐나? 시동을 켜려다 말고 바로 욕실로 달려간다. 고데기는 꺼져 있다. 돌아서서 주차장 문으로 향한다. 차에 올라 시동을 켜려고 열쇠를 꽂는다. 진짜 꺼졌을까? 다시 차에서 나와 문을 열고 집으로 들어가 욕실로 달려간다. 꺼져 있다. 다시 문으로 향한다. 이번에는 차까지 가지도 못하고 뒤돌아선다. 플러그는 뽑혀 있을까? 아니면 어떡하지? 불이 날 수도 있는데. 다시 돌아가서 코드를 빼서 받침대 위에다 놓는다. 코드 끝을 만져 본다. 다리미도 만져 본다. 집을 나서려고 돌아서지만, 또다시 욕실로 향하다가 어디로 가려고 했었는지를 깨닫는다. 그래, 꺼져 있었지.

이 모든 행위를 마치 의식처럼 여러 번 반복해서 겪는다.

지친다. 이제 보이는 것 그대로를 믿지 못한다. 내가 알고 있는 진실마저도 믿을 수가 없을 것 같다. 내 마음이 할 수 없는, 아니 하려고 하지 않는 것을 몸이 믿도록 하기 위해서 전기 콘센트 위에 손을 얹는다.

거실에 달린 세면대에 머리를 떨어뜨린다. 속이 메스껍고 기분이 좋지 않다. 팔꿈치로 세면대를 짚고 몇 분을 있으니 팔이 아파서 움직일 수가 없다. 몇 시간처럼 느껴지는 시간 내내 그 상태로 머문다. 세면대 안을 들여다보며 배수구 아래로 물이 흘러 나가 집 밖으로, 강으로, 바다로 나가는 것을 물끄러미 지켜본다. 나는 어찌해야 할 바를 모른다.

근래 들어 이 병적인 의식에 필을 끌어들이기 시작했다. 집을 나서기 전에 모든 가전제품 코드가 뽑혀 있는지 확인한다. 확실치 않으면 아래층으로 갔다가 위층으로 갔다가, 또 아래층, 다시 위층, 아래층, 위층으로 분주하게 오간다. 열 번, 열다섯 번, 스무 번쯤. 몇 번이나 확인했는지 상관없이, 보는 것을 믿을 수 없게 된 것이다.

그래서 필과 함께 집을 나섬으로써 문제를 해결해 보려 한다. 그러자 그 일에 더욱 몰두하게 되어, 모든 가전제품의 플러그를 뽑았다고 말을 하고 그에게 실제로 보여 주어야 직성이 풀린다. 그래도 안심이 안 되어 그에게 내가 다 뽑았는지 확인해 달라고 부탁한다. 그는 왜 내가 이렇게까지 비이성적인 상태가 되었는지 이해하지 못한다. 집을 떠나서 무슨 일을 처리할 때면 항상 돌아 버릴 것만 같고, 집에 혼자 있어야 할 때도 마찬가지다.

❧ ❧ ❧

처음 보는 사람인 양 낯선 눈빛으로 거리를 쳐다본다. 강박 신경증. 그는 내 현재 상태를 신속히 진단하면서, 이제껏 묻어 둔 감정에 대한 통제력을 얻는 과정에서 생기는 자연스러운 증상임을 확인시켜 준다. 하지만 썩 편안한 기분은 아니다. 게리는 나아가서 이러한 노력은 내 환경을 통제하려는 욕구에서 발현되는데, 이는 놀랍게도 콤플렉스의 하나로, 헤쳐 나가려면 인내심이 필요하다고 말한다. 인내심이 점점 사라져 가는 것이 두렵다.

 상담을 통해 걷고 있는 이 길은 직선으로 쭉 뻗은 게 아니라 구불구불 둘러가는 것이므로, 호흡을 조절하며 쉬어 가면서 걷는 것이 최선이라고 느낀다. 그렇게 말하니 게리는 내가 다시 한 번 지면 아래로 숨으려는 시도로 받아들이는 듯, 더는 목적에서 벗어나 주변을 맴돌게 내버려 두지 않을 거라는 말을 정중하게 건넨다. 앞으로 나아가야 한다는 걸 알지만, 그것이 얼마나 힘든지 그가 알고 있을까 하는 의문이 든다.

상담 33

게리에게 상담 초반에는 일종의 깨달음의 순간을 고대해 왔지만, 이제는 그것이 단 한순간이 아니라 통찰력을 주는 여러 순간들이 모여서 이루어지게 될 것임을 분명히 알았다고 말한다. 나 자신과 내 행동이 명쾌하고 진실하게, 밝고 자신감 있게 된 것이 처음에는 드물었지만 갈수록 그 빈도가 늘고 더 오래 지속되고 있다.

그런데도 이제껏 경험한 적 없는 심각한 절망감에 빠져 있다. 나는 게리에게 여전히 감옥같이 여겨지는 그 집에서 벗어날 수 있도록 도와달라고 간청한다.

필의 스웨터를 무릎에 걸치고 있다. 초라하고 유치하게 느껴져, 소파로 올라가 울기 시작한다. 태풍이 몰아치는 오늘 날씨가 내 기분과 똑같다. 게리에게 나는 언젠가 누군가에게 잔인하게 살해당하고 말 것이라는 얘기를 한다. 모 아니면 도. 정말 행복하든가 아니면 완전히 불행한 것. 이것 아니면 저것이라고.

내가 겪은 강간이 잔인한 것이었다고 그가 말한다. 그 말이 나를 새삼 당혹스럽게 만든다. 온몸에 물을 끼얹은 듯 수치감이 나를 휘감는다. 내가 말한다. 아니, 다른 사람들은 더 심한 경우를 겪기도 해요. 오늘은 강간에 대해 말하고 싶지 않다, 내일도, 모레도, 이제 다시는 하고 싶지 않다. 그 일의 영향에 관해서도 마찬가지다. 그뿐만 아니라 아빠의 죽음에 대한 얘기도 하고 싶지 않다. 이젠 아무것도 말하고 싶지 않다.

그에게 상세한 얘기를 하고 난 다음의 홀가분한 기분은 일시적이라 어느새 미미해지고 예전의 불안이 다시 엄습해 온다. 지금 내가 처한 상황을 인정하기 싫고, 나아지지 않는 것이 실망스러울 따름이다. 게리에게 말할 수 없었던 강간 중의 괴로운 순간으로부터 도망친다.

게리는 내 죄책감이 비이성적인 것이라고 한다. 오락가락하는 기분, 두려운 마음, 다른 이에게 밝힐 수 없다는 것, 플래시백과 같은 것들은 쉽게 사라지지 않는다고 한다. 사실 내 증상은 한동안 억눌려 왔기에, 뚜껑이 열리고 나서도 상당 부분 그대로 진행될 수 있다.

더는 계속할 수가 없다고 말한다. 나머지 상담 시간 내내 앉아서 그저 울기만 할 뿐 한마디도 하지 않는다.

상담 **34**

게리의 휴가가 (내가 보기에는) 꽤 어중간하게 잡힌 탓에 지난번 상담 이후 상당한 시간이 흘렀다. 그동안 나는 주기적으로 자기 연민에 빠져들었다. 그가 없다는 것이 내게 어떤 영향을 주는지 그는 정말 모르는 것일까?

물론 가능하다면 그를 혼자서 차지하고 싶지만, 비이성적인 생각임을 알고 있다.

휴식을 취하고 돌아와 만족스러워 보이는 그의 심적인 평화가 달갑지 않다. 내가 전혀 그렇지 못한 까닭이다. 아마도 그는 나를 악마와 함께 내버려 두고서도 아무렇지 않을 것이다. 십대 때 키운 강아지 한 마리에 대한 독백으로 이야기를 시작한다. 얼핏 보면 우리의 노력과 무관해 보이지만 말이다.

✢ ✢ ✢

1974년, 열일곱 살이다. 나는 미시간호 주변 마을에서 태어나 그 마을에 살고 있다. 수많은 독설과 다툼을 뒤로한 채, 끝내 부모님은 헤어지기로 한다. 부모님의 이혼에 뒤따른 고독감이 나를 짓누른다. 나는 홀로 서야 하고, 어떤 식으로든 외로움을 감당해야 한다. 용돈을 받으면 늘 동물 보호소에 들러, 제일 불쌍하고 제대로 보호받지 못한 녀석을 골라 집으로 데려온다. 건강하게 보살피고 사랑해 주면서 내 동물원에 녀석을 추가하거나, 어떻게든 사랑해 줄 만한 다른 집을 찾아 준다.

우선 새로 데려온 녀석들을 목욕시킨다. 털에 비누거품을 칠한 다음 헹구고, 사랑의 원을 그리면서 마사지를 해 준다. 목욕을 마친 녀석들이 정신없이 물기를 터는 것,

다른 녀석들과 같이 즐겁게 온 집 안을 헤집고 다니는 것을 지켜본다. 녀석들이 사랑받고 보살핌을 받아 안심할 수 있게 해 주고 싶고, 또 그렇게 해 줘야 한다.

녀석들을 뒤뜰로 데려가 지칠 때까지 함께 놀다가 저녁때가 되면 집 안으로 우르르 들어온다. 잠자리에 들 준비를 하면 모든 녀석들이 내 침대에서 함께 뒹군다. 닥터 두리틀(휴 로프팅이 쓴 어린이책 주인공. 동물을 좋아하며 그들의 언어로 대화할 수 있는 능력을 지녔다. ― 옮긴이)이라도 된 것처럼 녀석들과 이렇게 잘 지낸 것은 다나가 오기 전까지 얘기다.

다나는 이제껏 본 중에 가장 조그마한 녀석이다. 생후 6주에 길가에 버려져 거의 살 가망이 없었다. 사랑스러운 황갈색 강아지가, 크고 짙은 갈색 초콜릿 같은 두 눈으로 집으로 데려가 달라고 사정하는 것처럼 보인다. 아직도 갓 태어난 강아지 특유의 냄새가 난다.

동물 보호소 직원들은 금요일 오후마다 방문하는 내가 어떤 동물에게 관심을 두는지 알게 되었다. 그들은 내가 우리 안에 갇힌 다나를 뚫어져라 보는 것에 놀라지 않는다. 누군가 다나를 입양하지 말라고 말리지만 너무 늦어 버렸다. 다나는 내 강아지다. 이미 다나가 필요한 것을 줄 사람은 바로 나라고 마음먹고 말았다. 곧바로 다나를 수의사에게 데려가자, 보호소 직원 말대로 심하게 아픈 상태로 살 가망이 없다고 말한다. 이해할 수 없겠지만 나는 의사에게 내가 할 일을 하겠다고, 그래서 다나를 구하겠다고 말한다.

의사한테 지시사항을 꼼꼼히 챙겨 들은 다음, 집에 가서 목욕을 시켜도 괜찮으냐고 묻는다. 괜찮다는 대답이다. 다른 강아지들과 스노볼(여왕)이 지켜보는 가운데, 다른 놈들이 그랬던 것처럼 다나는 마구 뛰어다니고 물장구를 치면서 즐거워한다.

다나는 쉽게 지치는 편이다. 다른 놈들이 잔디밭에서 노는 동안 내 무릎에 올라와 포근히 안기는 것을 아주 좋아한다. 쓰다듬던 손길을 잠시 멈추면 부드럽게 코로 내 손을 파고들면서 계속 만져 달라고 한다. 다나의 안락함을 깨뜨리고 싶지 않아서, 생전 처음으로 받아보는 따뜻한 사랑을 즐기는 것을 지켜본다.

시원한 잔디밭에서 저녁 무렵까지 한참 편안히 쉬다 보면 이윽고 쌀쌀해지기 시작한다. 강아지들도 하나둘씩 지쳐 가고, 스노볼, 다나, 그리고 나까지 모두 가까이 빙 둘러앉는다.

❦ ❦ ❦

게리는 늘 타이밍에 맞지 않는 그 "시간이 다 됐습니다."라는 말로 나를 다시 현재로 불러들인다. 1분만 더 그와 함께 있을 수 있다면. 그리고 다시 1분 더, 또 1분 더. 그러면 모든 것이 괜찮을 것 같다. 게리는 다나에 대해 말하는 의미를 내가 알고 있는지 묻는다. 아니요, 하지만 그 아이를 잃었던 고통은 조금 전 일처럼 생생히 기억하고 있어요, 라고 대답한다.

상담 **36**

가까운 이의 죽음을 온전히 슬퍼해 보지 못한 내 경험과 다나에 관해 이야기하는 것 사이에는 연관성도 안 보이고 우선 강간과도 전혀 관련이 없다. 그래서 이 얘기를 왜 하는지 의문스러우면서도, 게리가 그 주제로 이끌 때까지 그냥 잠잠히 따르기로 한다.

❦ ❦ ❦

다나의 투쟁 상대는 사상충이라는 치명적인 병이다. 지켜보기가 여간 힘든 것이 아니다. 그 예쁜 모습이 하나하나 사라져 가는 것을 봐야 하는 순간이 종종 찾아온다. 다나와 함께한 5주 동안 날마다 더 사랑할 수밖에 없었는데, 아마도 병마와 용감히 싸워 나가는 모습 때문이었을 것이다.

수의사에게 가는 길 역시 힘들었다. 예년에 비해 너무 일찍 찾아온 눈보라 때문에 길이 막혀 버렸지만, 그럴수록 살리겠다는 의지는 굳어져 간다. 최악의 고비가 기다리고 있고, 다나가 이겨 내지 못할까 겁이 난다. 의사가 무언가 확신을 주는 말을 해 주기를 기다리지만, 내가 할 수 있는 일은 다 했다는 말과 다나가 더는 버텨 낼 수 없으리라는 대답이 돌아온다. 그리고 아마도 다나를 그 비참한 아픔에서 놔주어야 할 때가 온 건지도 모른다는 말도.

눈물이 가득 차오른다. 의사의 안쓰러워하는 눈빛을 보고 거의 포기하려 한다. 아니다, 죽더라도 함께 놀던 스노볼과 다른 강아지들 옆에서 내 집에서 죽음을 맞이해야 한다. 다나를 내 따뜻한 사랑의 손길로 안아 주어야지, 알지도 못하는 사람에게 맡길 수 없다. 진료비와 일주일치 약값을 지불하고 항상 싸는 아기 담요에 다나를 포근히 감싼다.

차로 향하는데, 날씨는 훨씬 더 차가워져 있다. 다나가 추위에 떨어 담요를 하나 더 감싸 주고 내 다리 가까이 놓는다. 히터 방향을 맞춰 따뜻하게 해 주고 집으로 향한다. 길이 얼어서 차가 이리저리 미끄러진다. 진눈깨비, 눈, 얼음에서 운전하는 것이 익숙해도 방심할 수 없는 터라 더욱 무섭다.

집까지는 5킬로미터쯤 남았는데 차가 오른쪽으로 미끄러지는 것을 느끼며 방향 감각을 잃는다. 다나를 꽉 붙들려고 몸을 굽힌 채, 차를 도로 위에서 통제하려고 정신없이 애를 쓴다. 타이어가 천천히 내려앉는 느낌이다. 이러다가는 협곡 아래로 떨어질 수도 있다. 슬로 모션처럼 차를 바로하고 도로 한 쪽에 세운다. 고개를 가눌 수가 없어 운전대에 푹 파묻은 채, 여전히 다나를 꽉 붙들고 있다.

다나를 내려다본다. 그 예쁜 갈색 눈망울이 뭐라 말을 거는 듯이 나를 쳐다보며 조그마한 아기 담요 밑에서 꼬리를 흔든다. 점점 지쳐 가고, 얼른 집에 가야겠다는 생각이 든다.

아무리 시동을 걸려 해도 소용이 없다. 이 도로는 겨울엔 유난히 차량 통행이 적은 곳이다. 차를 어떻게 할 수 없어서 걸어가다가 누군가 태워 주기를 바랄 수밖에 없다. 차 안이 더 따뜻하기는 해도 다나 혼자 둘 수가 없다. 셔츠와 스웨터로 싸고 마지막에 두터운 겨울 파카로 감싸 품에 안는다. 엉덩이를 받치고 파카 지퍼를 끝까지 올려 숨 쉴 공간만 조금 남겨 두고, 얼굴 가까이에 다나 머리를 둔다.

❦ ❦ ❦

숨을 쉬고 시계를 보니 시간이 다 됐다. 안도감을 느낀다. 북받쳐 오르는 슬픔 때문에 이야기를 계속할 수 없을 것 같다. 여러 해 동안 내내 느껴 온 무감각이 그립다. 다시 무감각이 찾아온다면 정말로 환영해 주고 싶다. 그리고 위험하게도 내 안 너무 깊숙한 곳까지 들어온 것이 아닌지 두렵다.

무감각은 사라지고 이제 고통뿐이다.

상담 37

오늘은 소소한 일상에 관한 얘기에만 관심이 쏠려 있다. 10여 분쯤 한담을 나눈 후에 게리는 다나가 어떻게 되었는지 물어본다. 약간 내키지 않아 하면서 그날 일을 얘기하기 시작한다.

※ ※ ※

우리는 집을 향해 걷는다. 다나에게 조금만 더 가면 집이라고 속삭인다. 유리 조각처럼 매서운 바람이 얼굴을 때리고, 눈발이 굵어진다. 30분쯤 걸었는데 두 시간은 된 것만 같다.

길 양쪽이 심하게 내려앉아 있어서 한가운데로 걷는다. 장화를 신고 조심스레 걸어도 눈길이 미끄러워 넘어지곤 한다. 차가 두 대쯤 지나갔는데 그때마다 세워 달라는 신호를 보냈지만 그냥 지나쳐 간다.

다나를 내려다보는데 아까처럼 내게 눈을 맞춰 주지 않는다. 다나 머리 위에 손을 얹고 털을 감싼다. 이번엔 손에 더 힘을 준다. 아무 반응도 없다. 제발 이러지 말아. 다나 턱을 들어 올려 눈을 바라보는데, 계속 축 처지고 기력이 없어 보인다.

걸음을 멈추고 다나를 가슴으로 안는다. 눈에 눈물이 가득 차올라 시야가 흐려진다. 입술을 꽉 깨물어 울지 않으려고 애를 쓴다. 다나의 조그마한 몸에서 한숨이 새어 나온다. 그 작은 몸에 비하면 한숨의 크기는 얼마나 큰지. 다나 몸이 떨린다. 파카 바깥으로 꺼내어 다시 안는다. 다나 눈이 감기고 고개가 왼쪽으로 스르르 떨어진다. 흐느껴 울면서 다나를 살려달라고 하늘에 빌어 보지만, 내 외로운 흐느낌만이 바람 소리에 섞여 되돌아올 뿐이다. 다나는 나를 떠났다.

❦ ❦ ❦

얘기를 마치고 흐느끼면서 휴지를 잡는다. 게리의 눈빛에서 애정 어린 위로와 진심의 연민이 느껴진다.

게리는 한평생 내가 수없이 되풀이했던 질문을 한다. 내 행동이 사건의 결과에 영향을 주었는가? 그는 다나만이 아니라 강간을 염두에 둔 것이다. 내 행위에 관한 문제가 스스로를 책망하는 문제에 묻혀 버린 것이다. 내가 행동하거나 행동하지 않은 것이 상황을 악화시켰는가? 내가 일어난 일의 상황을 완화할 수 있었을까? 내가 지금 나의 고통과 시련을 줄일 수 있을까?

일어난 일이 아니라, 그 뒤 내가 취한 행동과 태도에만 내 책임이 있다는 것을 깨닫는다. 물론 머리로는 아는데, 아는 것과는 정반대되는 방향으로 행동하는 자신에게 화가 난다. 예를 들어 강간 사건을 신고하는 일, 다나를 안락사를 시켰어야 했던 일과 같이, 내가 취했어야 할 적절한 행동을 알고도 감정을 주체하지 못해 결국에는 스스로를 더 큰 불행으로 몰고 갔음을 인식하기란 쉬운 일이 아니다.

상담 38

게리를 만나고 싶은 마음이 간절하다. 무엇에 관해서든 슬퍼하는 방법을 배우지 못했다는 것을 깨달았다고 그에게 말한다. 그저 감정을 깊이 묻어 둔다. 슬픔이 너무 커서 정신을 차릴 수 없는 것처럼 보이네요, 그런데 분노는 어떻게 되었나요? 하고 그가 말한다. 이제껏 일어난 모든 일에 대한 분노는 어디에 있다는 말인가?

그의 질문은 타당하다. 물론 분노를 느낀다. 강간으로 인한 분노, 아빠의 죽음으로 인한 분노, 우리가 얘기조차 나누지 않은 일에 대한 분노. 하지만 그 모든 분노는 마음 깊숙한 곳에 있다. 진정한 분노를 경험한 것은 우선 나를 향한 것이었다. 분노를 몇 차례 표현해 본 적이 있는데, 감정과 표현이 따로 노는 것처럼 느껴진 데다가, 스스로 통제할 수 없어 당황스러웠다. 그 해에 관해 계속해서 얘기한다.

❦ ❦ ❦

8월 중순, 강간 사건이 있은 지 두 달쯤 지났다.

아빠의 재산과 관련한 일 처리가 대부분 마무리되었다. 아빠의 집 주방 식탁에 앉아 최근에 새로 깐 마룻바닥을 바라본다. 그 위로 드리운 저녁 햇살이 아름답게 반짝인다. 묵직한 양모 카펫이 있던 자리엔 대신 버터 사탕 소용돌이 무늬로 가득한 바닥이 그 위에서 노닐고 머물며 즐기라고 발길을 잡아끄는 듯하다. 부모님 이혼 이후에 카펫을 찢은 기억이 떠오른다. 카펫의 숨 막힐 듯한 중량감이 당시 잘못되어 버린 모든 것을 대변하는 듯이 여겨졌다. 바닥에서 카펫을 끌어내자 가장자리에 쭉 박혀 있는 압정이 뽑히면서, 천장을 향해 이리저리 날아가 다이아몬드처럼 반짝하고는 작은 별처럼 떨어진다.

관련 업무가 대부분 제자리를 찾아가고 있지만, 아직 신경 써야 할 것이 몇 가지 있다. 변호사가 전화해서, 유언장이 없어 재산을 상속받으려면 내가 유일한 자손인지를 검증해야 하기 때문에 얼마간 더 머물러야 하고, 그 기간은 내일까지일 수도 있고 몇 달이 될 수도 있다고 한다. 어쨌든 여기에 더 머물러야 한다.

나는 지옥에 있다. 머무를 수도 없고 갈 수도 없다.

친구와의 관계는 점점 불편해지고 있다. 매월 얼마씩을 지불하고 있지만, 이렇게 계속할 수는 없다. 집에 갈 수 없음을 알게 되자 성질이 까칠해진다. 사과를 하지만, 친구는 내가 변했다는 것을 알아챈다.

할 수 없다. 안 할 것이다. 강간에 관한 얘기는 결코 입 밖으로 내뱉지 않을 것이다.

❦ ❦ ❦

맨 처음 게리를 만나기 전에 두 가지 시나리오를 생각했다고 말한다.

한 가지 가능성은, 도움을 갈구하는 내 침묵의 외침에 마호가니 가죽 의자에 앉은 그가 내게 처량하고 연약하며 자기중심적이라는 진단을 내리게 되는 것이다. 내가 그의 도움이 진정 필요한 다른 이의 소중한 시간을 빼앗고 있다고 말한다.

또 다른 가능성은 나를 위험할 정도로 과민한 상태라고 진단하는 것이다. 그리하여 나도 모르는 새에 정신병동에 갇히고 마는 것이다.

그때는, 지금처럼, 내 나름의 논리적인 사고가 인식의 표면 아래에서 진행된 것인데, 이제 그런 생각은 하지 않을 것이다.

상담 40

상담에 오고 싶지 않았다. 너무 무기력하고 정신을 못 차릴 정도로 슬픔에 빠져 게리에게 필요한 도움을 청하지 못한다. 이제 더 말하고 싶지 않다. 느끼고 싶지 않다. 안절부절못하고 짜증을 내며 팔짱을 풀지 않으니, 게리가 내 상태를 알아차린다. 사소한 일상에 관한 얘기로 분위기를 잠시 전환하는 대신, 그는 미사간에 머무를 때 무슨 일이 있었는지 묻는다.

۷ ۷ ۷

9월 초다.
변호사 비서에게서 전화가 왔다. 지하실에 있는 모든 물건의 목록이 지금 당장 필요하다는 것이다.
차를 몰고 집으로 간다. 차 진입로에 앉아 있으려니, 앞마당의 커다란 참나무 주변을 내달리던 어린 시절로 되돌아간 듯하다. 발목쯤에 차갑고 축축한 풀밭이 느껴진다. 몇 걸음만 가면 바닷가라 축축한 공기가 두껍게 내리깔려 있다.
침실이 두 개 있는 오래된 작은 집. 앞 창문은 호수를 따라 작은 소나무 숲이 있는 길을 향하고 있다. 집으로 이어지는 좁은 길에는 자갈이 깔려 있다. 한참 넋을 놓고 앉아 있는데 앞마당을 비추는 오래된 등이 켜진다.
지하실 쪽으로 걸어가 마음을 가다듬고 문을 연다. 나는 이 지하실을 좋아해 본 적이 없다. 지금 여기 있는 것도 싫지만, 목록을 만들어야 하니 어쩔 수가 없다. 몇 발짝 내려가 오른쪽으로 돌면 지하실인데, 바깥으로 연결된 계단 쪽 문이 잠겨 있는지 확인해야 한다. 여러 자물쇠에 맞는 곁쇠가 열쇠 구멍에 한쪽으로 기운 채 걸려 있는데,

몇 년쯤 그 상태로 있던 것처럼 보인다.

지하실 왼쪽 선반에는 매뉴얼이 몇 줄씩이나 죽 줄지어 꽂혀 있고, 오른쪽에는 사진 암실 장비가 있다. 아빠가 수년 전에 구입한 오래된 타자기와 전축이 벽 쪽 탁자 위에 놓여 있다. 계단에 앉아 아빠가 시험용 비행기를 만드는 것을 도운 기억을 되살려 본다. 지금 다시 그렇게 아빠 곁에 있을 수만 있다면 뭐든지 할 수 있다.

책에서 잊고 있던 사진 한 장을 발견한다. 아빠의 흑백 사진이다. 사진을 어루만진다. 아빠는 몸에 잘 맞는 밝은 색 유니폼을 입고 야자수 옆에 서 있다. 짧은 소매 아래로 드러난 아빠의 팔은 실물과 달리 근육질로 보이지가 않는다. 아빠가 그 팔로 나를 감쌀 때의 그 느낌은 이제 희미해졌지만, 그때 느꼈던 뜨거운 활력은 그대로 남아 있다.

아빠의 부드러운 담청색 눈과 대비되는 구릿빛 피부는 밝은 흑단에 가까운데 사진에서는 잘 나오지 않았다. 길고 짙은 속눈썹은 볼 수 있다. 아빠가 환하게 웃을 때의 눈빛은 춤을 추는 듯 매력적이었다. 아빠의 미소에는 사람을 끌어당기는 힘이 있었고 주변 사람까지 미소 짓게 만들곤 했다. 나를 향한 아빠의 미소를 보면서 나는 항상 무한한 기쁨을 맛보았다.

☘ ☘ ☘

아직도 사진이 주머니 속에 있는 것이 문득 생각나, 얘기를 멈추고 게리에게 보여 준다. 내가 그를 아빠 비슷하게 여긴다고 말해 당황스러웠던 느낌이 줄어든다. 그가 상기시킨 대로, 그가 훨씬 더 젊다.

아빠와 내 관계는 어떠했냐는 질문에, 우리는 서로 다가가고 점점 가까워졌다가 그 다음엔 또 물러나고, 그런 식이었다고 에둘러서 대답한다.

게리가 부드러운 미소를 짓는다. 우리 관계와 많이 닮았네요, 하면서. 그리고 정중한 말투로 시간이 다 되었다고 말한다.

상담 41

아빠의 죽음 이후에 미시간에 머무는 동안 강간의 고통을 훨씬 더 힘들게 만든 일이 있었다. 그 얘기를 오늘에야 한다. 게리를 보고 눈물을 흘리기 시작해 나중에는 흐느낀다. 게리는 내가 어려운 주제로 옮겨 가고 있음에 놀라워하며, 한참 울게 내버려 두었다가 계속해 나가도록 부드럽게 격려한다.

❦ ❦ ❦

9월 중순경, 강간을 겪은 고통이 상당히 누그러져 갈 무렵이다. 미시간에 있는 동안에는 그 일을 떠올리게 할 만한 물리적인 요소가 없다.

월경을 했는지 잘 모르겠다. 그 일이 있은 이후로 한동안 출혈이 멈추지 않았고 의사에게 진료를 받아야 한다는 것을 깨달은 내내 두려웠다. 병원에 전화를 거니 임신 테스트에 동의하지 않으면 진료해 줄 수 없다고 한다. 그들에게 강간에 대한 얘기를 하지 않은 상태에서는 임신 테스트를 하지 않겠다고 해도 소용이 없는 것이다.

병원에 있는 여성은 나보다 조금 어리다. 그녀가 내 이름을 여러 번 부르는데 그 소리가 아련하게만 느껴진다. 그녀가 내 어깨를 흔들기 시작한다.

임신입니다. 그녀가 말한다. 그리고 덧붙인다. 테스트 두 번 했어요. 그녀의 말에는 의문의 여지가 없다. 내 반응을 구하려는 듯 그녀의 눈이 나를 살핀다. 원하던 임신인가요, 아닌가요? 그녀는 내 대답을 기다리지만 대답할 수가 없다. 황당한 나머지 침묵만 지킬 따름이다.

입이 아프고 얼굴에서 피가 몽땅 빠져나가는 것 같다. 주먹으로 벽을 치고픈 충동을 억누르기가 힘들다. 보고 있던 소책자를 놔두고 차로 달려간다. 운전대에 고개를 묻은 채 울고만 있다.

그녀의 말이 다시 그대의 강간으로 초점을 정확히 되돌려 놓은 것이다. 나는 아직도 그 집 안에서 강간을 겪고 있는 것이다. 눈을 멀게 할 듯한 분노에 휩싸였다가, 혼란과 혼돈이 뒤섞인 상태에 빠져든다.

병원을 벗어나 달리고 또 달려, 항상 내게 위로의 장소가 되어 준 집 근처의 모래언덕까지 오고 만다. 모래로 된 두 산 사이에서, 나는 거의 눈에 띄지 않는 존재다.

아름다운 푸른색 물이 저 멀리까지 펼쳐 있다. 저리로 걷기 시작하면 무슨 일이 생길까, 혼자 생각한다. 언덕 아래 해변에서 물속으로 계속 걸어 들어가면, 내가 세상에서 없어질 때까지 걸어가면 어떻게 될까?

숨을 쉴 수 없어 헐떡인다.

강간을 겪은 후로 죽 출혈이 멈추지 않는다. 아마도 테스트 결과가 잘못되었을 것이다. 배를 내려다본다. 실수일 것이다. 신께서 이렇게 가혹할 수는 없다. 네 시간이 지났는데도 여전히 움직일 수가 없다. 시간을 또 이렇게 잃어버리고 있는 것이다, 강간 후에 그래 왔던 것처럼. 완전히 무감각하다. 압도당한 상태다. 혼자다. 슬픔을 가늠할 수가 없다.

임신 소식 이후 며칠간 병원에 전화를 걸어 보지만 대답은 항상 똑같다. — 임신이 너무 많이 진행되었다, 지금은 할 수 있는 일이 아무것도 없다. 생색내는 듯한 '디어' (dear, 나이 많은 사람이 아이에게 또는 누군가에게 말을 걸 때 다정하게 배려하여 문장 끝에 붙이는 말—옮긴이)를 붙이는 것이 오히려 무슨 훈계라도 하려는 것처럼 느껴진다. 혹시 모르잖아요, 라고 그들에게 애원한다. 올바르게 대처하고 싶지만 아이를 낳아야 한다는 것이 너무 끔찍하다. 어쩐지 여자아이일 것 같다는 확신이 든다. 그 아기의 얼굴을 들여다보는 것을 상상할 수조차 없다. 강간범을 보는 것도 마찬가지다. 천주교 신자로서 모든 계율을 지켜 나가고 있지만, 과연 이 일을 할 수 있을까. 어찌할 바를 모르고 있다.

어떤 친구가 이 딜레마에 대한 대답을 구했다면 가볍게 대답하고 말았을 것이다. 늘 그렇듯이, 내가 당장 결정해야 하는 상황에 부딪힐 때면 대답은 그렇다, 아니다와 같이 단순해질 수가 없다.

임신의 고통이 나를 억눌러 오지만, 동시에 어떤 식으로 잉태되었건 간에 생명의 신성함을 생각하면 그냥 제자리에서 맴돌고 있는 것만 같다.

아기는 이 악몽의 시나리오 속에서 유일하게 나보다 더 무고한 존재인 것이다.

❦ ❦ ❦

얘기를 중단하고, 그 기억의 상자로 다시 되돌아갔다는 말을 한다. 불안하다. 그것이 일깨우는 고통보다는 그것을 회피하는 데서 오는 평온함에 더욱 길들여진 것이 분명하다. '출산'이라고 표시된 상자에는 딸랑이 하나와 작은 턱받이 몇 개가 들어 있다. 임신 5개월 무렵 구입한 출산에 관한 책 한 권과 분만 중인 여성 사진 몇 장이 들어 있다. 그 여성들의 얼굴에 나타난 엄청난 산고를 겪는 표정은 그 어떤 것 못지않게 아름답게 느껴진다.

종이로 묶어 둔 많은 양의 소책자도 들어 있다. 그것을 왜, 무슨 목적으로 미시간에서 가져왔는지는 생각나지 않는다.

머리가 아프기 시작한다.

상담이 효과가 있나 봐요. 게리에게 의미심장한 웃음을 지으며 말한다. 이제 언제 부정의 상태가 되는지 알거든요.

상담 44

지금껏 상담 대기실에서 한 번도 본 적 없는 광경이다. 한 여성이 갓난아기를 안고 있다. 그녀는 임신과 출산에 관한 세세한 이야기를 나누고 싶어 한다. 나와는 처음 보는 사이인데도 말이다. 그녀의 기분이 상하지 않게 슬쩍 빠져나와 화장실에서 눈물을 훔친다.

아까 온 것을 봤는데 상담에 늦으니 게리가 걱정을 한 모양이다. 그에게 강간으로 인한 감정적 피해는 상상 범위를 훨씬 넘어선다고 말한다.

그의 동료를 찾아온 내담자가 아기를 데려온 것과 연관지어, 게리는 지난주 중단한 부분에서 계속 이어 가게 한다.

❦ ❦ ❦

10월, 아직 미시간이다.

친구가 묻는 말에 임신이 맞다고 낮은 소리로 대답하니 신기하고 낯설게 느껴진다. 아이를 낳아 입양시키기로 결정했다. 내 감정 상태는 어떠한가? 후회와 경이로움이 뒤섞인 묘한 기분이다.

감정이 혼란스럽다. 몸의 변화에 설레면서도, 믿기지가 않는다. 아이가 잉태된 과정을 생각하면 끔찍하게 고통스럽다. 강간으로 임신이 되다니, 믿을 수가 없다.

친구가 나이트가운을 들어 올리고 배에 손을 얹는다. 친구의 손은 따뜻하고 부드럽다. 어쩌면 그렇게 가볍게 어루만질 수 있을까? 아기가 이제 많이 자라서 속살이 심하게 당긴다. 친구가 배 위에 작은 원을 그리며 만져 줄 때 난 조용히 흐느낀다. 얼마나 따뜻하고 부드러운지, 멈추지 말았으면 한다.

친구는 머리카락에 파묻힌 듯한 상태에서 얼굴을 내 귀 가까이 댄다. 친구의 숨결은 일정하면서도 거친데, 배에 느껴지는 그녀의 맥박과 일치한다. 다른 어떤 인간보다도 가까이, 내 안에 아이가 있다는 느낌은, 그토록 간절히 바라던 것이다. 그것은 삶에서 잃어버린 무언가, 또 다른 인간에 대한 친밀감을 가져다준다. 아기가 움직이면서 안겨 주는 그 부드러운 느낌은 아이를 수태하게 한 폭력과는 대조적이다. 대조와 갈등, 이것이 그때의 강간 사건 이후 내 삶의 모습이다.

친구가 내 손을 들어 배 위에다 다소곳이 놓아두고는 자신이 하던 대로 동그란 원을 그리면서 내 손을 움직여 준다. 아기가 뱃속에서 깜짝 놀라는 것을 느낀다. 나를 만지는 일을 피해 왔는데, 지금 만져 보니 그 느낌에 감사하게 된다.

손을 가슴으로 옮겨 간다. 많이 커져 있다. 유두는 부드러우면서도 단단하다. 내 안에서 자라는 아기를 손으로 느끼며 배 아래쪽을 양손으로 쓸어내린다. 아기와 나는 하나가 된 것이다.

친구가 허벅지를 더없이 부드럽게 마사지해 주자 스르르 잠이 든다.

❦ ❦ ❦

이야기를 중단한다. 시간이 다 된 것을 알아차리기도 했지만 더는 말하고 싶지 않다. 적당한 시기에 그 순간을 기억하고 싶다. 몸은 게리의 상담실에 있지만, 친구의 따뜻한 손길, 그날 저녁에 나눈 그 정감 어린 마음이 수년 전에 그랬던 것처럼 생생하게 다가온다. 임신이 진행되면서 성욕이 커졌다고 게리에게 말했는데, 이것은 내가 이해하기도 어렵고 여전히 상당한 갈등을 겪고 있는 부분이다. 그때의 강간이 얼마나 끔찍했는지를 그 누구보다 더 잘 아는데, 임신에 관해서는 스스로도 내 감정을 이해할 수가 없다.

상담 **46**

이 문제를 일부러 피해 왔지만, 이제 그 굴레에서 스스로를 놓아주고 싶다.

    자살. 네 그래요, 생각했어요. 게리에게 말한다. 네, 시도한 적도 있어요. 그것을 큰 소리로 말한다는 데 엄청난 수치심과 굴욕감을 느끼지만, 일단 말하고 나니 수백 킬로그램 나가는 돌덩이를 가슴에서 내려놓은 기분이다.

    그 단어를 뱉음으로써 우리는 한결 친밀해졌다. 하지만 그 친밀감 때문에 나는 쉽게 상처받을 수도 있는 상태가 된다. 강간범과 그 집에 있을 때 못지않게 불안하지만, 깊은 한숨을 몰아쉬고 이야기를 이어 간다.

❦ ❦ ❦

    11월 초다.

    미시간에서 겨울을 보내게 될 모양이다. 늦은 오후, 계단을 내려다보고 있다. 조용히, 미동도 없이. 앞으로 조금만 내디디면, 약간만 움직이면, 이 아기와 나는 없어질 것이다. 아무 소리도 움직임도 없이, 용기를 짜내어 서 있다. 집에는 나뿐이다. 행동에 옮기려면 지금이 그때다. 가을바람에 낙엽이 부스럭거리는 소리만 들린다. 금빛이 어우러진 갈색 낙엽이 바람을 타고 깃털처럼 가볍게 진초록 땅에 떨어지는 걸 보면서 눈물이 고인다.

    계단은 모두 서른다섯 칸, 꽤 길다. 한때 장례식장으로 쓰이던 공간에서 위층 생활공간으로 올라가는 계단인데 지금은 나머지 공간과 마찬가지로 주거용으로만 쓰인다. 수십 년 손때가 묻은 커다란 마호가니 난간은 핏빛처럼 붉은 벽지를 배경으로 높이 뻗어 있다. 친구와 내 부츠에서 눈 녹은 물이 떨어져 꼭대기서부터 다섯 계단 정도

떨어진 층계참에 고였을 때 친구가 내뱉은 말이 나를 자극한다. 조심해, 여기서 한번 잘못 디디면 죽을지도 몰라.

눈물이 앞을 가려 얼굴을 향해 날아오는 주먹이 뿌옇게 보인다. 처음에는 앞니에, 다음에는 턱에 세게 와 부딪친다. 가까이 다가올 때와 마찬가지로 순식간에 사라져 버리면서 현기증이 일어난다.

앞을 더듬으니 잡히는 것은 허공뿐이다. 심장이 마구 뛴다. 건너편 난간 뒤의 벽지가 안개에 휩싸인 듯 뿌옇게 보이더니, 심하게 빙글빙글 돈다. 손이 난간의 커다란 나무 공을 찾아내고는 꽉 잡는다. 나무 공을 꽉 쥔 채로 제일 위 층계참에 등을 부딪치며 넘어진다.

✢ ✢ ✢

화장실에 가야겠다고 말하고 나와, 남은 시간 내내 꼼짝하지 않고 혼자서 울고 있다.

상담 **47**

게리가 아파서 지난번 상담을 취소했다. 오늘은 그를 빨리 보고 싶다. 지난주의 내 감정에 대한 얘기를 나누고 싶지만 그의 건강이 걱정돼서 내 얘기만 하는 것이 미안하게 느껴진다. 다행히 상담실에서 본 그는 좋아 보인다. 게리는, 저는 괜찮습니다, 말한다. 저 말고 당신에게만 신경을 써도 괜찮습니다, 하면서 자상하게 화제를 돌려 지난주에 얘기한 자살로 생각을 이끈다.

❦ ❦ ❦

    몇 주가 지났다. 여전히 미시간에서 아빠의 재산에 대한 심리 일정을 기다리고 있다. 하루 이틀이 한 주, 두 주가 되더니 이제는 한 달, 두 달이 되고 있다. 매일같이 샌프란시스코로 돌아가는 생각을 하고, 이제 곧 그럴 수 있으리라는 얘기를 듣는다.
    떠나지 못하는 감정이 마치 강간범과 그 집 안에 있을 때의 느낌과 아주 비슷하다. 갇혀 있다. 내게는 이 집을, 그리고 이 곤경을 빠져나갈 방법이 없다.
    주방 싱크대로 걸어가 마당을 내려다본다. 늦은 오후, 어둑한 하늘에서 비가 줄기차게 내린다. 아이들이 창문 옆 웅덩이에서 물장난을 친다. 시간이 얼마 없다. 왼쪽 조리대에 있는 칼이 눈에 띈다. 재빨리 한 번 그으면, 세게 똑바로 배 위를 한 번 그으면, 이 모든 것이 끝날 것이다. 좀 더 큰 칼을 들고 엄지손가락으로 칼날을 만져 본다. 밖에서 노는 아이들 소리가 더는 들리지 않는다. 내 숨소리뿐이다.
    어제 산 셔츠를 입고 있다. 배가 좀 더 불러 와도 괜찮은 넉넉하고 부드러운 옷이다. 조그마한 분홍색 새끼 고양이가 엄마 고양이와 함께 놀고 있고, '엄마'라는 단어가 가슴 위에 쓰여 있다.

셔츠를 배 위로 끌어올리고 손으로 배를 눌러 보니, 안에서 아기가 느껴진다. 조용히 자고 있다. 칼날을 피부에 누르니 자국이 남는다. 황급히 손을 뒤로 뺀다. 아기의 움직임이 느껴지자, 심장이 마구 뛰고, 피부는 불에 덴 듯 달아오른다. 아기가 나를 살린 것이다.

바닥에 주저앉아 신음을 한다. 일어서서 화장실에 가려고 하지만 그럴 수가 없다. 옆으로 누운 채 울고 있다.

❦ ❦ ❦

게리가 나를 따뜻한 시선으로 바라본다. 하지만 내 안의 이런 상처를 치유하기 위해서 그가 할 수 있는 일이 아무것도 없다는 것을 우리 둘 다 알고 있다.

상담 48

게리는 강간의 결과에 초점을 맞춰 계속 노력해 보자고 말한다. 조금 망설이다가, 임신에 대해 좀 더 상세하게 얘기하기로 결심한다.

1977년 1월 중순.

드디어 미시간을 떠나 샌프란시스코 집으로 돌아온다. 아빠의 상속인으로서 내 임무는 증인석에 5분쯤 앉아 있는 걸로 완료되었다. 보험 문제가 해결되자 아이가 태어난 이후까지 일을 중단하고 있어도 괜찮을 정도가 된다.

샌프란시스코 날씨는 내가 기억하는 것보다 더 춥다. 집에 있으려니 좋은 기억과 씁쓸한 기억이 뒤섞여 다가온다. 그 일이 있기 전에는 이 도시를 끊임없이 걸어 다녔다. 항구에서부터 차이나타운 그리고 금문교 공원에 이르기까지 아무데나 쏘다녔다. 이제는 두려워서 그렇게 씩씩하게 돌아다닐 엄두가 나질 않는다. 그 일 이후로 거의 일곱 달이 지나갔지만 단순히 날짜만 지났을 뿐이다. 겉보기엔 거의 나아서 흉터가 남은 게 전부지만, 속에서는 임신으로 매일 매 순간 그 일을 떠올리게 된다.

아파트에서 몇 블록이나 떨어져 있지만, 그래도 그때 그 장소 근처는 피한다. 집에 돌아오자마자 내가 다니지 않는 구역은 두 군데에서 네 군데로, 여섯, 여덟 군데로 늘어 간다. 아파트는 감옥이 되었고, 그 강간범이 두려워 늘 걱정이 가시질 않는다. 그는 지금 어디에 있을까? 날 지켜보고 있을까? 또 누군가를 강간했을까? 이런 식으로 조금씩 조금씩 생기를 잃어 간다. '뭔가 달리 행동할걸' 하는 식의 생각이 끊임없이 나를 괴롭히고, 이런저런 후회 때문에 어쩌면 이러다가 미쳐 버릴지도 모른다는 두려움이 생긴다.

근처 병원에 상담을 예약하면서 간호사에게 미혼인데 임신 7개월 아기를 입양시키고 싶다고 말한다. 간호사의 목소리가 격앙된다. 반기는 기색을 하며 얼마 후 새로 태어날 아기를 입양할 운 좋은 부부에 대한 얘기를 늘어놓는다.

간호사의 질문으로 다시 대화가 이어진다. 아빠가 권한을 포기하는 것이 문제가 될 수도 있을까요? 여전히 강간이라는 단어를 꺼낼 준비가 되지 않은 상태라, 말문이 막히고 만다. 나는 상담에 관한 질문으로 화제를 돌린다.

건물에서 노인 냄새와 환자 냄새가 심하게 난다. 천주교에서 운영하는 대학 병원으로 간호사 수녀가 계단 맨 꼭대기에서 나를 맞는다. 수녀복을 입고 있어서인지 전화에서보다 더 엄격해 보여서 다소 놀란다. 이 수녀님이 날 진찰하는 것은 상상이 되지 않아, 이곳이 아기와 나를 위한 곳으로 적당한지 의문이 생긴다.

그녀는 내 병원 카드를 만드는 동안 로비에서 기다리라고 한다. 돌아와서 분만실을 둘러보면서 어떤 식으로 분만이 이뤄지는지 설명해 주겠다고 한다. 어떻게 우리가 (?) 낳은 아기를 입양 커플에게 넘겨줄지에 대한 얘기를 하는데 몸이 심하게 떨린다.

상담은 좀처럼 끝날 줄을 모른다. 이곳까지 오게 된 사정을 얘기하는데 눈물이 가득 차오른다. 내 몸에서 나온 아이를 남에게 줘 버리는 것이다. 그 사실을 그렇게 적나라하게 말하고 나니, 과연 앞으로 감정적으로 회복될 수 있을까 하는 의문이 생긴다.

간호사가 내 옆 안내 책상 앞에 서서 손을 뻗어 500달러를 요구한다. 못 들으셨나요? 분만, 입양 절차에 드는 비용이 500달러인데. 못 들었어요, 라고 내가 말한다. 들었다면 기억을 못할 리가 없다. 돈을 갖고 다시 오겠노라 약속을 하고 서둘러 자리를 뜬다. 하지만 우리 둘 다 알고 있는지도 모른다. 다시 나를 보는 일은 없으리라는 것을.

논리로는 아기에 대해 얘기하고 느끼고 극복하고 슬퍼하는 일이 필요하다는 것을 알지만, 그에 따르는 고통은 이루 말할 수가 없다고, 상담이 끝날 무렵 게리에게 말한다. 내 고통을 키우는 데 그가 모종의 공모라도 한 것처럼 말이다.

상담 50

오후에 상담실에 앉아서 아무 말도 하지 않는다. 지금까지 털어놓은 것 이상으로 나를 드러내고 싶지도 않다. 지쳤다. 강간에 대해 수없이 얘기하고, 수없이 생각해도 어쩔 수 없는 심리적인 고통이 따른다.

게리는 인내심을 갖고 앉아 있다. 하지만 10분, 또 20분이 지난 후에도 난 여전히 바닥의 한 지점만 뚫어지게 쳐다보고 있다. 한 번 감정이 터져 나오면 그것을 담아 둘 수가 없으리라는 사실이 두렵다. 자기 삶을 전적으로 통제하려는 유형에 속하는 나 같은 사람에게는 특히나 그렇게 통제력을 잃는 것이 숨 막히는 일이다.

게리는 시계를 한 번 쳐다보고 아기에 대해 더 이야기해 보라고 재촉한다. 합당한 서비스를 제공하지 않고 한방에서 시간만 보내고서 진료비를 받는 것이 불편하기 때문인 듯하다.

❧ ❧ ❧

병원을 다녀오고 나서, 만일 입양을 시킨다면 아이가 생긴 경로를 기관에도, 양부모에게도 말하지 않겠노라고 결심한다. 내 논리는 그 강간범에 대해서 아무것도 알지 못한다는 것이다. 의학적으로, 심리적으로, 감정적으로 그는 빈 괄호로 남아 있다. 그에 대해 아는 것이라고는 나를 강간하던 그날에 그가 할 수 있었던 일들뿐이다. 괄호는 끔찍한 생각들을 떠오르게 하고, 특히 밤에는 더 심하다. 이로 인해 아기가 정신적인 문제를 겪을까? 신체적인 문제는? 정서적인 문제는? 그리고 잠들 수 없을 때는 더 혼란스러운 생각이 떠오른다. 아기가 태어난 이후에 아기를 만지고 싶어질까? 깨어 있을 때는 잠자리에 있을 때보다 더 피곤하다.

그래도 양부모는 알 권리가 있다는 생각과 그들에게 공개하지 않으려는 이런 마음이 내 속에서 충돌을 일으킬 때면 여지없이 속이 뒤틀리는 듯 긴장이 찾아온다. 하지만 아기의 미래를 더 생각하면, 그들이 어떻게 아기가 태어났는지를 안다면 어쩌면 아기를 받아들이지 않을지도 모른다. 태어난 아기가 그 사실을 알아도 결과는 너무나 참담할 수 있다. 아무도 모르는 편이 낫다.

건강도 또 다른 걱정거리다. 내가 엄마 자궁에 있는 동안 디에틸스틸베스트롤(DES, 1940~1971년 사이 유산 방지를 위해 임신부에게 투여된 합성 호르몬—옮긴이)에 노출되었다는 것을 열여섯 살 때부터 알고 있었지만 수년간 아무 부작용도 없었다.

검사 결과, 자궁경부 투명세포암 초기 단계였다. 나이 때문인지, 놀랄 만큼 순진했던 나는 상황의 심각성을 깨닫지 못했는데, 의사의 신속한 판단으로 즉시 수술 절차를 밟았고 이런 종류 암에서 당시 선호되던 외과적 처치인 원추 절제술을 받았다. 불임, 임신, 장래 건강 문제 등이 논의되었지만, 솔직히 귀에 들어오지 않았다. 샌프란시스코로 돌아온 후 내가 처음 찾아간 의사는 목숨을 구해 주다시피 한 그 사람이 아니라 앞서 얘기한 병원이었으니 내 수치심이 얼마나 깊은지 알 수 있다.

❧ ❧ ❧

이제 모든 것을 들춰냈는데 어쩐지 불만족스럽다. 만일 그 '일'이 아니었다면, 더 높은 잠재력, 더 위대한 영성에 도달할 수도 있었으리라 느끼지만 지금이나 과거에나 상담을 받아야겠다는 생각이 들만큼 그 느낌이 강렬하지는 않았다. 또 처음 강간 사건 이후 잇따른 감정을 감당해 왔다는 데 일종의 뿌듯함마저 느끼고 있었지만, 이제 와서 보면 그 감정은 억눌려 있던 것뿐이다. 충분히 슬퍼하지도 못했고 극복한 것도 아니었다.

불안감은 극도로 치달았다가 어느새 누그러진다. 하지만 꽤나 아무렇지 않은 척할 수 있었고 그렇게 행동해 왔다. 아무도 눈치챌 수 없게 말이다.

상담 53

오늘 아침, 게리는 단호한 태도로 나를 맞으면서 다리를 꼬고 앉는다. 임신에 대한 얘기를 하니 몸이 떨려 온다. 얘기하고 싶지 않지만 문제를 이겨 내려면 계속 가는 수밖에 없다.

※ ※ ※

월요일 아침, 고통 속에서 깨어나 보니 침대가 온통 피범벅이다. 놀란 나머지, 간호사인 친구 어머니한테 전화를 건다. 고통이 점점 심해져 앉아 있을 수가 없어 침대로 돌아간다.

친구 어머니는 도착하자마자 나를 만져 보고 체온, 혈압 등 기본적인 것을 체크하는데, 그분이 하는 얘기를 집중해서 들을 수가 없다. 내가 다니는 산부인과 의사 이름과 전화번호를 묻기에 책상 위 전화번호부를 가리킨다. 짧은 상담 후, 친구 어머니는 당장 그 의사에게 가는 것이 최선이라고 말해 준다.

평소에 다니던 산부인과로 직행한다. 의사가 들어와 내 앞에 앉는데 얼굴에는 당황한 기색이 역력하다. 그를 마지막으로 본 것은 강간을 겪기 몇 개월 전, 아마도 열 달 쯤 전에 자궁경부암 치료 때문이었다. 당시에 그는 향후 처방을 명확히 내린 터라, 어째서 그동안 나를 보지 못했는지, 또 어떻게 임신한 것인지 분명한 설명을 요구한다.

몸이 떨리기 시작한다. 입술을 깨물어 피가 난다. 미안한 마음에 왜 그를 보러 올 수 없었는지 이해시키려고 애를 쓴다. 강간, 그에 따른 증상, 이 모든 것이 한꺼번에 터져 나온다.

의사는 얘기를 나누면서도 바로 검사할 수 있도록 탁자 위에 빨리 눕는 것을 돕는다. 이 자세는 가슴이 너무 무겁게 느껴져서 불편하다. 의사는 손가락을 삽입하고 복부를 누르면서 한 차례씩 숨을 내쉬도록 유도한다.

의사의 동작 하나하나는 자로 잰 듯 정확하다. 간호사를 불러 전화로 종합병원에 연락하게 하고, 문을 나서는 간호사에게 큰 소리로 몇 가지 다른 검사에 대한 지시를 내린다. 그러고는 다시 고개를 돌려, 몇 달 전 그 부드러운 표정으로 나를 안쓰러운 듯 바라본다.

내 손을 붙들고 이제 시행할 과정에 대해서 설명하지만, 거의 알아들을 수가 없다. 충격에 휩싸여 아주 조금씩만 알아듣는다. 내 신체적 문제로 나와 아기 모두가 위험한 것이다. 자궁이 심하게 팽창되고 태반이 자궁벽에서 분리되어 출혈이 있는 것이다. 절박한 상황이다. 출혈이 좀 누그러져 안정을 찾아가는 동안 서둘러 병원으로 가야 한다.

의사는 자궁경관에 원추절제술의 면역 반응이 제대로 발휘되지 못한 상태에서 강간으로 상처가 생겼고, 이제 부풀기 시작하고 있다고 한다. 임신 3기 중의 유산은 이런 신체적인 문제를 가진 사람에게는 드물지 않다고 나직이 설명한다. 다 듣고도 도무지 이해가 가질 않는다. 의사에게 아직 출산 예정일이 되지 않았고, 임신 3기 중의 유산이라는 말 이면의 의미를 완전히 이해하지 못하겠다고 더듬더듬 얘기한다.

주위에서 사람들이 빛이 움직이는 것처럼 이리저리 왔다 갔다 하는데도 여전히 방은 놀라울 정도로 조용하다. 피가 나올 만큼 입술을 심하게 다시 깨문다. 누군가가 나를 등 쪽으로 돌려 눕힌다. 의사는 내 다리 사이에 있는 의자를 움직이고는, 재빠른 손놀림으로 단번에 손을 집어넣으면서 무언가를 삽입한다. 나중에 그게 보석이고 자궁경관의 팽창을 돕는 역할을 한다는 걸 알았다. 아기가 죽어 가고 있어 지금 분만해야만 하는 것이다.

그는 나를 한 번 더 일으켜 앉히며 눈을 가만히 들여다본다. 귓속에서 들리는 쿵쾅거리는 소리 때문에 그의 말을 제대로 알아듣지는 못했지만 질문에 답한다. 네, 내일 아침 일찍 병원에 와 있겠습니다. 네, 선생님의 무선 호출기 번호를 알고 있습니다. 네, 동행할 사람이 있습니다.

심리상담가가 작은 방으로 나를 안내하고 서류 한 뭉치를 건넨다. 그녀는 내 배에서 눈을 떼지 않으며 질문이 있냐고 묻는다. 난 없다고 대답했고 사실 그렇다. 의사가 한 말 때문에 당혹스럽고, 다음에 어떤 일이 벌어질까 두렵다.

✢ ✢ ✢

조용히 입을 다문다. 이 일에 대해서 얘기하고 싶지 않다. 이미 내 안으로 침잠해 버린 것이다. 팔짱을 끼고 구부린 채 머리를 소파에 기댈 때면, 말하지 않아도 게리는 이어질 상황을 짐작한다. 한참 동안 조용히 있으면서 남은 시간 내내 나직이 울먹인다.

상담 55

게리가 상담 시간 동안 상담실을 안전한 피난처로 만드는 걸 최우선시하는 것을 알고 있다. 또 그는 여기서 내게 공감해 주는 한 사람으로서 내 두려움을 알아주고 앞으로 나아가게끔 하는 것에 비중을 둔다.

가슴 아픈 얘길 시켜서 미안해요. 그가 건넨 이 말의 효과가 내 얼굴에 그대로 나타낼 테지만, 그렇다고 그에 앞서 던진 질문이 덜 불편하게 느껴지는 것은 아니다. 내가 대답한다. 네, 제 아기였으니까요. 이름을 지어 주었어요.

새끼를 찾아 헤매는 애처로운 어미가 된 기분이다. 평생 이런 감정으로 살게 될까 봐 두렵다. 도저히 버텨 낼 수 없는 막다른 길로 스스로를 내몬다. 끝날 줄을 모르는 고통의 연속이다.

게리는 이렇게 감정의 소용돌이에서 허우적거리는 나를 뒤로 물러서지 않게 하려고 애쓰고 있다. 이런 감정이 어떤 의미를 갖는지 분명히 파악하고 있기 때문이다. 나는 번번이 그의 인내심에 충분히 고마움을 표시하지 못한다.

아기의 이름은 사라다. 사라의 출생에 대해 얘기한다.

마침내 여섯 시 반, 병원에 있다.

깨끗하게 다려진 침대 시트가 차갑다. 접수 간호사가 말한 대로 약간 열이 있는 상태여서 더욱 차갑게 느껴진다. 간호조무사로 보이는 사람이 나를 침대에 눕히는데 몸이 떨린다. 나를 둘러싸고 방 안에서 분주한 움직임이 이어진다. 한 간호사가 혈압을 재고 의사가 곧 들어올 거라는 말을 남긴다.

의사의 엄숙한 분위기는 주변을 전염시킨다. 그가 들어오자 방 안이 조용해진다. 사무적인 태도로 간호사에게서 약을 받아 들고 큰 소리로 몇 가지 지시사항을 말한다. 간호조무사들은 방을 나가고, 의사와, 간호사, 나만 남아 있다.

의사는 내 손을 잡고 한참 눈을 바라보다, 내가 몸을 일으켜 침대 가장자리로 오도록 돕는다. 다리를 벌려 진찰하는 동안 간호사가 손을 잡아 준다. 심장이 쿵쾅거리는 소리가 귓가에 들려온다. 아무도 입을 열지 않는다. 간호사들이 팔을 꽉 붙들고, 난 침대 난간을 쥐고 있다. 몇 분이 몇 시간처럼 느껴진다. 오른쪽에 있는 간호사 얼굴을 바라보지만 그녀는 애써 시선을 피한다.

의사는 치골을 만져 보고, 조금 올라가 복부 쪽으로 옮겨 갔다가, 주사 바늘을 삽입하기 시작한다. 힘을 줘서 아까 그 약을 주사하기 시작한다. 손아래로 느껴지는 금속이 차갑다. 꽉 쥐면서, 내가 잡고 있는 것이 따뜻한 손길이었으면 하고 간절히 바란다.

괴로운 고문처럼 고통의 시간이 늘어진다. 꽉 쥔 주먹 때문에 손톱이 손바닥을 파고든다. 손등의 살갗이 주먹 관절 위로 팽팽하게 당겨진다. 고통을 어떻게든 견뎌 보려고 눈을 감아 보지만, 감은 눈으로 흔들리는 불빛이 보인다. 의사는 복부를 밀면서 내가 움직이지 않게 한다. 찌르는 듯한 아픔이 더욱 심해진다. 바늘을 통해 약을 주입한 것이다. 의사가 조심스레 바늘을 빼내고 화끈거리는 용액을 피부 속으로 문질러 넣자 간호사들이 내 손을 놓아 준다. 상처가 완전히 벌어져 생살이 그대로 드러난 느낌이다.

왼쪽으로 돌아누워 다리를 들어 올리고 배를 끌어안는데, 간호사가 말을 건넨다. 간호사들의 말소리는 허공에 흩어지듯 아련하게 들리는데, 간신히 알 정도로 희미한 심장 소리가 유독 부드럽게 들려온다. 지칠 대로 지쳐 누군가가 보살펴 줬으면 좋겠다.

간호사가 따뜻한 담요를 덮어 주고 방을 나서면서 불을 꺼 준다. 이제 혼자다. 나른한 졸음이 슬며시 몰려온다. 어제 주치의의 진료실을 나선 직후 시작된 근육 수축이 아직까지 풀어지지 않았지만 견딜 만하다. 화끈거리는 느낌과 함께 열이 있는 상태에서 앞뒤가 맞지 않는 어지러운 꿈을 꾸기 시작한다. 단어가 머릿속에서 구체화되었다가 다시 흩어져 무슨 의미인지 알아낼 수가 없다.

심한 진통으로 잠에서 깨어난다. 수축으로 배가 뭉치는 느낌이 시작되고, 점점 더 견디기가 힘들어진다. 배를 끌어안고 울기 시작한다. 불을 켜고 싶지만 움직일 수가 없다.

몇 시인지 궁금해 왼쪽으로 팔을 뻗으니 차가운 벽이 느껴진다. 의사를 부르는 벨을 찾을 수가 없어 그대로 누운 채 아기가 내게서 떨어져 나가는 것을 느낀다. 믿을 수 없을 정도의 진통이다. 수축 상태에서 숨을 쉬려니 힘들다. 숨을 고르는 일도 마찬가지다. 아기가 내 안에서 죽어 가고 있음을 느끼면서 패닉 상태에 빠지기 시작한다. 뭐가 잘못된 건지 이게 대체 무슨 상황인지 모르겠다. 숨을 억지로 들이마셔 보지만 내쉴 수가 없다.

※ ※ ※

테이블 위 시계를 힐끔 보니, 3시 5분이다. 가방과 열쇠를 챙긴다. 게리는 천천히 해도 된다고 말하지만, 필요 이상으로 지체하고 싶지 않다. 다른 내담자의 발소리가 들린다. 내 시간은 다 되었다. 게리와 눈을 맞추지 않고 서둘러 상담실을 나선다.

상담 56

출산 경험을 어떻게 게리에게 설명할 수 있을지 난감하다. 그는 나를 존중하는 뜻에서 침묵을 지켜 주지만, 오늘 상담에서 할 얘기의 구체적인 내용에는 불편해할지도 모른다. 하지만 달리 나를 표현해 낼 길이 없다. 그는 항상 적극적으로 내 경험을 이해해 주었으니, 그다지 내키지는 않지만 지난 시간에 이어 얘기를 시작한다.

❦ ❦ ❦

다리를 펴고, 뒷짐을 지고 기대 보면서 내 안에 있는 분노를 어떻게든 누그러뜨리려고 애를 쓴다. 무슨 일인지 도무지 알 수가 없다. 전등불이 켜지자, 나를 현재의 상태에서 빠져나오도록 확 잡아당기는 느낌이 든다. 간호사가 다시 누워 보라고 말하며, 다른 의사들과 함께 나를 검진한다.

간호사가 손가락을 집어넣을 때 뺨은 눈물로 얼룩진다. 강간의 이미지가 덮쳐 온다. 또다시 낯선 사람들이 내게 해를 가하는 상황에 놓여 있다. 의사들은 마치 내가 이 자리에 없는 사람인 것처럼 자기들끼리 얘기한다. 진행 상황에 대해서 논의하고 복부에 압력을 가한다. 급격하게 약화되는 내 안의 상태를 감지한 의사들은 불을 끄고 나간다. 다시 혼자가 된다.

의사가 되돌아와 우려를 표시한다. 그의 말에 집중이 잘 안 된다. 여기저기 할 것 없이 너무 많이 아프다. 의사가 이마를 짚고 눈을 들여다볼 때 무슨 말을 하는지 이해하려 애써 본다. 서른다섯 시간째 이곳에 있고, 간호사에게 호소하는 진통으로 미루어 무언가가 잘못되었을 수도 있다는 것이다. 엑스레이 기계가 들어온다. 그토록 오랫동안 이러고 있었다는 데도 놀랐지만, 내가 간호사에게 뭔가 말했다는 사실에 더 놀란다. 전혀 기억이 없다. 의사에게 이 고통을 끝낼 수 있도록 제발 무엇이든 해 달라고 사정한다.

기계가 들어와 작은 방 가득 자리를 차지한다. 엔지니어가 이미지를 잡을 때마다 고통스럽기 그지없다. 이렇게 저렇게 움직여 보라고 여러 차례 요구한다. 따라 주려고 애를 쓰지만, 고통스러워하는 나를 배려하지도 않고 내가 애쓰는 걸 알아주지도 않아 마음이 상한다. 드디어 이미지를 다 얻어 낸 그가 방을 나선다.

의사가 다시 돌아와, 내 꼬리뼈에 금이 간 흔적이 있는데 어떻게 된 것인지 묻는다. 강간 중에 항문 성교에서 극심하게 찌릿한 고통이 한차례 등을 타고 올라오는 것을 느꼈다고 대답한다. 그 일 이후로 앉고 일어서고 걷고 하는 모든 동작이 고통스러웠다. 눈물이 차오른다. 제발 나를 혼자 내버려 두지 말라고 하고 싶지만 아무 말도 하지 않는다. 의사가 침대 끝 쪽으로 옮겨 가더니 알아들을 수 없을 만큼 낮은 목소리로 간호사에게 말을 한다. 소리라도 질러서 아기를 꺼내 달라고, 뭐든지 해 달라고 하고 싶은 심정이다. 의사가 침대 머리맡으로 돌아오더니 눈을 가린 머리카락을 쓸어 넘겨주면서 위로의 말을 건넨다.

🌱 🌱 🌱

내 말의 힘이 게리의 표정에 그대로 반영되는 것을 느낄 수 있다. 그는 우리가 함께한 시간 내내 늘 공감하면서 나를 안정시켜 주었지만, 상담실을 나서면 어떻게 되는가? 한 시간 동안 친밀한 공감대를 갖고 있다가 아무렇지 않은 듯이 일상생활로 되돌아간다. 이 상담실을 나설 때 얼마나 내동댕이쳐지는 느낌을 받는지 말하고 싶다.

주어진 시간이 다 된 것에 화가 난다. 아직 끝난 게 아니기 때문이다. 나를 갉아먹는 내 안의 기억을 다 떨쳐 내고 싶다.

상담 57

 게리가 한결 편안하고 격의 없이 맞아 주니, 이후로 계속 내담자가 있는데도 오로지 나만을 위한 사람처럼 느껴진다. 상담실에서 그토록 격정적인 감정을 경험하고 나서 밖으로 나가서는 또다시 현실을 살아간다는 것이 스스로 놀랍다.
 이 순간 그의 전문적 지식을 적절히 이용하든, 혹은 그와 충분한 시간을 갖지 못해 속상해하든, 그것은 내 선택에 달린 문제다. 내가 통제할 수 없는 감정들로 점철된 그 주제를 피하기 위해서 방어 기제(내가 특별히 숙달된)에 의존하고 있다는 생각이 문득 든다.
 본론으로 들어가기로 한다.

❦ ❦ ❦

 여전히 산통이 극심하다. 몇 분이 몇 시간이 된다. 이 육체적인 고통은 당연히 울고불고할 만한 것이지만, 그러지 않는다. 고통을 드러내지 않으려는 성향이 점점 내 일부가 되어 가면서 분노가 내 안에 자리 잡는다.
 의사가 와서 우리가(?) 지금까지 한 것처럼 진행된다면 또 그렇게 열 시간 정도를 내다보고 있다고 한다. 이제 포기하고 싶어진다. 차라리 백 시간이라고 말하는 편이 낫겠다. 이제 더는 견딜 수가 없다. 집에 가고 싶다. 몸이 말을 듣질 않는다. 지금껏 내 내 아기를 잃지 않으려고 싸워 왔지만, 이젠 몸 밖으로 아기를 꺼내야 한다.
 간호사 한 명이 끼어든다. "꺼냅시다." 그녀는 다그친다. "울어도 돼요, 소리도 지르시고요. 정말 지금은 그래도 돼요." 그녀에게 내가 울지 않는 이유를 말로 설명할 수가 없다. 강간을 겪을 때에 난 죽었을 수도 있었다. 그때 울 수 없었으므로, 지금도 울 수가 없는 것이다.

돌아서서 나가는 그녀를 붙든다. 제발 진통제라도 좀 달라고 사정한다. 그녀는 그러고 싶지만, 그럴 수 없다는 말을 한다. 안 그래도 앞서 투약한 진통제 때문에 진행이 더뎌지고 있다는 것이다.

파란 불빛이 어린 흰 벽면이 얼굴을 휘갈긴다. 참을 수 없이 심한 경련으로 몸이 심하게 떨리는데, 아기는 아직 잠잠하다. 왼손으로 침대 난간을 있는 힘껏 쥐고 오른손으로 시트를 움켜잡는다. 주먹의 관절이 하얗게 질리고 손톱이 손바닥을 파고든다. 견딜 수 없을 만큼 많이 떨기 시작한다. 머리가 너무나도 심하게 욱신거려서 뇌졸중이라도 걸릴 것만 같다. 주변이 온통 깜깜해진다.

❦ ❦ ❦

게리의 눈을 들여다보며 앉아 있는 지금, 한없이 기진맥진해 있다. 늘 그렇듯이, 그 눈빛은 내가 겪은 고통을 따뜻하게 어루만진다. 지금 나는 그가 필요하다. 더는 할 말이 없다. 내 영혼이 그에게 열려 있다. 그의 슬픈 표정에서 내가 얼마나 슬프게 보였을지 그대로 느낄 수 있다.

분만 동안의 몸에 관한 기억은 불쑥 불쑥 찾아와서는 나더러 좀 어떻게 해보라고 사정이라도 하는 듯하다. 결코 편안하게 느낄 수 있는 것이 아니다. 그토록 오랫동안 묻어 왔지만 이제는 자연스레 찾아오게 놔둔다. 아기의 출생에 관한 얘기를 할 때는 몸이 스스로 느끼도록 내버려 두는 것이다. 필과 사랑을 나눌 때와는 다른, 낯선 느낌이다. 이런 느낌을 필에게 얘기하지 못해 낭비한 시간을 후회한다. 하지만 이젠, 아직 말할 시기가 무르익지 않아서 그랬던 거라고 받아들이기로 한다.

상담 60

엄청나게 강렬한 느낌에 저항하려니 너무 지친다고 게리에게 말한다. 아기의 출생에 관한 얘기를 계속한다.

❦ ❦ ❦

온몸을 떨면서 깨어난다. 모든 게 빙글빙글 도는 듯 어지럽기만 하다. 옆으로 가만히 누워 팔꿈치를 똑바로 하려고 애를 쓰는데 자궁경부에서 아기 머리가 느껴진다. 소리를 질러 간호사를 부른다. 내 기억에 유일하게 목소리를 높인 때다.

믿기 어렵다. 몸이 부들부들 떨리고 체력이 바닥이지만 곧 끝나리라는 생각에 힘이 난다. 간호사가 의사는 지금 병원에 없다고 한다. 상관할 바 아니다. 아기가 나오고 있다.

자궁 수축은 너무나도 거북한 느낌이다. 그 짓누르는 느낌은 말로 표현할 수가 없다. 계속 숨을 내쉬지 못하고 호흡이 가파르다. 지금은 누가 되었든 같이 있고 싶지 않다. 그저 혼자 놔두었으면 한다. 무릎을 꿇으면 압박감을 조금 덜 수 있을 것 같다는 생각이 들지만, 침대에는 그럴 자리가 없다. 아기가 나오려는 것을 느낀다.

아기가 반쯤은 안에 있고 반쯤은 나온 듯한 느낌이 너무나 견디기 힘들다. 눈물이 두 눈 가득 고인다. 수축이 있을 때마다 밀어내려는 충동이 생기지만, 아기는 오히려 안쪽으로 후퇴하는 것 같은 느낌이다. 의사가 갑자기 들어온다. 사람들이 내 다리 사이에 자리를 내주자, 그는 다리를 더 쫙 벌리게 하고 바짝 다가와 한 손을 배 위에 놓고 힘을 가한다.

힘을 줘서 내보내라는 지시가 계속된다. 두 무릎을 가슴 쪽으로 당기라고 한다. 나는 그의 팔에 의지하고 있다. 근육을 바짝 긴장시켜 아기가 빠져나오게 하는 것이다. 달리 어찌할 바를 몰라 그냥 힘을 주기만 한다. 드디어 아기 살결이 다리 사이로 느껴지지만 볼 수는 없다. 아기를 그냥 그렇게 놓치지는 않을 것이다.

몸을 부들부들 떨면서 아기 몸을 내 안에서 완전히 밀어낸다. 어마어마한 힘, 온 세상이 내게서 빠져나가고 있다. 간호사가 아기를 의사에게서 받아 들고는, 내가 양팔을 쭉 뻗는데도 본체만체한다. 아기를 보게 해 달라고 해도 아무런 말이 없다. 그 침묵의 순간으로 인해 귀가 먹을 것만 같다.

아기가 죽었다는 것을 처음으로 깨달았다. 아니, 처음으로 그 사실을 받아들인 것 같다.

❦ ❦ ❦

게리를 바라보는 두 눈에 눈물이 가득 고인다. 아기로 인해서 겪은 힘든 시간이었다. 그 시간이 아무것도 아닌 게 되어 버려서 그렇게 앓은 것이라고 분명하게 말한다. 그저 타인이었던 그가 소중한 사람이 되어 가는 이곳에서, 사라의 죽음이 현실이 된다.

게리에게 솔직하게 털어놓건대, 강간의 경험을 전부 다 합한다 해도, 아기 울음소리 대신 침묵만이 흐르던 그 고통의 순간에는 비할 수가 없다. 그날의 경험은 내 안에서 아물지 않았고, 앞으로도 결코 아물 수 없을 것이다.

상담 61

깊은 이야기를 하려면 게리와 가까워져야 한다는 걸 알지만, 여전히 어색하다. 아기 얘기는 마음이 안 좋기는 해도 전처럼 당혹스럽지는 않다. 우리는 턱관절 골절, 꼬리뼈 골절, 흉터가 남은 창상과 화상, 그리고 임신 등의 신체적 상해에 관해서도 얘기를 나눴다. 소파에 편히 누운 상태에서 강간의 결과와 내 슬픔의 근원에 대해 얘기할 준비가 되어 있다.

❦ ❦ ❦

1979년 여름, 강간 이후 2년이 흘렀다.

필과 함께 산부인과 진료실에 앉아 있다. 또 다른 시간, 또 다른 장소. 하지만 과거에 저지른 실수에서 배웠다. DES에 노출된 여성을 치료하는 전문의를 찾아가는 등 내 건강에 더 많이 신경을 쓰고 있다.

질확대경 검사 결과를 보려고 긴장된 마음으로 의사를 기다린다. 다시 임신했기 때문이다. 필이 무릎에 놓인 내 손을 붙잡고 몸을 내 쪽으로 구부리고는 어깨에 드리워진 머리카락을 부드럽게 만져 준다.

조용히 문손잡이를 돌리고 들어온 의사가 파일을 책상 위에 가볍게 던지고는 마주 앉는다. 멋스럽게 흐트러뜨린 불그스름한 머리와 늘 똑같은 초록색 나비넥타이가 가장 먼저 시선을 끈다.

미안합니다만…

시간이 멈춘다. 또다시.

그는 말꼬리를 흐리면서 창밖을 바라본다. 이것이 의사에게도 힘든 일이라는 것을 알기에, 뭐라고 말을 해야 하는 중압감에서 그를 잠시나마 해방시켜 주고 싶지만 별 도리가 없다.

그도 나도 이제 무엇이 남았는지 잘 알고 있다.

요 며칠 별로 아프지 않다가 칼로 찌르는 듯한 통증이 생긴 것은 자궁 외 임신 때문이란다. 태아가 자궁이 아닌 나팔관에 착상된 것이다. 의사가 통계를 인용하는 동안 그를 물끄러미 바라본다. 눈을 뗄 수가 없다.

DES에 노출된 여성의 (자궁 외 임신) 확률이 9~12퍼센트 이상…

몸에 이상이 있을 때는 13퍼센트 이상…

강간으로 인한 상해 때문에 상황이 더 복잡합니다…

유산 확률은 28퍼센트 이상이고…

조산은….

그만하라고, 그런 통계 따위엔 관심도 없다고 말하고 싶지만 아무 말도 하지 않는다. 고개를 떨어뜨리고 그냥 말이 공중에 떠다니도록 내버려 둔다. 의사가 말을 마치자 우리 셋 모두 고통스러운 침묵 속에 앉아 있다.

다시 임신을 했으나 나팔관에 있는 태아를 즉시 제거하는 수술을 해야 한다. 앞으로 아기를 갖지 못할 것이다. 필은 내가 아이를 가질 수 있든 없든 상관없이 다만 있는 그대로의 나를 사랑한다고 말한다. 우리 두 식구로 충분하고, 내가 원한다면 입양을 할 수도 있다고 하지만, 나는 아기를 낳을 수 있길 간절히 바랐으므로, 슬픔에 젖는다.

✿ ✿ ✿

두 눈에 눈물을 글썽이며 게리를 본다. "아시겠어요? 제가 겪은 일을 이해하겠어요?"라고 물어보는 것이다. 과연 게리가 임신을 하고 아이를 낳는 문제를 이해할 수 있을까 의문이 드는데, 그 이야기는 하지 않으련다. 마음을 열고 앞으로 나아가고, 정직해지려고 애써 보지만, 엄청난 저항감에 부딪힌다. 여성이 알고 있는 출산의 비밀을 그에게 들려주고 싶다. 아기가 몸속에서 빠져나올 때 나 자신보다 더 중요한 무언가와 이어지는 느낌이라든가, 나로 인해 또 다른 이가 존재하는 느낌이 얼마나 놀라운지 들려주고 싶은 것이다.

하지만 아무 말도 하지 않는다. 대신에 두 아기를 잃은 상실감에서, 그리고 사랑하는 사람의 아이를 가질 수 없다는 사실을 극복해 내지 못할 거라고 말한다. 그것은 분명하다. 이것이 내 고통의 근원이다.

상담 62

지난번 상담으로 내 얘기는 바닥을 다 드러낸 듯하다. 이제 더는 말할 것이 없다. 남은 것이라고는 슬퍼하는 일뿐이다. 그런데 다른 사람 앞에서, 게리만큼 친밀한 사람이라 해도 게리가 아닌 다른 사람 앞에서 내가 슬퍼할 수 있을지가 의문이다.

말할 게 없는 듯하지만, 어젯밤에 꾼 꿈 얘기를 한다.

믿기 힘들 정도로 구체적이고 사랑스러운 이미지였다. 눈을 감으니 끔찍한 얼굴도, 악몽도 없다. 단지 내 꿈속 장면만이 펼쳐진다.

✌ ✌ ✌

남편과 함께 바닷가에 살고 있다. 그 장면은 평소 꿈꾸던 것과 똑같다. 우리는 주방 옆 서재에 앉아 있다. 따뜻한 벽난로가 포근한 열기를 뿜어낸다. 바닥에서부터 천장까지 벽은 온통 책으로 꽉 차 있다. 묵직하면서도 따뜻한 느낌이다. 창문에 달린 햇빛 가리개가 살짝 열려 있지만, 겨울이라 날이 빨리 어두워진다.

쿠션에 발을 얹고 초록색 가죽 의자 위에 몸을 쭉 뻗고 있다. 쿠션과 의자는 그 모양이나 냄새, 분위기 할 것 없이 모두 옛날 아빠의 오래된 재킷에서 느껴지던 따스한 푸근함이 있다. 의자 오른쪽에 있는 소파에는, 담갈색 양털 담요가 깔려 있다. 그 앞에 놓인 커다란 마호가니 커피 테이블 위에는 좋아하는 예술가의 책과 촛불 몇 개가 있다. 내 얼굴은 촛불과 나를 향해 춤추듯 일렁이는 벽난로 불길에 발갛게 달아올라 있다.

필은 내 뒤에, 큰 마호가니 책상 앞의 가죽 의자에 앉아 있다. 그의 손가락이 키보드를 두드리는 소리에 귀를 기울이고, 그가 음악을 따라 흥얼거리는 것을 듣는다. 그는 신뢰, 안정감, 따뜻함, 사랑이다. 그는 내 영혼이며, 만일 여든, 아흔까지 그렇게 오래 산다 해도, 친구이자 연인으로 남을 것임을 알고 있다. 그에 대해 더 많이 알고 싶고, 지금보다 더 많이 그를 알아 갈 수 있기를 원한다.

내 옆에는 아이리시 세터 종의 멋진 개 한 마리가 자리를 지키고 있다. 다리에서 그 숨소리를 느낄 수 있을 정도다. 털을 쓰다듬어 준다. 실크처럼 부드럽고 따뜻하다. 녀석은 맹목적인 충성을 바치며 절대적인 우정을 보여 준다. 내가 어떻게 보이는지 혹은 내가 무슨 일을 성취했는가로 나를 판단하지 않는다. 내가 만져 주는 것을 좋아하고, 항상 내 가까이에 있다.

무언가 좋은 냄새가 풍긴다. 우리는 주말에 방문하는 친구들을 기다리고 있다. 꿈에서는 늘 그렇듯이, 한 손을 항상 배 위에 얹어 놓는다. 내 배는 항상 부풀을 대로 부풀어 있다. 임신 중인 것이다.

❦ ❦ ❦

그 꿈의 의미를 이해하냐고 게리가 묻는다. 아니요, 라고 대답한다. 나는 지쳤고, 정말 아무래도 상관없다. 그저 부들부들 떨면서 비명 속에서 깨어나지 않은 것만으로도 감사한다. 정말이지 그 강간범의 집에서 매트리스 위에 누운 나 자신을 서서 바라보는 악몽을 꾸지 않고 잘 수 있는 밤이면 그저 감사할 따름이다.

그래서 이렇게 대답한다. 아니요, 의미 같은 건 모르겠어요. 별로 알고 싶지도 않아요. 그저 편히 자고 싶을 뿐이에요.

상담 64

게리와의 관계는 긴밀하고 친근하다. 우리가 함께하는 시간이 그에게는 일이라는 것을 알지만, 내게는 삶이 걸린 문제다. 그는 아직 끝나지 않은 문제가 남아 있다고 말하는데, 맞는 말이다. 지난밤에 꾼 다른 꿈 얘기를 한다.

❦ ❦ ❦

시작된 꿈은 곧 악몽으로 변한다.

눈부시고 에로틱하고 무엇인가 현실을 초월한 듯한 이미지의 멋진 꿈으로 시작한다. 공중에 발가벗은 채 무릎을 꿇고 팔로 공중을 휘저으며 앉아 있다. 황홀경이다. 반딧불 같은 자그마한 불빛이 머리 주위를 맴돈다. 주변을 휘젓고 다니던 불빛은 나를 동심원 속으로 끌어들인다. 처음에는 부드럽던 것이 점점 포악하게 변해, 자꾸만 고통스러워진다. 허리 밑까지 늘어졌던 머리카락이 점점 위로 추켜올려진다. 빙글빙글 돌아가는 움직임이 나를 점점 더 높이 들어 올리며 허리를 쭉 뻗게 만든다. 더 뻗을 수 없을 지경에 이르자 압력 때문에 고통스럽다.

꼬리뼈가 엄청나게 아프다. 오싹하게 찌릿한 통증이 척추를 타고 조금씩 번져 간다. 고통의 저 너머에 있는 것을 누그러뜨리기 위해 몸을 활처럼 구부린다. 척추 마디마디가 참을 수 없을 만큼 점점 더 고통스러워진다. 경련이 목으로 또 머리로 올라온다. 고통에서 벗어나기 위해, 추켜든 팔로 허공을 휘젓는다.

제발 멈추라고 비명을 지른다. 무거운 공기가 머리와 팔을 세차게 내리친다. 그 엄청난 강도에 고통과 동시에 오르가슴을 느끼는 것 같다. 머리는 가슴 쪽으로 밀쳐지고, 팔은 양쪽에서 꽉 눌리는 느낌이다. 몸을 휘감으며 마치 누에고치처럼 나를 집어

삼킨다. 골반이 심하게 바닥으로 내리쳐진다. 아기를 낳는 기분이다. 몸속을 관통하는 움직임이 척추를 따라 내려온다. DNA, 금색에서 은색, 또다시 금색으로 변하는 눈부시고 찬란한 줄기 하나가 나를 집어삼키고, 이내 거센 오르가슴이 밀려들면서 DNA 줄기가 목을 휘감으며 나를 조른다.

❦ ❦ ❦

눈을 뜬다. 게리의 눈을 들여다보고는 무릎에 놓인 양손 쪽으로 시선을 내린다. 문득 그 강간이 성욕에 관한 것이 틀림없다는 생각이 떠오른다.

진땀이 흐르고, 질식할 것만 같다. 한 손으로 목을 쓰다듬으며 호흡을 진정시키려 애를 쓴다. 지칠 대로 지쳐, 게리가 시간이 다 되었다고 말할 때까지 나지막이 울고 있다.

# 상담 65

자리에 앉자마자, 내가 아직 못다 한 일이 있다고 게리가 말한다. 저도 알아요, 그 집에 다시 가야 해요. 내가 말한다. 눈을 감는다. 도움을 청하는 일이 여전히 불편하다. 입술을 깨물고 짭짤하고 따뜻한 피가 흐르는 것을 느낀다.

마음을 편히 가지세요. 게리는 나에게 다리를 바닥에 내리고 눈을 감으라고 지시한다. 따뜻하고 부드럽고 편안한 그의 목소리가 나를 안심시킨다.

그는 나를 유사 최면 상태로 편안히 이끌어, 마치 그 집에 있는 듯한 기분을 경험하게 한다. 그의 목소리를 들을 수는 있지만, 무슨 일이 벌어지고 있는지 바라보는 구경꾼의 목소리 같다. 집 안에 있는 세세한 것이 모두 낯설지가 않다. 눈에 띄는 징표에 주의하면서 내가 경험하는 것을 묘사해 보라고 한다.

지금껏 별로 성공하지 못했기 때문에 주눅이 들어 있지만, 여러 차례 우리가 시도한 연습을 다시 해 본다. 처참하게 유린당한 소녀가 매트리스 위에 누워 피를 흘리고 있다. 움직일 수가 없고 도와주려 하지 않는데 왜 그러는 건지 혼돈스럽다. 친구 혹은 친척이었다면 망설이지 않을 텐데도, 소녀를 도와주지 못한 채 그저 바라만 보고 서 있다.

게리의 부드러운 음성이 머릿속 소란을 잠재운다. 필을 데려와 당신을 돕게 할 수 있을까요? 지난번에도 한 똑같은 질문이다. 아니요, 필에게 이런 나를 보게 할 수 없어요. 그는 이번에는 물러서지 않고 더욱 압박한다. 당신이 해야 할 일이 있습니다, 단호하게 말하고는, 당신을 이 집에 혼자 내버려 두지 않겠어요, 라고 말한다.

그의 말이 갑자기 분명하게 다가온다. 그 의미는 명료하고 진실해서 그가 무엇을 하려는지 한순간에 이해가 된다. 그 집에서 난 혼자가 아니며, 그는 이제 내가 유린당하도록 놔두지 않을 것임을 마침내 깨닫는다. 그의 위로가 담긴 연민에 마음이 움직여 두 볼에 눈물이 흘러도 닦아 내지 않는다. 그의 도움 덕분에 처음으로 그 매트리스 위의 소녀에게 연민을 느낀다. 처음으로 나 스스로 그녀의 편에 서서 그녀가 괜찮으리라는 것을 안다. 처음으로 그녀가 괜찮으리라는 것을 진심으로 느낀다.

게리는 지금껏 내가 그를 상담가로, 친구로, 조언가로 이용할 수 있도록 해 주었다는 느낌이 든다. 내가 그를 내 경험 속으로 끌고 들어와 우리 관계를 이용하여 나 스스로 그곳에 갈 힘을 찾을 수 있도록 해 준 것이다. 그가 내게 가져다 준 것 가운데 가장 중요한 것은 결국에 우리 스스로 서야 하지만 주변에서 도움을 받을 수 있다는 깨달음이다. 우리를 아껴 주는 가까운 사람들에게 도움을 받을 수도 있고, 잠깐 우리 곁을 지나쳐 가면서 필요한 것을 제공해 줄 수 있는 사람들도 있다.

게리는 이제 조금 전의 편안한 상태에서 나를 끌어내기 시작한다. 나는 저항한다. 지쳐 있지만 그 순간의 행복, 진정한 통찰의 순간이 흩어져 버리는 것이 안타깝다. 상담을 시작할 때부터 게리는 내가 익숙해져 버린 나의 저항에 맞서라고 격려해 왔다. 함께 협력해서, 한때 나를 보호했지만, 이제는 과도하게 작용하는 그 방어 기제에 맞선다.

이런 연습을 하는 것을 나는 어색해하고 망설여 왔지만 우리의 목표를 이루려는 게리의 끈기와 인내력 덕분에 이런 순간을 맞이할 수 있게 된 것이다.

상담 67

몇 주 전 상담에서 맛본 큰 행복감을 여전히 간직한 채 오늘은 아마도 상담을 끝내는 것에 대해 이야기할 것이라고 짐작해 본다. 내가 바랐던 전부, 즉 그 집을 나서는 일을 이뤄 낸 것이다. 그러다 보니 체중에 대해서 어떻게 느끼느냐는 게리의 질문에 나는 무장 해제되고 만다.

스스로에게 놀라는 순간의 대부분은 식탐을 참을 수 없을 때라고 대답한다. 무언가 음식을 목구멍 아래로 밀어 넣으려는 충동이 강하다. 스스로 제어할 수가 없고 배가 고픈지 부른지 분간할 수도 없다. 멈춰야 할지, 말아야 할지도 모른다. 멈출 수 있다고 해도, 그렇게 먹어 대지 않고 내가 살아갈 수 있을지를 모르겠다. 그것은 많은 시간을 앗아가는 고통스런 느낌이다.

지금 내 느낌은 마치 그가 나를 바닥으로 내동댕이친 듯한 기분이라고 말한다. 그동안 체중에 관해서 얘기한 적이 단 한 번도 없었다. 왜 하필 지금인가? 이 질문에 대답하기 전에, 그는 그 강간이 내 체중에 영향을 미쳤는지 묻는다.

항상 그렇듯이, 게리는 직관적인 질문을 던진다. 알고 보면 예민한 이 주제에 대해서 진정으로 얘기하고 싶은 것인지 아닌지 확신이 없는 상태로 대답한다.

❦ ❦ ❦

강간을 겪기 전 월요일. 내 모습을 거울에 비춰 본다. 엄청난 목표를 이뤄 냈다. 45킬로그램을 감량한 것이다. 놀라운 일이다. 완전히 딴 사람이 되었다. 내가 여성으로서 이뤄 낸 첫 번째 의미 있는 성취다. 십 개월 전, 뚱뚱했던 지난 겨울에 사 둔 드레스를 입고 있다. 허리선이 높은 엠파이어 스타일로 노란색과 흰색이 섞인 드레스다. 완만한 라운드 네크라인 가장자리에는 (솔기를 정리해 주는) 흰색 파이핑이 둘러져 있다. 길고 짙은 머리가, 스스로 돌이켜본 그 어느 때보다도 조그마해진 얼굴을 감싸고 있다. 내가 예쁘다고 느낀다. 지금껏 들어 본 적이 없는 아담하고 맵시 있는 몸매를 드디어 이뤄 낸 것이다.

거울 속 소녀를 보며 서 있는 동안 눈물이 나오는 것을 어쩔 수가 없다.

❦ ❦ ❦

게리는 믿기 힘들어하는 표정이다. 내가 날씬했다는 것을 상상하기 힘든 모양이다. 이렇게 얘기가 다른 곳으로 빠지는 것이 그다지 내키지 않고, 이제껏 진척시킨 것이 상담의 끝이 아님에 실망하고 만다.

상담 **68**

지난번 상담 이후 거의 한 달 동안 게리가 던진 일련의 질문들을 생각할 시간적 여유를 가졌다. 그러자 그가 나를 올바른 길로 인도하고 있음을 알게 된다. 그렇다. 내 삶 대부분 동안 심각한 체중 문제를 안고 살아왔다. 그렇다. 음식으로 나 자신을 유린하고 있다. 그렇다. 매번 베어 무는 음식으로 감정을 삭이고 또 삭일 수 있었다. 그렇다. 이러한 행위를 전부터 연습해 온 것이다. 그렇다. 이제 그것에 대해 얘기할 것이다.

❧ ❧ ❧

다섯 살 아니면 여섯 살부터. 부모님은 꽤나 오랜 시간 나를 베이비시터에게 맡겼다.

우리 집에서 부모님과 함께 있고 싶은데 이 집에 있어야 한다는 게 너무 싫다. 좁고 숨 막히도록 덥다. 듬성듬성 가구가 놓인 바닥 전체가 비닐장판이고 읽을 만한 것도 없다. 램프도 없이 그냥 대부분 꺼져 있는 천장 등뿐이다.

TV에서 나오는 빛이 거실을 푸르스름하게 물들인다. 밤새도록 영화가 틀어져 있다. 베이비시터는 소파 가장자리에 앉아 있다. 지긋지긋하게 계속되는 얘기를 보면서 그녀가 즐겨하는 거라고는 레몬 과육을 파내서 먹는 일인데, 역겹게 느껴진다.

거실 앞쪽에는 앞이 막힌 베란다가 있다. 자주 가는 곳이다. 사실 거기서 부모님을 기다리면서 대부분의 시간을 보낸다. 길 건너 자동차 부품 공장에는 밤하늘을 밝히는 커다란 전구가 걸려 있다. 그 공장에 달린 거대한 디지털시계가 소리를 질러대듯 시간을 알려 준다. 11:57, 11:58, 11:59.

시간이 멈췄으면 좋겠다. 자정 안으로 부모님이 오지 않으면 난 여기서 밤을 보내게 된다.

베이비시터는 자정이 되면 어김없이 욕을 퍼붓기 시작한다. 오늘밤 부모님이 날 데리러 오지 않을 것을 알기 때문이다. 멀리서 들리는 저 소리는 사이렌 소리인가? 우리 부모님이다. 자동차 사고가 나서 못 오시나 보다.

결국 그녀는 거실로 돌아오라고 소리친다. 내가 우는 걸 보고 화를 내면서 그치라고 한다. 이제 겨우 12시 30분경인데 베이비시터의 어머니는 2시 30분은 되어야 올 것이다. 아직도 시간이 많이 남았다.

내 팔을 잡아끌어 그녀의 다른 형제자매를 위한 공간으로 쓰기도 하는 주방으로 데려가면 그녀를 발로 차고 비명을 지른다. 이내 주방을 가로질러 지하실 문 쪽으로 향한다. 그녀는 문을 열어젖히고 벽에 세게 밀어붙이면서 나를 맨 꼭대기 계단에다 털썩 앉힌다.

매번 싸워 봐도 항상 나보다 힘센 그녀에게 밀려 갇히고 만다. 금세 등 뒤로 문이 닫히고 완전히 깜깜해진다. 모든 것이 조용하다. TV 소리조차 들리지 않는다. 하지만 등 뒤에서 딸깍 하고 문이 잠기는 소리는 또렷하다.

✣ ✣ ✣

게리가 고개를 들고 의문에 찬 표정을 한다. 오래된 폭식 습관과 이것이 어떤 연관성이 있는지 아직 알지 못할 테지만 상관없다. 이 얘기로 들어선 것에 짜증이 난다.

상담 **69**

날씨가 포근하다. 상담이 지겨운 데다 특히 체중에 관한 얘기라 더 지루하지만 이번에는 해결 방법을 알고 있다. 숨을 깊이 들이마시고, 지난번 중단한 데서 다시 시작한다.

🌱 🌱 🌱

베이비시터 집 현관에 앉아 부모님이 오기만을 기다린다. 오시질 않고 시계가 자정을 알리면 난 울기 시작하고 지하실에 갇힌다. 이런 상황이 몇 주씩이나 지속된다. 죽을 만큼 두렵다. 어둡고 습한 기운 때문에 등을 문에 바짝 대고 맨 위 계단에 있다. 어찌나 세게 대고 있었는지 등뼈가 부러질 것 같다. 지하실 안쪽에 무엇이 있을지, 어떤 생명체가 숨어 있는지 알지 못한다.

낮 동안은 지하실을 잘 알고 있다. 마감이 덜 된 콘크리트 바닥에 한쪽은 벽이고 다른 한쪽은 먼지로 덮여 있다. 마감이 된 쪽에는 겨울 식량인 채소와 과일 통조림이 줄지어 쌓여 있다. 베이비시터의 어머니는 통조림을 진빨강, 주황, 밝은 노랑 등 색깔별로 정렬해 둔다. 선반 모퉁이 쪽에는 진초록색이 있다.

아래쪽에서 나지막한 찍찍 소리와 잡음이 들려온다. 뭔지 보려고 해도 너무 어둡다. 조그마한 발자국이 내 발을 타 넘고, 다리로 팔로 그리고 얼굴까지 오기를 기다린다. 우는 것을 뚝 그치고 가만히 있다. 몇 주를 그렇게 버텨 낸 뒤, 부드러운 초코칩 쿠키 하나를 호주머니에 비상식량으로 넣어 가져온다.

그 찍찍거리는 소리가 점점 가까워지면 쿠키를 조금 부숴서 소리나는 쪽으로 있는 힘껏 던진다. 그러면 그놈들은 쿠키에 정신이 팔려 나를 쫓아오지 않는다. 침묵, 더 큰 찍찍 소리, 침묵이 계속 반복된다.

※ ※ ※

    얘기를 멈추고 게리를 바라보는 두 눈에 눈물이 고인다. 시간이 흐르면서 쿠키를 점점 더 많이 가지고 가서 허공으로 한 조각 던진 다음 나도 하나 먹고 또 던지고 또 하나 먹고 했다고 말한다. 쿠키가 내게 위안이 되었다. 아니 나를 마비시켰다고 해야 할지도 모르겠다. 어느 쪽이든, 쿠키가 지하실에 갇힌 두려움을 줄여 준다는 것을 알게 된다.
    베이비시터의 학대는 갈수록 심해진다. 해를 거듭하면서 신체적으로나 성적으로나 점점 악랄해진다. 하지만 이것이 내가 얘기하려고 하는 것은 아니라고 말한다.
    먹는다는 것은 애초부터 둔감하게 만드는 행동이다. 느끼지 않기 위해서 먹는다.
    몸을 갑옷 속에 철저히 감춰 두었지만, 주차장 폭행 사건은 그것이 얼마나 엄청난 실수였는지를 알려 주었다고 말한다. 몸이 불어나면, 안전한 느낌을 가질 수 있을 것이라고, 다시는 아무도 나를 해치지 않을 것이라고 생각했지만 과체중마저도 나를 보호해 주지는 못한 것이다.

상담 **71**

강간에 대해 연구한 것이 있노라고 게리에게 말한다. 강간의 방법, 수법, 필요한 정보 등은 다 알려져 있지만 왜 남자들이 강간을 하는지에 관한, 강간 동기 — 진짜 동기 — 에 대한 내용은 알려지지 않았다는 것이다. 왜 여성들이 — 왜 내가 — 강간을 겪은 후에 내가 행동한 것처럼 대응하는지에 대해서도 별로 알려진 바가 없다.

안전해지기 위한 방법으로 내가 왜 체형을 바꾸려고 애썼는지에 대해서도 마찬가지다.

그 고통스러운 경험이 내 일상생활에, 심지어 성생활에 어떤 식으로 영향을 주는지에 대해서도 그렇다.

언제 다시 좋아질 거라고 기대할 수 있는지에 대해서도 그렇다.

일기는 읽기가 힘들기는 했어도, 모든 기억의 상자를 열어 검토하고 연구한 결과다. 그러나 아직도 이해할 수 없는 것들이 있다.

강간으로 인해 뜻하지 않게 생긴 일, 즉 임신, 체중 증가, 불임 그 어느 하나도 이해의 실마리를 찾을 수가 없다. 그 일로 생긴 예기치 못한 문제는 여전히 고민해 볼 필요가 있거나 최소한 그 결과라도 하나하나 살펴봐야 하는 것이다.

내 삶은 그해 '이전'과 '이후'로 나뉜다.

일기를 보면 내가 확실히 자신감과 자존감이 부족하다. 그리고 글쓰기에는 재능이 어느 정도 있는데 그림이나 사진에는 없다는 점이 안타깝다. 자신을 표현할 수 있다는 것이 치료에서 열쇠와도 같은데 단어는 너무도 부족한 표현 수단 같다. 내 몸의 사이즈가 한 인간으로서 내 가치와 직결된다는 남들의 견해를 나도 받아들이고 있었다. 그러나 그것은 한 동료가 말한 대로 이런 문제일 것이다. 지옥행을 택하는 것은 자기 선택이다. 자신을 해롭게 하는 것 역시 자기 선택이다. 다른 사람으로 하여금 자기를 해치도록 내버려 둘지 말지는 자기 선택이다.

그렇다면 그 동료의 말대로, 내가 저절로 조절되는 상태에 나를 내맡긴 것일까? 선택권을 갖고 있는 것은 바로 나라는 사실을 아직 깨닫지 못하는 것일까? 만일 선택권이 있다면, 왜 스스로를 하찮게 여김으로써 자신에게 해가 되는 일을 하는 것일까? 그 대가가 무엇인가? 그 보상은 무엇인가?

게리는 고개를 살짝 끄덕여 동의를 표하면서도 아무 말도 하지 않는다. 내가 한 말이 그저 허공을 맴돌게 놔둔 채, 계속 이어 가기를 기다린다. 무언가 모호하면서 말로 잘 표현할 수 없는 기분이다. 갑자기 어떤 단어가 떠오르는데 그것은 질렸다는 것이다. 스스로 무언가 헤쳐 나가려는 의지를 보이지 않는 것에 질렸다. 만일 그렇게 안 했더라면 어땠을까? 하는 의문들에 질려 버렸다. 그에 대해 얘기하는 것에도 질렸다. 처음에는 질려 버린 것에 많이 놀랐지만, 곧 이것이 좋은 일임을 깨닫는다. 이것이, 드디어, 수용인 것이다.

비로소 이 느낌에 이름을 붙여 입 밖으로 크게 말할 때, 게리의 눈에서 어떤 표정이 읽힌다. 그것은 우리가 심리상담을 곧 마치게 될 것이라는 의미를 전달하고 있다. 그것을 어떻게 깨닫게 되었는지는 확실하지 않지만, 상담 초기에는 느껴 본 적이 없는 기분이 스치고 지나간다.

상담 72

상담 과정 중에 종종 게리의 소파에 올라가 어린아이가 되고 싶었지만, 그는 늘 내가 성숙한 여인으로서 감정에 대한 책임감과 통찰력을 가질 것을 강조해 왔다. 이제껏 해 온 것에 대한 보상으로, 그는 부담스러울 만큼의 친밀감으로 나를 대한다. 그것이 부담스러운 것은 이런 의문 때문이다. 이것이 지속될 수 있을까? 상담이 끝날 때 또 다른 상실감이 되어 버리는 것은 아닐까?

이런 생각은 나를 꼼짝달싹 못하는 딜레마에 갇히게 한다. 어떻게 해야 진정한 자아를 남에게 내보일 수 있을까? 우리 모두 다른 사람 앞에서는 가면을 쓰는데 친밀한 관계가 되지 않은 상태에서 가면을 벗는 것이 가능할까? 내가 다다른 결론은 이렇다. 그런 것은 당혹스러움이나 굴욕감 없이는 불가능하다, 될 수가 없는 것이다.

다른 사람들과의 친밀감, 혹은 친밀감의 결여는 나를 침묵하게 만든다. 누군가와 친밀할 때 더 상처받기 쉽기 때문에 입을 다문다. 이것이 내가 맞서야 하는 문제로 결혼생활에서도 마찬가지다. 필이 과거에 대한 진실을 알고 내가 어떤 사람인지를 완전히 알게 되면 떠날지도 모른다는 사실을 똑바로 직시해야만 한다. 그를 잘 알고 있지만, 그리고 그가 내게 보여 주는 사랑과 그를 향한 내 사랑을 확신한다고 해도 그것을 똑바로 봐야 하는 것이다.

성욕에 관해, 그리고 최근 필과 함께한 여행에 관해 얘기하기로 한다.

❦ ❦ ❦

숙소를 잡았다. 바다로 쭉 뻗은 해변이 보이는 방을 구해서 다행이다. 따뜻하고 포근한 데다가 성당처럼 높은 천장과 타닥거리며 타는 벽난로가 있는 방이다.

베란다에서 필과 함께 경치를 감상한다. 해는 졌지만, 달빛에 부드럽게 흔들리는 갈대숲의 장관이 수려하다. 갈대가 일렁이고 바닷물이 해변을 부드럽게 핥는 모습은 지친 영혼을 달래 주는 듯 평온하다. 필이 두 손으로 내 얼굴을 감싸며 키스해 준다.

한 식당에서 여유롭게 저녁을 즐기고 돌아온다. 필이 목욕을 권한다.

물을 틀어 놓으니 증기가 욕실 가득 뽀얀 안개처럼 차오른다. 거울을 본다. 여인의 몸이다. 하지만 때때로 아이의 감정을 갖고 있다. 바다 빛깔 샤워 커튼에 실루엣을 비추면서 한 손으로 유방을 훑고 다음에는 흉터를 만지고 나니, 몸소 아기를 안고 젖을 주기를, 따뜻하게 길러 내고 사랑하기를 얼마나 원하는지 깨닫고 새삼 놀란다.

목욕물을 평소보다 더 뜨겁게 한다. 마치 강간의 기억을 피부에서 다 태워 버리기라도 하려는 것처럼, 여전히 따끈한 목욕과 고통스러우리만치 뜨거운 목욕 사이를 오간다. 우선 발가락을, 다음에는 다리를 물에 담가 살갗이 장밋빛으로, 그 다음에는 분노의 빨간색으로 물들어 가는 것을 지켜본다. 억지로 물속으로 들어간다. 이내 부드럽고 몽롱한 잠에 빠져든다.

문을 세게 두드리는 소리와 함께 필이 욕실로 들어오면서 나를 깨워 욕조 밖으로 나오게 한다. 문 뒤에서 두꺼운 타월을 잡아 빼서 몸을 감싸고, 머리를 쓸어 준다. 필의 팔에 안기니 이제 다시 안전하다고 느낀다. 그는 말없이 침대로 데려다 눕혀 준다. 사랑을 나눌 때는 오랜 시간 억압되어 온 사람과도 같은 열정으로 그에게 다가간다. 오르가슴을 느끼면서 모든 것에서 해방된 느낌도 든다.

그 뒤로 잠이 오질 않아 파도가 바위에 부딪히는 소리를 듣고 있다.

곁에서 잠든 필의 부드러운 숨결이 피부에 와 닿는다. 그의 가슴이 살며시 오르락내리락한다. 그가 일어난 뒤 침대에 남기는 흔적은 그렇게 키가 크고 덩치가 있는 것에 비하면 거의 알아보기 힘든 정도다. 혼자만의 세계에 갇혀서 지낸 수년간 그에게 짐을 지운 것을 생각하면 마음이 아프다. 그는 훨씬 더 나은 대접을 받을 가치가 있는 사람이다. 막다른 골목에 몰린 듯한 기분으로 자꾸만 움츠러들 수밖에 없던 나를 필은 결코 이해하지 못했다. 그렇지만 내가 이런 기분에서 벗어나려 했던 날들을 알아주고 날 위해서 항상 곁에서 지켜봐 주었다. 진정한 의미에서 그는 나의 구원자다.

✌ ✌ ✌

게리는 내 이야기가 공중에 맴돌게 내버려 두고, 잠깐의 시간을 허락해 그날을 기억하도록 한다.

당신은 높은 다이빙 보드 위에 서 있습니다, 라고 게리가 말한다. 당신은 혼자입니다. 필과 내가 각각 양옆에서 바라보고 있습니다. 우리가 격려해 줄 수는 있지만, 그 위에서 당신은 혼자입니다. 무서워하지 마세요. 스스로 자신을 돌볼 수 있습니다.

이러한 말이 내게는 위로가 된다. 글로든 말로든, 비록 한순간일지라도 그런 말을 통해 친밀감이 느껴진다. 이제 심지어 나 자신의 말이 나를 서서히, 더할 나위 없이 천천히 위로하기 시작한다.

우리 각자는 경험에 있어 혼자예요. 눈을 들어 게리를 바라보면서 말한다. 우리는 공감할 수 있고 서로에 대한 연민을 키울 수는 있지만 상대방의 삶을 살아 줄 수는 없어요. 우리 감정을 공유하지 않고서는 진정으로 다른 사람이 어떻게 느끼는지를 알 수가 없어요. 저는 그런 친밀한 관계를 원해요.

그러자 게리는 이 순간 가장 적절한 말이 무엇인지 알기에, 내가 그런 친밀함을 이미 가졌노라고, 자신과의 관계가 그렇다고 말해 준다.

상담 **74**

 이제껏 정말 고생이 많으셨습니다. 내가 게리에게 말한다.
 상담실을 둘러본다. 이곳에서 편안함과 안전함을 느낀다. 그리고 게리를 떠올리게 하는 이곳의 냄새가 좋다. 여기 오던 시간을 그리워할 터라 마음속에서 슬픔이 인다. 그 감정을 밀어 두고 대신 필에 관한 얘기로 자연스레 넘어간다.
 그의 손, 입술, 몸이 내 위에 있을 때, '그'를 느낄 필요가 있다, '그'를 경험할 필요가 있다.
 우리가 맺는 관계를 통해 비록 어설프게나마 내 성향을 알게 되었다. 실수도 수없이 저질렀다. 조금씩 천천히 강간, 임신, 불임, 마지막으로 체중 문제가 우리 관계와 성욕에 영향을 주고 있음을 깨닫는다.
 내 정체성 — 부정적인 정체성이긴 하지만 — 이 이제 어느 정도는 익숙하다. 정체성은 행동을 지배한다. 정체성이란 다른 이들이 나를 어떻게 바라보고 판단하는가에 관한 나의 견해이기 때문이다. 그들이 나를 어떻게 규정짓는다고 보느냐에 따라 내가 나에 대해 어떻게 믿게 되는가가 달라지기 때문이다.
 필은 내 성욕에서 자신이 어떤 역할을 하는지는 알지 못하지만, 변함없이 꾸준하고 진실하다. 너무나도 폭력적이고 섬뜩해져만 갔던 머릿속 이미지가 우리의 만남 이후 거의 정상으로 돌아왔다는 것이 무엇을 의미하는지 그는 알지 못한다. 필이 성욕과 친밀감, 사랑의 의미를 가르쳐 주었다.
 그는 내가 만난 사람 중에 가장 많이 남의 감정을 배려해 줄 줄 아는 사람이다. 사생활을 철저하게 존중해 주고, 무슨 일이 있어도 내 곁에 있으리라는 확신을 주면서도 내게 강요한 적이 한 번도 없다. 그의 아름다운 갈색 눈동자를 들여다보면서 내 세상을 경험한다. 내 마음은 그의 것이다.

  게리를 보면서, 진정으로 내 말을 잘 들어주고 배려심이 깊은 사람이란 것을 새삼 느끼며 다시금 슬퍼진다. 이제는 그가 나를 인도하게 하지 않을 것이며 나 스스로 나의 길을 찾아갈 것이다.

  끝이다. 거의 다 왔음을 알고 있다. 이제 그가 이런 내 감정을 해석하는 데 도움을 주지 않을 것이라 생각하니 길을 잃은 것만 같다. 그가 말한 대로, 내가 내 길을 그려 가야만 할 것이다.

상담 **78**

오늘 아침 게리를 빨리 만나고 싶은 마음이 간절하다. 지난 상담 이후 일어난, 왠지 거슬리는 일에 대해 말하고 싶어서다.

❦ ❦ ❦

스파에서 하루를 보내게 되었다. 은은한 살구색과 연한 회색의 로마풍 무늬로 아름답게 장식된, 무척이나 멋진 곳이다.

마사지사가 나를 이끌고 건물 2층에 있는 별도의 장소로 데려간다. 그녀는 젊고 아름다운 피부에 머리카락은 길고 곧은 흑발이다. 우리가 쓰게 될 방의 문을 연다. 이곳도 잔잔한 살구색과 회색으로 꾸며져 있는데 훨씬 더 아름답다. 문 안쪽 가까이에 거대한 기둥이 두 개 있고 그 사이에 보드랍고 얇은 막이 드리워 있다.

사랑스러운 진초록의 담쟁이덩굴이 기둥 한쪽을 감고 뻗어 올라, 막을 지나 다른 한쪽에 반쯤 걸쳐져 있다. 두 기둥 사이에는 한 여인이 그려져 있다. 로마식 온천에서 우울한 표정을 하고 있는 루비네스크(루벤스의 그림에 등장하는 살집 있고 통통하며 육감적인 몸매의 여성을 일컬음—옮긴이)다.

기둥 앞에는 푹신한 굴빛 의자 두 개가 놓여 있다. 마사지사는 나를 이끌어 옷을 벗게 하고 보풀보풀한 타월 가운과 슬리퍼를 내준다. 커피를 권하고는 바로 가까운 곳으로 사라진다. 기계가 켜지고, 다음에는 스테레오 켜는 소리가 들린다. 부드럽고 달콤한 음악이 방 안을 가득 채운다. 돌아올 때 그녀는 평상복이 아닌 일할 때 입는 옷차림이다. 신발은 신지 않았다.

마사지 테이블 가운데 한 곳으로 안내된다. 그녀는 우선 뜨거운 랩을 씌울 거라고 설명한다. 준비가 되자, 안마를 하고 뜨거운 오일로 문지른 다음 따뜻한 호일로 내 몸을 감싼다. 다음에는 얼굴 마사지를 해 주고, 전신 마사지로 이어진다. 기분 좋은 자극이다.

엎드리라는 주문을 한다. 그녀의 손이 감미롭게 다리를 어루만지다가 엉덩이, 허리, 어깨, 다리, 손까지 훑어 준다. 이번에는 바로 누우라고 주문하고 다시 똑같은 동작을 반복한다. 다리 위쪽으로, 허벅지, 다음은 배까지 만져 준다. 월경할 때가 거의 다 되었는데 마사지를 받으면 긴장을 푸는 데 도움이 되는지 물어본다. 월경 중이거나 바로 직전인 여성들이 다리, 허벅지, 아랫배를 집중적으로 마사지해 달라는 경우가 많다고 그녀가 말해 준다.

그녀의 손이 엉덩이뼈로 움직인다. 양손의 손가락으로 뼈 주변에 작은 원을 그리고 아랫배로 내려간다. 복부 근육이 긴장될 거라고 말하면서 다소 세게 힘을 준다. 왼쪽 엉덩이뼈로 손을 옮겨 반복하면서, 문지르고, 풀어 주고, 더 위쪽으로 마사지해 올라간 다음에 끝을 낸다. 그 다음 한 손을 다른 손 위에 겹쳐 다른 쪽으로 진행해 가서, 복부 근육을 한 번 더 깊게 만져 준다. 경련이 잔물결처럼 너무도 부드럽게 잦아든다. 두 눈 가득 고이는 눈물에, 그녀는 물론 나조차도 놀란다. 그녀는 무엇이 잘못되었느냐고 묻는다. 다른 일 때문에 감상적이 되었다고 말하지만, 실은 아기를 생각하고 있다. 그녀가 지금 나를 만져 주는 것처럼, 아기를 낳았을 때도 누군가 나를 어루만져 주기를 얼마나 간절히 바랐는지 모른다.

❦ ❦ ❦

얘기를 마칠 때쯤 훌쩍이고 있다.

이제 아기를 떠나보내야 합니다. 그 아기를 아직도 살려 두는 것은 바로 당신이거든요. 게리의 말이 다시 나를 지금 여기로 데려온다.

175

두 뺨에 눈물이 흐른다. 어떤 식으로든 거의 매일같이 아기를 생각한다. 나 스스로 계속해서 강간을 겪도록, 계속해서 임신 상태에 있도록, 계속해서 딸아이를 그리워하도록 놔두고 있는 것이다.

수년 동안 내 속에 아기를 품어 왔다는 말이 맞다. 이제 아기를 떠나보낼 때가 되었지만, 내 몸은 임신에 뒤따르는 일련의 과정을 마무리할 수 있길 간절히 원하는 것이다. 내 속에서 아기가 나오는 것은 느꼈어도 아기를 안거나 젖을 물려 보지는 못했다. 그래서 아기를 내 안에 품어 온 것이다.

상담 **82**

가장 심오한 배움과 통찰은 오히려 그다지 기대하지 않은 때에, 또는 두려움이나 절망이 극에 달한 때에 찾아든다. 최근의 깨달음 역시 마찬가지다. 그 깨달음은 단순하지만 심오한 것이었다. 죄책감은 필요 없는 것이 아니었다. 죄책감을 느낀다는 것은 내게 일어난 모든 일에 대해 스스로 통제할 수 있었다는 의미이기 때문이다. 통제력이 없다면, 내 삶이라는 말 자체가 성립할 수 없는 것이다.

오늘 게리를 만나 이것을 설명하고 싶은데, 적절히 설명할 수 있을 것 같지 않아 짜증이 나기도 하고 혼돈스럽기도 하다.

※ ※ ※

침대에 눕는다. 피곤한 하루였기에 심하게 지쳐서 컨디션이 썩 좋지 못하다. 한두 시간쯤 편히 쉬고 나면 너끈히 일어나서 저녁 준비도 하고 일을 좀 더 할 수 있을 것이다. 옷을 입은 채로 드러누워 이불을 끌어당긴다.

갑자기 무슨 일이 일어난다.

플래시백이나 악몽 같은 것이 아니다. 일종의 회상으로 또렷하게 떠오르는 기억이다. 다시 그 집에 가 있다. 순간순간이 그 옅네 시간 속에 묻혀 있다.

내가 나 자신 안에 있다. 그렇게 오랜 시간 동안 그 집에서 나는 바깥에서 안을 들여다보는 듯이 느껴졌는데, 이제는 내 피부 속에 내가 있다. 등을 대고 그 매트리스에 누워 있다. 그 냄새를 맡을 수 있다. 퀴퀴하고 끔찍하게 지저분한 냄새다. 무릎이 세워져 있다. 속옷과 스타킹이 벗겨져 있고 청치마는 맨 위쪽 고리만 걸린 채다. 말을 하려 하지만 그가 내 턱을 부숴 놓아 턱을 움직일 수가 없다. 입술은 부풀어 올라 있고 피 맛이 느껴진다. 블라우스와 치마는 열어 젖혀져 있고, 두 손은 묶여 있다.

그는 무릎을 꿇고 내 오른편에 앉아 있다. 한 손은 내 안에다 집어넣고 다른 한 손은 도구를 쥐고 있다. 둘이서 격렬하게 몸싸움을 벌인다. 나는 왼쪽 팔꿈치를 짚고 일어나려고 애를 쓰면서 그의 스웨터를 잡는다. 손가락 사이로 스웨터의 감을 느낄 수 있다.

그는 나를 해치겠다고 낮은 소리로 말하며 나를 바라본다. 그것도 내 두 눈을 똑바로 본다. 지금도 너무나 선명하게 기억한다. 감정이 결여된 그 냉혈한 같은 눈빛에 소름이 끼친다. 그는 왼손으로 다시 내 왼쪽 옆구리를 세게 내리치는데, 그의 손이 치마를 뚫고 살을 파고든다.

그때 실감했다. 내가 아주 하찮은 존재라는 것을.

나 자신이 하찮은 존재에 지나지 않는다는 것이 내게는 일종의 철학이 되었노라고 게리에게 말한다. 이것이 태도, 주장, 믿음, 입장, 의견이 되었다. 내가 믿는 바이자 정서가 된 것이다. 이것이 나 자신에 대한 확신이 되었다. 이것이 내가 된 것이다.

상담 83

지난 상담 이후 생긴 일련의 일들로 엄청난 행복감에 빠져, 소파에 몸을 기대기도 전에 얘기를 시작한다.

❦ ❦ ❦

 그 집에 갇혀 있었던 열네 시간 중 아주 짧은 순간이었지만, 그 순간을 되살림으로써 나는 실로 놀라운 것을 통찰하는 경험을 할 수 있었다. 그 순간 이전에도 은근히 그런 생각이 들긴 했지만, 막연히 생각하던 것에서 벗어나 고통에 이름을 붙임으로써 변화가 생겼다. '나를 하찮은 사람으로 대하기'가 그 이름이다.
 그 깨달음이 강렬하고 고통스럽지만, 전환점의 역할을 충분히 해냈다. 나는 옷장 속 괴물을 본 것이며 그것이 나라는 사실에 깜짝 놀란다. 내가 스스로를 대해 온 방식 자체가 고통의 원인이 된 것이다.
 지난번 상담을 받은 날 저녁에 거울에 비친 내 모습을 들여다보면서 서 있었다. 양손, 가슴, 엉덩이 위에 흉측한 흉터가 남아 있다. 턱은 영구적 손상을 입었으며, 눈은 망막 전문의에게 수술을 받은 덕분에 거의 문제없이 볼 수 있다고는 하지만 망막 안 작은 구멍에 고인 피 때문에 눈 속에 점이 두 군데 남아 있다.
 어느 누구도 원치 않는 신체적이고 감정적인 경험을 한 것이다.
 수년에 걸쳐서 거울을 보면서도, 자신을 생존자로 본 것이 아니라, 나이 어린 피해 여성으로 본 것이다.
 내 안 깊숙한 데서 끄집어 올린 용기와 은근한 끈기를 보지 않고, 패배를 본 것이다.

몇 주 전에야 비로소 느꼈다. 이것은 일종의 선택에 관한 문제이며, 이제는 그것을 끝내야만 한다는 것을.

거울을 들여다보면서, 남편과 결혼한 사실이 축복으로 느껴졌다. 그가 안팎으로 내 상처를 안은 채 나를 받아들여 주었다. 나를 사랑해 주었고 돌봐 주었으며, 한 번도, 단 한 번도 함부로 대한 적이 없었다.

그날 저녁, 우리 관계를 시험대에 올려놓을 때가 왔다고 결심했다.

사나흘 뒤, 몬트레이만 근처 우리가 좋아하는 레스토랑에 그를 데려갔다. 최근 몇 차례의 상담 결과를 들려주자 그는 흥미를 보이면서도 내게 상처가 되는 질문은 하지 않으려고 조심했다.

테이블 위에 일지를 쓴 노트를 올려놓고 그에게 내밀었다. 읽기가 쉽지 않을 테지만, 이제는 당신과 함께 공유할 준비가 되었다고 말했다.

기다림은 길었다. 그는 토요일 내내 그것을 읽어 내려갔다. 그의 반응을 알고 싶은 마음이 간절했지만, 그가 읽는 동안에 같은 방에 있을 수가 없었다.

그는 여덟 시쯤 침실에 들어와 내 곁으로 와 주었다. 그의 뺨에 눈물 자국이 남아 있었는데, 너무나도 낯선 모습이라 겁이 나서 잠시 동안 내가 울기도 했다. 그는 최대한 오랜 시간 나를 꽉 끌어안고 서서는 내가 무슨 일을 겪었는지 전혀 알지 못했다는 말만을 했다.

그날 저녁 늦도록 얘기를 나누면서, 필은 나를 해한 사람들에 대한 분노, 내가 오랜 시간 견뎌 온 것에 대한 감정이입·공감·경외감 등 감정적으로 심한 격정을 느꼈다. 기분이 고양되어 이 기회를 빌려 그렇게 오랫동안 마음에 묻어 두었던 말을 베스트 프렌드인 그에게 털어놓는다. 그리고 진실을 받아들일 수 있을 만큼 우리 관계가 단단한 것에 감사한다고 말한다. 그에게 아기를 안겨 줄 수 없기에 내가 느끼는 감당하기 힘든 슬픔을 그는 함께 나눠 주었다. 그 슬픔은 늘 나를 따라다니겠지만, 이제는 그것이 내 삶을 지배하거나 짓밟지는 않을 것임을 안다.

❦ ❦ ❦

  이 시점에 이르기까지 강도 높은 상담 작업이 결정적인 역할을 했다고 게리에게 말한다. 매 순간 흘렸던 그 모든 눈물, 밖으로 드러난 그 모든 두려움, 함께 나눈 그 많은 생각. 그 모든 순간순간 덕분에 지금의 내가 있는 것이다.
  휴지를 집어 든다. 그는 다리를 꼰 채 이제 일어날 시간임을 신호로 알려 주지만, 문까지 배웅하러 일어서지는 않는다. 대신에 이제 알아차릴 수 있게 된 친밀감의 순간을 공유한다. 자신을 신뢰해 준 것, 그리고 자신이 내 얘기를 공유하게 된 것을 자랑스럽게 여긴다고 말한다. 나 역시 인생에서 게리를 만난 것을 영광으로 생각한다.

상담 89

지난 몇 달간 석사 학위에 필요한 과제를 수행하느라 상당히 오랫동안 분주했기에 상담은 거의 없다시피 했다. 상담 주제는 대부분 내 경험을 내 연수 과정에 가장 잘 통합할 수 있는지에 초점이 맞춰졌다. 게리는 여전히 내게 심리상담가지만, 그의 역할은 이제 정신적 스승이라고 하는 편이 맞을 것이다.

우리는 다시 한 번 심리상담의 결말을 얘기한다. 이제 때가 된 것이다. 게리가 가르쳐 주어야 했던 것을 배웠고, 우리 둘 다 그 사실을 알고 있다.

그는 상담을 마무리 짓는 일을 군더더기 없이 진행한다. 이런 일에 익숙하지 못한 나와는 달리, 능숙하게 해낸다.

우선 그간의 진척 과정을 되짚어본다. 특히 침묵의 시기를 살펴본다(비밀의 시기라고 부를 수도 있겠지만 '비밀'이라는 말이 부정적인 뜻을 담고 있어서 쓰고 싶지 않다). 이 시기에 대해서는 필과 게리 둘 다와 이야기해야 했다. 침묵에 잠겨 있었던 것은 크게 네 가지다. 주차장 폭행, 강간, 임신, 불임. 필에게 말해야만 하는 것을 모두 말했다는 사실이 너무나도 뿌듯하다. 보너스라면 체중이 어떤 식으로 강간과 성욕에 연관되는지에 관한 문제다. 이 문제는 내가 상담에서 다루고 싶은 주제는 아니었지만 게리가 가르쳐 준 기술을 통해 이제 얘기할 수 있을 것 같다.

문제 해결 능력은 어떤가? 이 문제에 관한 한 항상 잘해 왔다는 것에 둘 다 동의한다. 애초의 목표 가운데 하나가 날마다 직업적으로 사용하는 문제 해결 능력을 개인 생활로 연장하는 것이었다. 이제 이 목표를 이뤄 낸 것으로 자신감을 얻어, 앞으로의 문제도 해결해 나갈 수 있을 것이다.

그렇게 될 날을 기다리고 또 기다린다. 아무튼 필과의 관계에서는 안정감을 느끼므로 어떤 주제에 관해서건 그와 얘기를 나눌 수 있다. 더불어서, 문제에 직면할 때에 내가 기대고 있는 방어 기제를 분석할 수 있고, 어떻게 해야 가장 잘 해결할 수 있는지를 결정할 수 있다. 선택 가능한 대안은 얼마든지 있다.

상담 94

한동안 상담의 종결에 대해 준비해 왔다. 게리가 상담실로 안내한다. 마지막이 될 다음 상담에서는 복잡 미묘한 심정이 될 것 같다. 일종의 아쉬움, 그리고 이제 끝난다는 슬픔이 크지만 다른 식으로 받아들이려고 애를 쓴다. 그의 눈을 보면서 만족감만을 느낀다. 예상처럼 그가 아주 절실하게 필요할 것 같지는 않다.

함께한 시간에 대해, 또 감정적으로든 심리적으로든 나 자신의 잠재력을 확인할 수 있게 이끌어 준 그의 열정에 감사한다.

오늘은 22년 전 아빠가 돌아가신 그날이다. 오래전 그날을 생각하면서 슬픔이나 상실감으로 인한 눈물이 아닌, 아빠가 내 인생에서 함께해 준 데 대한 감사의 눈물을 흘릴 수 있게 되었다. 아빠만의 개성, 내가 아주 많이 아빠를 빼닮은 것, 그리고 아빠의 습관, 사랑, 미소, 이 모든 것에 감사한다. 그런 까닭에 게리의 상담실에 앉아 아빠에 대해 생각한다.

상담을 시작할 때 나는 첫 상담에서 모든 게 드러나지는 않을 것을 알고 있었다. 다섯 번째, 혹은 스무 번째 상담이 되어도 마찬가지리라는 걸 알고 있었다고 게리에게 얘기한다. 사실 몇 주 동안은 아무것도 새로이 도움 되는 것이 없었고, 둘의 시간과 나의 돈을 낭비하고 있을지도 모른다는 생각에 지친 적도 있었다. 그렇지만, 이 기간이야말로 스승과도 같은 역할을 했다. 당연한 감정을 부인하고 있었을까? 표면 아래에서 감정을 억누르고 있는 것일까? 그랬다. 대부분의 경우에는 그랬다. 게리의 신중한 배려와 공감해 주는 성품 덕분에 마침내 이 기간을 인정하고 여기에도 의미를 부여할 수 있게 되었다.

내가 계속 말한다. 그를 만나기 전, 저는 그때 그 집에서 정말 몸서리칠 정도로 나오고 싶었어요. 오로지 바라는 것이라고는 매트리스 위에서 강간을 겪은 제 자신의 이미지를 잊는 것이었습니다.

하지만 그것이 내 현실이 아님을 깨닫게 되었다. 그 집 밖으로 나를 빼낼 수 있다 해도 그것이 나를 자유롭게 만들지는 않았을 것이다. 내 감정, 내 생각, 특히 그날의 내 행동, 또 그 뒤에 이어진 내 행동을 수용하기 위해서는, 매트리스 위에서 보낸 열네 시간을 헤쳐 나오도록 내가 나 자신을 도와야 하는 것이었다. 그렇게 해야만 내가 겪은 그 흉악한 일을 이해할 수 있게 되고 더불어 나 자신에게 연민을 보일 수 있게 되는 것이다.

게리는 다시 찾아와도 언제든 환영이라는 말을 해 준다. 이런 안전망이 있어서 얼마나 고마운지 모른다. 그가 언제나 날 위해 그 자리에 있어 준다는 것만으로도 힘이 생긴다.

나는 소중한 친구의 곁을 떠나려 한다. 상담을 완수한 것이 마음 한가득 자랑스럽기는 해도, 벌써부터 그가 그리운 것은 어쩔 도리가 없다.

상담 95

나의 독립기념일이 우리의 마지막 상담일과 함께 찾아왔다.

소소한 일상의 대화를 나누고 작별인사를 하면서, 함께한 시간을 통해 내가 배워 온 것을 간략하게나마 게리에게 얘기한다. 이는 열아홉의 내가 상담을 하러 온다면 들려주고픈 얘기이기도 하다.

나는 그녀에게 그것이 자신의 잘못이 아니었다고 말해 줄 것이다. 그때도 아니었고, 지금도 아니며, 한 번도 그녀의 잘못인 적이 없었다고 말해 줄 것이다.

함께하는 시간 동안 다양한 감정의 스펙트럼을 겪게 되겠지만, 그 감정의 의미는 곧바로 이해되기보다는 다른 어떤 것에 더 긴밀하게 연결되어 있을 것이라고 말해 줄 것이다.

무엇을 입었건, 무슨 말을 했건, 어떤 행동을 했건 간에 강간을 겪었어야 할 이유는 전혀 없었다고 들려줄 것이다.

잠을 잘 수 있게 될 때, 악몽은 마침내 사라질 것이라고 말해 줄 것이다. 하지만 방심하고 있을 때 다시 찾아올지도 모른다는 걸 알려 줄 것이다.

3년에 걸쳐 받은 상담이 언제나 앞뒤 논리 정연했던 것처럼 제시하고 싶어도 그렇게 하지 않으려고 애쓸 것이다. 실제로 그렇지 않았기 때문이다. 오히려 여기저기 올이 풀린 누더기마냥 정돈되지 못했고, 입 밖으로 뱉지 못한 숱한 혼돈의 말들이었다.

혼자서 명상에 잠길 때 마음을 휘저어 놓는 낯설고 여린 감정은 누군가와 나눌 수 있을 때에 훨씬 덜해질 것이라고 말해줄 것이다.

받아들일 수 없는 것을 받아들이는 일은 지극히 힘든 것이며, 그 저항감으로 인해 기운이 다 소진될 것이라고 얘기할 것이다.

외상후 스트레스 장애에 대한 치료는 힘들지만 중요하다고 얘기할 것이다. 그리고 나아지기 이전에 더욱 나빠질 수도 있음을 알려 줄 것이다.

삶에서 친밀감과 사랑을 다시 경험할 수 있을 것이며, 그것은 아마도 오히려 기대하지 못한 영역에서일 것이라고 말해 줄 것이다.

죄책감과 수치심은 대부분의 강간 피해자가 겪게 되지만, 너무 신경 쓰지 말라고 얘기해 줄 것이다. 그것은 아무데도 쓸모가 없는 것이다.

그녀에게 때가 되면 다시금 사람들이 마음속으로 들어올 수 있게 된다고 알려 줄 것이다. 사람들을 받아들이는 순간이 올 것이며, 이 역시 때가 있기에 충분히 여유롭게 시간을 갖는 일이 무엇보다 중요하다고 말해 줄 것이다.

하지만 무엇보다도, 그녀가 혼자가 아니라고 말해 줄 것이다.

에필로그

몬트레이 만이 바라다 보이는 곳에 앉아서 이 글을 쓰고 있습니다. 풍경이 하루 중 가장 아름답게 무르익는 이 시간, 꿈속 같은 회색빛 뭉게구름이 수달, 물개, 펠리컨과 함께 만을 끌어안습니다. 방 창문 옆으로, 민박집으로 올라가는 언덕을 따라 영국식 정원이 펼쳐져 있고 벌새들이 이 식물에서 저 식물로 옮겨 다니고 있습니다. 강간이 일어난 곳에서 네 시간가량 떨어진 곳입니다. 그러나 한평생만큼 멀리 떨어진 곳에 있는 것입니다. 이제 더는 나를 짓누를 수 없습니다.

이제는 기억에 지나지 않습니다.

남편은 곁에 앉아 일을 하고 있습니다. 꿈속에서 그랬던 것처럼 자판을 치고 있습니다. 나는 이런 생각을 합니다. 이젠 안전하고, 더는 외롭지 않다고. 필과 나는 완벽하게 서로를 공유하며 그 어느 때보다 더 친밀하고 소중한 관계를 유지하고 있습니다.

3년 전에 심리상담을 끝낸 후, 나 역시 심리상담가가 되었습니다. 다른 이들이 강간의 상처에서 회복하는 것을 돕는 이 일은 상담의 영역을 넘어서 다양한 방법을 모색하는 것으로 확대되고 있습니다. 하지만 내담자에게서 얻게 되는 정보가 앞으로 노력할 방향을 정하는 데 중요한 역할을 합니다.

상담은 역시 복잡한 일입니다. 매우 긍정적인 결과를 경험하기도 하지만, 늘 그런 것은 아닙니다. 도움을 요청하고 받는 감정적인 문제 외에도 상담에 들여야 할 시간, 정성, 비용을 생각하면 엄두가 나지 않을 수 있습니다.

강간 피해자를 상담할 때면 언제나 받게 되는 질문이 있습니다. 거의 모든 내담자가, 내가 강간 피해자인지를 묻습니다. 그러면 상담 초기에 나도 게리와 그런 이야기를 나눈 기억이 떠오릅니다. 내담자의 경험을 다 이야기하지 않은 상태일 때에도 나는 항상 그 질문에 그렇다고 똑바로 대답했습니다. 물어 온 내담자마다 말로 다 할 수 없는 안도의 한숨을 내쉬는 것을 봅니다. 유사한 신체적 사건을 겪어 자신을 이해해 줄 수 있는 사람, 굳이 모든 걸 말하지 않아도 빨리 알아듣는 사람을 찾은 것입니다.

내가 강간 피해자라는 것을 알고 나면 내담자들은 하나같이 수많은 질문을 쏟아 냅니다. 어떻게 상담을 하게 되었는지, 힘들지 않았는지, 어떤 점이 가장 도움이 되었는지, 상담은 얼마나 오래 하게 되는지… 힘겨운 질문을 하는 그들의 용기에 나는 감명을 받습니다. 내가 아닌 그들을 위한 자리인 만큼 대답은 최소한으로 해 둡니다. 하지만 이런 식으로 얘기를 주고받다 보면 회복에 관한 정보가 더욱더 절실함을 알게 됩니다.

낯선 사람에 의한 강간이든, 아는 사람에게 겪은 강간이든, 20분 전에 있었든 20년 전에 있었든, 날 찾아온 강간 피해 내담자들, 그리고 다른 강간 피해자들이 모두 부닥치는 어려움을 덜어 주기 위한 방법으로 책을 쓰기로 했습니다.

책을 씀으로써 직접 사람들을 만날 때보다 훨씬 더 많은 사람들을 접할 수 있었습니다. 『그녀의 불편한 진실』은 나의 두 번째 책입니다. 첫 책 『Hours of Torture, Years of Silence (고문의 시간, 침묵의 세월 — 옮긴이)』은 강간 그 자체와 더불어 강간이 내게 미친 후속적인 영향에 관한 것입니다. 강간 그 자체에 대한 더 구체적인 내용을 담고 있으며, 상담의 여정과 마침내 얻은 치유에 관한 내용을 시간순에 얽매이지 않고 기록한 책입니다.

또한 내 웹사이트 RapeRecovery.com는 강간 극복을 전문적으로 다룬 정보를 담고 있습니다. 이곳을 방문하면 집에서 개인적으로 편히 정보를 이용할 수 있습니다.

　여러분이 사는 곳에 있는 심리상담가를 알아보고 싶으면 내 웹사이트를 방문하여 자료를 구하면 됩니다. 혹은 여러분의 얘기를 공유하고 또 회복에 있어서 내가 어떤 식으로든 도움을 줄 수 있다면 이메일을 보내 줘도 좋습니다. 항상 건강하길 바라면서 이만 줄입니다.

2
감정·정신·육체·성적 치유

❶ 감정 치유

많은 여성들이 외상후 스트레스 장애(PTSD)의 다양한 양상을 경험합니다. PTSD는 의학적인 진단으로, 약점으로 인식하기보다는 강간이라는 전혀 예상치 못한 일을 겪은 데 대한 예상 가능한 반응으로 이해해야 합니다.

다음 내용은 PTSD 증상을 요약해 놓은 것입니다. 증상의 지속 시기는 최소 한 달이며 삶에 심각한 영향을 줄 수도 있습니다.

1. 외상에 노출됩니다.
2. 악몽, 플래시백, 꿈, 문득문득 떠오르는 기억의 형태로 외상을 반복해서 경험합니다.
3. 자기감정에 무감각해지면서 가족, 친구, 사회 활동, 직업 활동에 대한 관심이 줄어듭니다.
4. 자극에 예민해지고 수면 장애(불면증 혹은 지나친 수면), 분노, 과민 반응 같은 지나친 각성 증상이 나타납니다.

강간을 겪은 사람 모두 PTSD 증상으로 고통을 받는 것은 아닙니다. 나이와 성숙도, 기간과 심각한 정도, 피해 범위 등 다양한 요인에 따라 강간 같은 극심한 스트레스에 각기 다른 반응을 나타내게 됩니다. 게다가 가족, 친구, 접촉하게 되는(혹은 접촉하지 못하는) 경찰, 정신과나 상담실에 있는 사람들의 반응 같은 요인이 우리가 경험하는 증상의 심각성에 막대한 영향을 끼칠 수 있습니다. 연구 자료에 의하면, 피해자 가운데 3분의 1 정도가 강간으로 인해 PTSD 증상을 어느 정도 경험하고 있습니다.

* 『정신장애의 진단 및 통계편람』, 개정판 4쇄 ⓒ미국정신의학회, 2000.

내가 겪은 것이
강간인가요?

✍ 경험자 견해

스스로 강간을 겪었는지 알지 못했다는 것은 지금 생각해 보면 우스운 일 같지만, 그만큼 혼란스러웠어요. 수년 동안 가장 친한 친구의 오빠와 알고 지냈고 그에게 끌린 것도 사실인데, 성적인 장난을 치기도 했지만, 이전에는 순수하기만 했던 그의 구애가 강제적인 성격을 띠게 되었을 때 상처를 많이 받았어요.

아마도 사건 이후에 가장 해방감을 느낀 순간은 심리상담가가 내게 PTSD라는 진단을 내린 때였을 거예요. 누군가가 당시 내가 겪고 있는 것을 명명할 수 있다면, 회복도 가능하리라 생각했어요. 의학적 검사 결과를 기다리는 상황에서는 아무것도 발견하지 못하는 것이 가장 난감하니까요. 진단이 내려진 이상 치료가 가능하다고 느낍니다. ___조, 25세

✚ 전문가 견해

: 강간 : 우리는 흔히 강간범이 얼굴 없는 괴물이며 피해자를 대로변에서 낚아채어 간다고 생각합니다만, 많은 여성들은 낯선 이가 아닌 아는 사람한테 강간을 겪습니다. 강간의 정의는 매우 분명합니다. 만일 누군가가 동의 없이 성적인 행위를 가한다면 당신은 강간을 겪은 것입니다. 그것이 전부입니다. 몸이 당신 자신의 것이라는 점에서 어떤 착오도 일으키지 마세요. 그 누구도 당신이 원치 않는 행동을 강요할 권한은 없고, 만일 그런 일을 한다면 그 결과를 책임지게끔 만들어야 합니다.

사회 집단의 경계는 점점 더 흐릿해지고 있지만, 우리는 자신만의 영역

경계를 정의할 선택권과 의무감을 함께 지니고 있습니다.

다음과 같은 상황에 놓여 있었다면 그것은 동의한 것이 아닙니다.
- 강제로 시켜서 행위를 한 경우
- 협박당한 경우
- 마약이 투약되거나, 술에 취한 경우
- 의식이 없는 상태인 경우
- 미성년자인 경우
- 발달 장애가 있는 경우
- 병원에서 시술을 받고 있는 중인 경우

성교뿐만 아니라 다음 경우도 성적인 폭행으로 취급될 수 있습니다.
- 원치 않는 때에 페니스, 입, 혀, 손가락 또는 물건이 항문 혹은 질 안으로 삽입된 경우
- 키스, 애무, 터치, 원하지 않는 육체적 접촉
- 구강 성교(강제로 시켜서 행하거나 받게 된 경우)
- 자위(강제로 시켜서 행하거나 보게 된 경우)
- 의료인에 의한 불필요한 체내 검사

데이트 강간도
진짜 강간인가요?

✎ 경험자 견해

그래요. 새로운 관계로 발전할 것으로 기대한 데이트에서 강간을 겪었음을 서서히 깨닫기 시작했습니다. 저녁식사도, 영화도 너무나 근사했는데 그가 끝없이 나를 더듬기 시작하자 불안해졌어요. 집에 바래다달라고 했을 때, 그는 자신이 너무 앞서가서 미안하다며, 동네에 있는 호수를 차로 한 바퀴 돌자고 했습니다. 워낙 진지하게 미안해했는데, 호수에 다다르자마자 돌변했어요. 그가 얼마나 차갑게 변하던지 비열하다고까지 말할 수 있을 정도였어요. 여러 차례 그만하라고 했지만 계속 밀어붙여 내 체내에서 사정하기까지 이르렀어요. 참담한 상태에서 난 울음을 터뜨렸고 이에 그는 더욱 화를 냈습니다.

엄청나게 오랜 시간 스스로를 책망했지만, 심리상담가는 내가 강간 피해자임을 깨닫게 해 주었습니다. 강간은 누군가가 내 의지에 반하여 어떤 일을 하는 것이니까요.

받아들이기 어려운 부분은 그를 너무나도 잘못 판단했다는 것입니다. 몰랐던 만큼 앞으로 많이 배워야 할 것 같아요. ──졸린, 19세

✚ 전문가 견해

강간: 당연히 그렇습니다. 강간은 동의 없이 가해진 모든 종류의 성적 행위입니다. 아는 사람이든(지인 강간), 데이트 도중이든(데이트 강간), 혹은 혼인관계에 있든지 간에(부부 간 강간) 상관이 없습니다.

데이트 강간은 낯선 이에 의한 강간과는 다른 문제를 많이 안고 있으며 강간 사건 가운데 가장 신고율이 낮습니다. 고소를 하는 경우 피해자는 강간

범의 가족과 친구로부터 앙갚음당할 염려를 할 수도 있습니다. 뿐만 아니라 경찰이나 검찰 등에 의한 이차 피해를 입음으로써 한층 심화된 외상을 겪는 것을 두려워할 수도 있고 자기 비난과 수치심을 느낄 수도 있습니다.

데이트 강간과 지인 강간의 피해자는 종종 다른 사람을 믿기 어려워하며 자신의 판단에 의문을 제기하는 경우가 많습니다.

데이트 강간은 흔히 술과 마약이 사용된다는 점과 교내에서 많이 일어난다는 점을 주목해야 합니다. 데이트 강간 피해자 상당수가 죄의식 및 수치감 때문에 신고하지 않는다는 점에서 이 문제는 대단히 중요합니다.

뿐만 아니라 남녀 간 의사소통에서 생기는 오해, 즉 "그녀가 원했다"(입으로는 '아니오'라고 했지만 눈은 '네'라고 했다.)는 식의 태도가 많은 데이트 강간에서 요인으로 작용합니다. 실제로 일부 남성의 경우에는 여성이 거부 의사로 몸부림칠 때 성적 반응을 더 크게 경험하기도 합니다.

데이트 강간으로 이어질 수 있는 상황을 피하기 위해서 할 수 있는 행동을 알아 두세요.

- 성적인 접촉에서 본인이 허용하는 정도와 시간을 정해 두세요.
- 이것을 데이트 상대에게 말로 분명하게 그리고 직접적으로 전달해야 하며, 어떤 식으로 받아들여지는지 지켜보세요.
- 데이트 도중에 의존적으로 행동하지 말고, 불편한 장소에는 가지 않으며, 항상 여윳돈을 가지고 혼자서도 집에 올 수 있도록 하세요.
- 술에 취해 정신을 잃지 않도록 맑은 정신을 유지하며, 자신의 행동을 조절할 수 있도록 하세요.
- 자신의 육감을 신뢰하여 불편하다고 느끼는 상황에서는 반드시 몸을 피하세요.
- 위험에 처했다고 느껴질 때 즉시 도움을 청하세요.

데이트 강간 마약이 무엇인가요?

✍ 경험자 견해

어느 날 저녁 친구와 함께 바에 갔다 와서 강간을 겪었음을 알았는데, 기억이 나서가 아니라 집에 데려다 준 남자들이 찍은 사진 때문이었어요. 이 사진이 교실에 돌아다녔던 것입니다. 수치스러운 것은 말할 것도 없고 그들이 이런 짓을 한 것도, 우리가 너무 취해서 알아채지 못했다는 것도 모두 믿을 수가 없었어요.

단 한 가지도 기억할 수가 없었어요. 그날 저녁의 그 몇 시간보다 훨씬 더 많은 것을 잃어버린 느낌이었죠. 창피해서 경찰에 신고하지 않았어요. 뭐라고 할 수 있겠어요? 술에 취한 사이 강간을 겪었노라고? 아마도 그들이 음료수에다 무언가를 넣었을 것이라고 의심해 보지만, 증명할 길이 없는데 도대체 누가 우리를 믿어 주겠어요?

너무나 참담한 결과를 가져왔지만, 절대 지나칠 만큼 술을 마셔서는 안 된다는 것과 내 음료수를 챙기지 않고 내버려 두면 안 된다는 것을 알게 됐죠. 친구와 나는 이걸 알기 위해 너무도 값비싼 대가를 치른 것이었습니다. ＿＿르앤, 21세

✚ 전문가 견해

: 데이트 강간 마약 : 로힙놀, 플루니트라제팜, 감마 히드록시부티르산(GHB, 한국에서는 '물 같은 히로뽕'이라는 의미에서 '물뽕'으로 불린다. — 옮긴이)은 무색무취의 진정제로 액체에 용해됩니다. 로힙놀 사용은 미국 많은 주에서 불법이며 미국 세관은 이 약물의 수입을 금지하고 있습니다.

'데이트 강간 마약'을 일정량 섭취하면 피해자는 정신이 극도로 약해지며 졸음에 겨워합니다. 로힙놀에는 운전 능력 상실 및 말하기 곤란과 더불

어 단기 기억 상실, 기억 장애 같은 부차적인 부작용이 있습니다. 기억 장애 같은 부작용은 형사상의 공소 제기를 특히 어렵게 만드는 부분입니다.

 본인 스스로가 성폭행 피해자였다고 느끼면 즉시 도움을 구하는 것이 중요합니다. 소변 검사를 통해서 약물의 체내 잔류 여부를 확인할 수 있고, 시간이 너무 많이 지난 게 아니라면 의학적 검사를 통해서 성폭행의 흔적을 찾아낼 수 있습니다.

| 한국 | 클럽 등을 중심으로 급성 마취제, 최음제 등을 섞은 약물이 암암리에 유통되고 있어 이를 이용한 성폭력이 많습니다. 잠시 자리를 비운 사이 술잔에 털어 넣는 방식으로 이용되니, 새로 주문한 술잔을 이용하는 것이 안전합니다. 처음 합석한 술자리라면 더욱 유의했으면 해요. 평소 주량에 훨씬 못 미치는 음주를 했는데도 갑자기 통제력을 잃고 기억이 없어진 상태에서 성폭력 피해가 있었다면 의심해 볼 필요가 있습니다. 빠르게 원스톱지원센터에 가서 약물 검사까지 해 봐야 합니다. 참고로 심신 상실, 미약 상태에서의 강간은 '준강간'이라고 불리며, 일반 강간과 동일하게 분류됩니다.

교내에서 강간을 겪었어요. 누구에게 도움을 받을 수 있죠?

✐ 경험자 견해

참담합니다. 살아가는 데 너무도 큰 타격을 받았어요. 내 안의 분노 때문에 늘 여기저기 부딪치고 앞뒤 가리지 않고 다툼을 벌입니다. 이런 고통에서 벗어나야 한다는 것을 알고 있습니다. 그래서 대학에 있는 상담센터에 다니고 있습니다.

학교를 옮길까도 생각했으나 강간범에게 승리감을 안겨 줄 것 같아 그러지 않기로 했습니다. 천성적으로 내성적이어서 이 학교에서 친구를 사귀는 데 3년이나 걸린 까닭에 스스로 물러나지 않으렵니다. 상담센터 선생님은 교내 성폭행 피해자 권리장전에 대해서 말씀해 주셨는데, 내가 활용할 수 있는 서비스를 알게 된 값진 시간이었습니다. ___안드레아, 21세

✚ 전문가 견해

교내 성폭행 피해자 권리 장전 : 교내 강간의 피해자는 교내 성폭행 피해자 권리 장전에 의거하여 여러 권한에 대한 자격이 있습니다. 1992년 7월 부시 대통령에 의해 제정된 이 법은, 연방정부에서 학생 보조금을 받고 있는 모든 대학(공립, 사립)은 다음과 같은 기본적 권한을 성폭행 피해자에게 부여하도록 요구하고 있습니다.

1. 가해자와 피해자는 다른 사람들과 동행할 수 있는 균등한 기회를 가져야만 한다.
2. 어떠한 징계 처분에 관해서든 반드시 그 결과에 대한 정보를 양측에 제공해야 한다.

3. 법 집행 기관에 통지 여부를 선택할 권한이 있다는 것을 피해자에게 알려 주어야 한다.
4. 피해자에게 상담 서비스에 대한 정보를 제공해야 한다.
5. 대학 및 생활환경을 바꿀 선택을 할 권한에 대해 피해자에게 정보를 제공해야 한다.

대학이 법을 어긴 것이 드러날 경우에는 최대 25,000달러까지 벌금을 물 수도 있으며, 연방정부 시행 학생 보조금 프로그램에 참여할 수 있는 자격을 잃게 됩니다.

| 한국 | 여성발전기본법(제17조의2)과 시행령에 의해 대학을 포함한 모든 공공 기관과 기업에서 "성희롱 관련 상담 및 고충 처리를 위한 공식 창구의 마련, 성희롱 고충 담당자 지정, 자체 성희롱 예방 지침의 마련, 그 밖에 자체 성희롱 방지를 위한 조치"를 하도록 의무화되어 있습니다. 현재 대부분의 대학에 관련 지침과 고충 처리 창구가 설치되어 있지만 지침 내용과 지원 수준은 학교에 따라 매우 다릅니다. 성폭력만 전담하는 상담 기구가 설치되어 있는 대학은 10군데 남짓이니 교육부와 대학 당국에 더욱 설치 요구를 해야 하는 상황이지요.

학내의 상담실과 처리 절차를 이용하면 형사법 절차에 비해 가해자에 대한 접근 금지(휴학 등), 가해자 인식 개선 교육 등 좀 더 실효 있는 지원을 받을 수 있습니다. 신체 삽입이나 강제적인 추행 이외에 형사법상으로는 처벌이 어려운 시각적, 언어적, 환경적 성희롱 피해에 대해 지원받을 수 있습니다.

강간에 관한 생각이
머리에서 떠나지 않아요.
왜 벗어나지 못하는 것일까요?

🖎 경험자 견해

스스로에게 묻고 또 묻는 질문입니다.

　왜 나는 이 일을 잊는 데 이토록 오랜 시간이 드는 걸까? 왜 그토록 끊임없이 나를 괴롭히는 걸까? 내가 겪은 강간에서 최대의 장점이자 단점은 아무도 내게 있었던 일을 알지 못한다는 것이에요. 아무도 모르길 원했으니 장점이 된 동시에, 필요한 공감과 동정심을 얻을 수 없으니 단점이 된 겁니다.

　강간을 겪기 몇 달 전에 차 사고로 다리가 심하게 골절된 적이 있습니다. 처음에는 그것에 대해 얘기하는 것조차 고통스러웠지만, 사람들이 건강을 걱정해 주고 더 많은 관심을 보여 줄수록 점점 나아졌습니다. 좋은 일들이 안 좋았던 일에 비해 더 크게 느껴질 정도로요. 그 얘기를 점점 더 많이 할수록, 마음속은 한결 가벼워지는 것이었습니다.

　강간은 반대예요. 3년이 지났어도 아직도 딛고 일어서지 못하고 있어요. ＿＿팸, 33세

✚ 전문가 견해

무엇을 잊겠다는 것입니까? 강간은 남성이 여성을 상대로 저지를 수 있는 가장 잔인하고 악랄한 범죄 가운데 하나로 10년, 20년이 지나도록 여성들에게 지속적인 영향력을 미치게 마련입니다.

　당신이 겪은 일은 대수롭지 않은 일이 아니었습니다. 목숨을 건질 수 있을지 없을지조차 알 수 없었던 심각하고 폭력적인 범죄를 겪은 겁니다. 강

간의 상처가 오래 남아 있는 문제를 다룰 때 이 사실이 종종 간과되는 것 같습니다. 많은 경우, 피해자는 자신이 살 수 있을지 아니면 이생에서 마지막으로 보는 얼굴이 자신을 강간한 범죄자의 얼굴이 될지 알 수 없습니다.

강간을 겪은 지 얼마나 지났느냐에 관계없이, 자신의 감정이나 좀처럼 가시지 않는 아픔이 무가치한 것이라고 느껴서는 안 됩니다. 도움을 청하기에 너무 늦은 때는 없습니다. 또다시 그런 질문이 떠오른다면, 중단하고 자신에게 이렇게 물어보세요. "만일 내 가장 친한 친구가 강간을 겪었다면, 언제쯤 그 친구가 그것을 잊을 것 같은가?"

우리는 각기 다른 방식으로 정보와 경험을 처리하게 되는데, 기억이 자꾸 떠오르는 데에는 이유가 있습니다. 우리의 신경 체계는 극도로 복잡한 데 비해 아래의 설명은 너무 단순화한 것이지만 아래의 설명을 보면 특정 유형의 사람에게 그런 반응은 지극히 당연한 것임을 알 수 있습니다.

: 외상 경험에 대한 좌뇌/우뇌 반응 : 좌뇌를 사용하는 피해자는 순차적이면서도 논리적으로 생각하는 사람으로, 끔찍한 일을 겪어도 공포심으로 마비되는 것은 피할 수 있습니다. 그들은 세세한 내용까지 기억하며 어떻게 공공 기관에 연락을 취할지에 대해 계획을 갖고 있는 편입니다.

우뇌를 사용하는 피해자는 감각적이면서 감정적입니다. 강간 사건 전체를 모든 감각이 엄청나게 강화된 상태에서 경험할 수 있습니다. 공포감 때문에 얼어붙는 편으로, 강간 도중에 비명을 지를 수 없었다거나 다음에 어떤 행동을 취해야 할지 알 수 없었다는 여성의 얘기를 종종 들었을 것입니다. 우뇌 반응에 연관된 피해자가 외상후 스트레스 장애로 진행될 가능성이 더 많습니다.

플래시백은
어떤 '느낌'인가요?

✎ 경험자 견해

플래시백은 마치 지옥에 갇힌 듯한 느낌이에요. 모든 사람이 저마다 삶을 살아가는데 정작 나 자신은 거기에 없어요. 처음 플래시백을 경험했을 때는 너무도 끔찍해서 정신을 잃는 줄 알았습니다. 또다시 강간의 현장을 보고, 경험하고, 겪는 줄 알았습니다. 마치 바로 눈앞에서 일어나는 것 같았어요. 강간범이 나를 한동안 아파트에서 바라보고 있었다는 사실을 알았어요. 어느 날 저녁 남편이 출장 간 사이 그 강간범이 침대 발치에 앉아 있는 것을 자다 깨서 알았어요. 그렇게 놀란 건 생전 처음이었습니다. 그때 방 안이 깜깜했던 것처럼 갑자기 모든 것이 검정색으로 변하고 그 다음 눈이 점점 적응하는 듯하면서 침대 위에 그 남자가 앉아 있는 것이 보이는 거예요. 그 남자의 냄새까지 생생히 나는 듯해요. 공포심이 눈앞에서 펼쳐지는 듯 또렷합니다, 마치 그날 밤처럼요. ─── 쇼나, 30세

✚ 전문가 견해

: 플래시백 : 위에서 적절하게 묘사된 것처럼 해당 사건이 갑작스럽게 머릿속에 떠오르는 것으로, 강렬한 감정이 동반되어 마치 영화 한 편을 반복해 보는 듯합니다.

: 조절법 : 1. 자신이 경험하는 것이 플래시백(강간으로 인한 정상적인 반응)이라는 것을 알고, 자신이 미쳤거나 나약한 것이 아니라는 점을 인정하세요. 회복 과정에서 겪는 증상의 일종입니다.

2. 과거의 일을 영화처럼 보고 있는 것이니, 지금 일어나고 있는 일이 아니며 이제는 안전하다는 것을 스스로 상기시키세요. 강간에서 살아남았으며 이 또한 견뎌 낼 것입니다.

3. 자기 신체와의 접촉을 통해서 자신을 안정된 상태로 만들어 보세요. 발을 구르거나 옷을 만지거나, 책상이든 싱크대든 옆에 있는 물건을 만져서 스스로에게 현재를 인식시켜 줄 수 있으면 됩니다.

4. 숨을 들이쉬고 내쉬기를 다섯까지 세면서 호흡을 가다듬으려고 노력하세요. 너무 깊이 숨을 마시면 정신이 어지럽고 혼미해질 수 있다는 것을 기억하고 단계별로 주의를 기울여야 합니다.

5. 이해해 줄 만한 사람이 옆에 있거나 누군가에게 전화할 수 있으면, 방금 경험한 것을 털어놓음으로써 도움을 받아 자신이 현재에 존재하고 있으며 안전하다는 사실을 깨닫도록 하세요.

6. 플래시백을 경험한 후에는 극도로 긴장된 상황에서 살아남은 자신을 스스로 격려해 주세요. 뜨거운 물로 목욕을 하거나 음악을 들으며 긴장을 더 풀어 주세요. 일기에 기록함으로써 이전 경우와 이번 것을 비교해 볼 수도 있습니다. 지속 시간이 지난번보다 짧았는가? 자신을 현재로 데려오는 일이 좀 더 수월해졌는가? 아마도 자신이 겪은 실제 장면에 대해 몇 글자 적어 둘 수 있을 만큼 강해졌음을 느끼게 될 것입니다. 상담을 받을 때 플래시백 증상에 대해 이야기하는 것이 매우 유익합니다.

언제쯤 악몽을
꾸지 않게 될까요?

✍ 경험자 견해

악몽을 꿀 때마다 너무나 선명하고 사실적이어서 놀랍도록 강렬한 인상이 남습니다. 어찌나 생생한지 진짜 같아요. 잠들기 전에는 마음이 편치 않은데, 이제껏 겪은 것보다 더 심한 악몽에 시달리면 어쩌나 겁이 나기 때문입니다. 아무 예고도 없이 악몽이 찾아옵니다. 며칠 밤은 조용하고 편안한 잠에 빠져들다가도 어느 날 갑자기 끔찍한 악몽이 찾아옵니다.

매번 강간 때를 그대로 재연하는 것은 아니지만, 어떤 형태로든 강간에 얽힌 것이 꿈에 나옵니다. 검은 그림자, 커다란 두 손, 날카롭게 찢어진 두 눈과 같은 형태에서 공포감을 느낍니다. 전반적으로 완전한 이미지라기보다는 언뜻언뜻 보이는 것입니다. 어떤 날에는 무기력한 기분으로 우물 바닥에서 위를 올려다보고 있는 것과 유사한 느낌입니다. 눈부시게 빛나는 태양을 볼 수 있고 양손을 뻗어 나가 보려고 애쓰지만, 지면에 닿을 수가 없습니다. 땅 위로 올라갈 수는 없어요. 이런 악몽을 꿀 때면 늘 숨을 헐떡거리면서 깨어나곤 합니다.

이제는 이런 악몽이 언제쯤 끝이 날 것인지 묻지 않습니다. 대신에 그냥 있는 그대로 받아들이려고 합니다. 말하자면 받아들일 수 없는 행위를 받아들이려고 애를 쓰고 있는 것입니다. 유일하게 인정할 수 있었던 것은 내게 통제권이 없었다는 것입니다. 그러고 나서 강간이 너무나도 세세하게 계속 반복되는 밤이 이어졌습니다. 마치 플래시백 같은 것으로 깊은 잠을 이룰 수도 없습니다. 너무 두려운 나머지 아무리 깨어나려 애를 써도, 반복해서 강간을 겪게 됩니다. ──익명, 44세

✚ 전문가 견해

: **악몽** : 위에서 언급된 첫 악몽은 '일반적' 악몽이라고 할 수 있으며, 여기서는 이미 겪은 실제의 강간이 재연되지 않습니다. 자신의 삶에서 외상을 겪지 않았더라도 위에서 언급된 공포감과 무력감에는 익숙한 사람들이 있습니다.

강간을 반복해서 경험하게 되는 악몽을 '외상적' 악몽이라고 부르는데, 이는 그 반복적 성향과 내용에서 일반적 악몽과 구별됩니다.

: **조절법** : 악몽의 치명적인 증세를 효과적으로 완화하는 것을 도와주는 방법은 여러 가지가 있습니다.

1. 자신이 편안하게 여기는 치료자, 남편이나 남자친구 또는 친구들에게 악몽과 그로 인한 수면 패턴의 변화에 관해 이야기하도록 노력해 보세요. 그들의 지지(또는 도움)를 구함으로써 이 문제를 극복해 보세요.
2. 수면 환경을 최대한 편안하고 즐거운 상태로 만드세요. 좋아하는 인형이나 베개가 있으면 쑥스러워 말고 가까이 두는 것이 좋습니다.
3. 악몽을 일기에 기록하면서 가능한 한 많은 사실적 정보를 챙겨 두세요.
4. 사실을 기록한 다음에는, 악몽을 꾸는 동안 어떤 생각이 드는지 서술해 보세요.
5. 악몽을 꾸는 동안과 그 이후까지도 포함해서 자신의 몸에서 일어나는 일을 기술해 보세요.
6. 악몽을 다시 적어 봄으로써 스스로 통제력을 갖게 됩니다. 자신이 힘이 있다고 느끼기 위해 필요한 것이 무엇인지 생각해 보세요.

왜 어떤 냄새를 맡으면 강간범이 떠오르는 것일까요?

✎ 경험자 견해

냄새, 소리, 심지어 색깔까지도 그때의 일을 상기시키는 '촉발제'로 작용한다는 것을 알게 되었어요. 강간을 상기시키고 감정과 정서를 불러일으키는 것은 무엇이든지 촉발제가 됩니다. 내 경우에는 믿을 수 없을 만큼 화가 나고 적대적인 감정을 '불러일으킨' 것이 냄새였습니다.

나를 강간한 남자는 몸에서 페인트와 땀 냄새가 났는데, 몇 개월이나 그 원인도 인식하지 못한 상태에서 그 냄새를 맡을 때마다 반응을 보였습니다.

이런 경험 때문에 그 당시로 거슬러 올라갈 수 있다는 것을 상담을 통해서 잘 알게 되었는데, 무의식이 그렇게 작용한다는 사실과 의식도 하지 않은 상태에서 이런 행위를 경험한다는 점이 무척이나 놀라웠습니다. 괴로운 기억을 촉발하는 것들에 대처하는 예방법도 있고 반응이 일어난 뒤에 취하는 방법도 있다고 하는데 촉발 요인을 맞닥뜨리는 것은 끔찍한 일입니다. 그러나 그 느낌을 표현하는 것만으로도 한결 기분이 나아지고 내가 미친 것이 아니라고 느껴집니다. ──매기, 28세

✚ 전문가 견해

: 촉발제 : 마음속으로 강간, 즉 강간범과 그의 특성과 같이 연관된 모든 것을 다시 한 번 경험하게 만드는 요소들을 말합니다. 위와 같이 냄새가 촉발제로 작용해 강간을 다시 경험하게 만듭니다.

강간을 반복해서 경험하는 사례를 살펴보면, 스스로가 그 감정을 멀리 밀어내어 사실상 묻어 버리고, 그 고통을 완화하려고 더욱 많은 애를 쓰고

있음을 알 수 있습니다. 그런데 이런 순환 고리는 더욱 심한 증상을 불러일으킵니다.

냄새, 맛, 소음, 심지어 색깔처럼 무해한 것에 이르기까지 모두 강간의 촉발제로 작용할 수 있습니다. 본인의 마음속에서 그 사건을 기억나게 하고 되살리는 것이면 어떤 것이든 해당됩니다.

: 조절법 : 심호흡을 거듭한 후에 스스로에게 이제 더는 위험한 상황에 처해 있지 않음을 상기시킵니다. 지금 이 시간, 이 장소에서는 안전하다는 것을 되새기고, 더 나아가 계속해서 안전함을 유지할 수 있도록 조치를 취합니다. 증상 가운데 하나를 통제하면서 자신이 이뤄 내고 있는 성과를 뿌듯하게 여기세요.

다시 통제력을 얻은 다음, 여러 감정을 진단해 보고 앞으로 그런 감정을 예견하기 위해서는 무슨 일을 해야 하는지 판단하세요. 이미 일어난 촉발제에서 배울 수 있는 일은 무엇인가요? 어떤 색깔이나 소리가 촉발제로 작용하나요?

자신의 촉발제를 뚜렷이 규정하는 일이 조절법의 첫 단계이며, 다음에 대처하기 위해서뿐만 아니라 생활에 미치는 영향력을 줄이는 측면에서도 효과적인 방법을 알아내야 합니다.

행동을 멈추고, 잠시 동안만이라도 자신의 감정이 어떤지 판단해 보세요. 우리는 자기가 화났다는 것을 의식적으로 알아차리기도 전에 그 감정에 너무 깊이 빠져들 때가 많습니다. 그 느낌이나 감정에 이름을 붙여 보세요.

그것에 대해서는
얘기하고 싶지 않아요.
얘기해서 무슨 소용이 있겠어요?

✎ 경험자 견해

내가 강간을 이겨 냈다고 생각했어요. 진짜 그랬어요. 내 친구가 강간을 겪기 전까지는요. 그 사건이 공론화되고 연쇄 강간범이 저질렀다는 이유로 몇 주 동안 신문에 났어요. 6년째 가장 친한 친구였는데도, 내가 그 친구를 피하려 하고 불편하게 느낀다는 것을 알았어요. 그 친구가 나를 가장 많이 필요로 하는 때에, 곁에 있어 주질 못했어요. 마음은 간절했지만, 그 친구를 마주 대할 수가 없어서 남편과 함께 몇 차례 상담한 적이 있는 사회복지사를 찾아갔습니다.

처음엔 수년 전에 강간을 겪은 사실을 꺼내지 않았어요. 말했듯이, 이제 괜찮다고 생각했거든요. 복지사가 친구와 불편한 것에 대해 물었을 때, 나 스스로 완전히 그 일에서 벗어난 게 아님을 알았어요. 완전히 벗어난다는 게 가능한 것인지는 몰라도요. 그 일을 겪은 뒤 수개월간 아무도 나를 도와준 사람이 없다는 데에 분노를 품고 있었음을 알게 되었습니다.

조금씩 나 자신이 가치 없다고 생각하기 시작했다는 것을 깨달았어요. 내 친구가 받아 마땅한 그런 도움을 받을 만한 가치가 없는 사람이라는 거죠. 내 자신에 관해 알게 된 것이 마음에 들지는 않지만, 느낀 바를 인정하고 더불어 필요한 도움을 받는 일이 책임이자 권리임을 알게 되었습니다. 친구가 몰랐던 나의 강간에 대한 얘기를 털어놓음으로써 친구와 나는 더욱 가까워졌습니다. ──수, 28세

심리상담을 처음 시작할 때, 할까 말까 여러 차례 망설였습니다. 심리상담가는 잘한

일이라고 했고, 지금 돌이켜보건대 잘했다는 생각을 합니다. 상담가는 강요하지 않고 그에게 얘기할 수 있는 방향으로 이끌어 주었어요. 한동안 그 문제를 회피하려고 하던 때였어요. 문제 주변을 맴돌기만 할 뿐 제대로 맞서질 않았거든요. 생각한 것 이상으로 그것이 내 삶에 영향을 주고 있었는데도 말이죠.

두려움은 점점 '커져만' 갔어요. 근심 걱정도 심해졌고요. 상담 시간에 강간에 관해 이야기를 시작하기 전까지는 몇 마디를 내뱉어도 아무 의미 없는 말뿐이었어요. 물론, 눈물이 하염없이 흘렀습니다. 비명을 질렀어요. 욕도 했고요. 하지만 그것은 나 자신이 낫기 위해서 반드시 필요한 것이었다고 생각합니다. ──루시, 34세

+ 전문가 견해

: 회피 :　강간 사건을 기억하고 되새김질하는 것은 본인에게 상당히 오랫동안 영향을 주게 됩니다. 체계적인 접근을 통해 치료를 받음으로써, 혹은 자기 관찰을 통해서 자신의 문제를 해결해 나가려고 한다면, 스스로 강간에 대한 느낌을 표출하는 것이 얼마나 중요한지 알게 될 것입니다.

　강간을 둘러싼 감정을 회피하는 것은, 고통에서 도망치는 매우 유용한 방법입니다. 그렇지만 정신적 외상 경험을 성공적으로 극복해 나가는 것과 계속해서 그것을 둘러싼 감정을 회피하는 것은 엄연히 다릅니다. 자기감정을 회피하는 일은 결국은 스스로 납득되지 않는 고통스러운 행위로 이어지는 경우가 많기 때문입니다.

　회복을 위해서는 오랜 시간이 걸리며 직선처럼 쭉 뻗은 길이 아닌 구불구불 험난한 여정을 거쳐야 하고, 거북이가 껍질 속으로 기어들어가는 듯한 짧은 은둔의 시기가 여러 차례 필요합니다만, 그 시기를 스스로를 돌보는 시간으로 만드십시오. 변화는 아주 서서히 일어나며 전혀 기대하지 않은 때에 찾아오기 마련입니다.

: **조절법** : 강간과 관련한 고통은 두려운 것입니다. 때로는 감당하기 힘들 만큼 슬프고 침울해지며 끔찍하게 무서운데, 이 모든 것이 한꺼번에 일어나기도 합니다. 그리고 강간 이전의 감정 상태로 다시 돌아가게 될 수 있을지 확신할 수도 없습니다. 고통스러운 감정을 밖으로 내보이고, 스스로 진정으로 '느끼도록' 허용한다면 멈출 수가 없을 거라고, 즉 본인이 휘청거리면서 넘어질 것이고 그런 감정에 압도당하고 말 거라고 느낄지도 모릅니다.

상처를 바로 회복시킬 수 있는 마법의 약은 없으며, 자신만의 적절한 시기에 맞는 회복의 길을 걸어야만 합니다. 회피 문제를 다루는 일은 쉬운 것이 아닙니다. 강간의 잔재가 삶의 여러 국면에서 조금씩 고개를 쳐들 수 있습니다. 언제쯤 강간의 여러 측면을 느끼면서 그것을 공유하기 시작해야 하는지 알게 될 것입니다. 조금씩 자신의 내부로 과감히 탐색해 들어가 보십시오. 안전하면서 협조적인 장소를 찾아내 시작해 보십시오.

왜 아무 일도
하고 싶지 않은 거죠?

✎ 경험자 견해

아내 샌디가 집을 새 단장하는 데 흥미를 잃었을 때, 무언가 잘못되어 가고 있다는 것을 처음 알았어요. 2개월째 대대적인 집수리가 한창 진행 중일 때 아내는 캠퍼스에서 강간을 겪었습니다. 너무나도 충격적인 일이었으나 아내는 모든 것을 상당히 잘 극복해 가는 것처럼 보였습니다. 물론 집수리가 몇 달 동안 중단된 상태에서 아내는 회복에만 전념하고 우린 형사 소송 절차를 거쳤지만 아내는 되돌리고 싶다는 말만 되풀이했습니다.

   7개월 동안 집수리를 연기해 온 끝에, 아내는 이젠 집수리는 아무래도 상관없다고 했어요. 그 말이 너무도 두렵게 들렸습니다. 아무래도 상관이 없다니요. 우리에게 정말 중대한 전환점이었는걸요. 그 일이 있기 전에 아내가 집수리 일로 얼마나 설레었는지 알지 못했다면, 결코 그 일 이전과 이후의 차이를 알 수 없었을 것입니다. 말할 것도 없이, 즉각 외부에 도움을 청했습니다. ____스티브, 34세

스티브에게 내가 느끼는 바를 설명하려고 합니다. 그저 울고만 싶어요. 이젠 아무것도 느낄 수가 없어요. 슬픔, 분노, 행복 그 어느 것도 느낄 수 없어요. 어쩌면 일종의 자유로움 같은 거라고 생각할지 모르지만, 그렇지가 않아요. 그 공허함은 잔인해서 무엇인가를 느낄 수 있는 사람들을 보면 부럽습니다. 나를 강간한 그를 향한 분노를 느끼고 싶어요. 전신의 힘을 다해서, 무서우리만치 심한 분노를 내뿜고 내 안에서 끄집어내고 나서, 이제는 앞으로 나아가길 원하죠. 하지만 아무것도 느낄 수가 없네요.
____샌디, 31세

✚ 전문가 견해

: 정서적 마비 : 정서적 마비는 가족, 친구, 일, 사회생활 전반에 걸쳐 흥미를 잃는 일로, 강간 피해자에게는 종종 극도로 혼란스러운 증상입니다.

아마도 정서적 마비에 아주 익숙해져 있어 언제 그 속으로 빠져들어 갈지 예측할 수도 있을 것입니다. 혼란스러운 상태에 빠지게 되므로 일부 여성들은 그러한 상태를 '멍하고 흐릿하다'고 표현합니다.

아무것도 느끼지 못하는 것에 익숙하지 않기 때문에 샌디가 말한 대로 아무것도 못 느끼는 것보다는 무엇이든 느끼는 것이 나을 수도 있습니다. 그러나 분노와 화라는 감정은 무서우리만치 심각한 것이어서 자신이 무슨 일을 저지를지, 어떤 다른 사람이 되어 있을지 스스로 두려워하게 만듭니다.

자신이 무엇인가를 느끼기를 멈춘 듯해 보이는 외면상 평온함 역시 신경 쓰일 수도 있지만, 이것이 정상적 반응 가운데 하나라는 걸 기억하세요. 그처럼 극히 비정상적 일을 겪은 경우에는 오히려 정상적인 것이며, 본인이 스스로 대처하고 있는 한 방법입니다. 무언가를 느낀다고 해서 반드시 거기에 따라 행동해야 하는 것은 아님을 명심하세요.

: 조절법 : 집중을 방해하는 원인이 되는 감정 하나를 정의해 보세요. 다시 말해서, 여러분이 '조닝 아웃'(zoning out은 zoning in 의 반대말로 의식적으로 신경 쓰이는 무언가를 피해 넋을 놓거나 부적절하게 다른 곳에다 신경을 돌리는 의식적 행위 혹은 정신적인 상태로 볼 수 있다. ─옮긴이)은 분노나 짜증, 신경질을 회피하기 위한 방어 기제입니까? 아마도 자신에게 아무것도 느끼지 않게 하는 것보다 이런 심한 감정을 표출하는 일이 더 두려울 것입니다.

1. 그러한 '조닝 아웃'을 경험할 때마다 최소한 한 문장이라도 글을 쓰기로 결심하세요. 표면 아래에 자리한 감정을 한 가지라도 정확히 짚어내

보세요.

2. 자신에게 긍정적인 느낌을 주는 노래 하나를 정해 보세요. 남편을 만났을 때 함께 연주한 곡이나 둘 다 '우리 노래'라고 정해 둔 곡일 수도 있고, 함께 갔던 콘서트에서 나온 노래일 수도 있습니다. 공허하다고 느낄 때 이 노래를 불러 보세요.

그 일이 있는 후로
왜 집중할 수가 없죠?

✍ 경험자 견해

모임이 있을 때마다 끝까지 자리를 지키고 앉아 있는 게 불가능해지고 있어요. 사람들이 뭐라고 말을 걸어도, 그저 덤덤합니다. 마치 내가 내 몸에서 빠져나간 느낌이에요. 원래 난 항상 다음에 무슨 일을 해야 할지 정확히 알고 있고 자신감에 차 있었어요. 그런데 직장 동료에게 강간을 겪은 이후로, 직장 일은 더욱더 큰 어려움입니다.

직장을 여러 차례 바꾸고 하던 일까지 바꿨지만, 여전히 모든 일이 무가치하게 느껴집니다. 그런 감정이 나를 질식시킬 것만 같아요. 이런 감정에 대해 더 많이 알아야겠다는 생각에 강간과 관련된 책에 빠져 지냈습니다. 그 첫 걸음마가 집중력을 높여가는 것이라고 생각했죠. 모든 것에 있어서요. 뭐라도 하는 것이 아무것도 안 하는 것보다는 낫기에 대학원에서 배운 방법을 사용하기 시작했어요.

우선 그 강간에 관한 한, 아직 끝나지 않은 일이 무엇인지를 결정할 필요가 있었어요. 강간이 가족, 친구, 연애 등 관계에 갖는 영향을 살폈어요. 그러고는 미해결 문제를 풀어나가기 위해 취해야 할 행동을 목록으로 만들었습니다. 일종의 혼자만의 침잠이 필요했던 시기였죠. 그리고 앞으로도 계속 진행시켜 가야 할 목표의 목록을 갖게 되니 집중도가 훨씬 높아졌습니다. ——앨리슨, 26세

✚ 전문가 견해

: 집중력 장애 : 어떤 생각을 떨쳐 버리려는 필요에 의한 경우가 많은데, 자신을 둘러싼 모든 복합적인 슬픔과 고통에서 벗어나려는 것입니다. 우리가 수술을 받으면 회복하는 데 필요한 시간을 예상할 수 있지만, 불행하게도

강간에서 회복되는 시간은 명확하게 예측할 수 없다고 보는 편이 맞을 것입니다.

집중력 높이기 1. 자기감정에 대한 인식을 계발하세요. 감정을 구체적으로 정의할수록, 목표를 정하는 데도 좀 더 정확해질 수 있습니다.

2. 강간으로 인해 겪는다고 생각되는 미해결 과제의 목록을 만들어 보세요. 강간이 정서적 측면이나 친밀한 관계에, 또는 일이나 학교생활에 어떤 영향을 주었습니까? 교내에서 강간을 겪었다면 촉발제의 반응이 괴로워서 학교를 떠났을지도 모르지요. 그 일이 있은 뒤로 좋은 직장에 계속 다니기를 포기하고 만족할 수 없는 일을 하고 있다면 집중력 장애라고 짐작할 수 있을 것입니다. 이러한 목록을 채워 나가는 일은 스스로 집중력을 높이는 데 엄청난 도움을 줄 것입니다.

3. 미해결 과제 목록에 있는 구체적 사안을 해결함으로써 얻어지는 것들의 목록을 정리해 보세요. 예를 들어 학위를 위해 학교로 되돌아가는 것 등입니다. 이 목록은 스스로 집중력을 높이는 데 필요한 동기 부여를 분명히 해 줄 수 있을 것입니다.

4. 집중력 회복이라는 목표를 위해서만 쓰이는 시간 기록표를 정성껏 짜 보세요. 멋지게 만들 것도 없이, 이 용도로만 쓰이는 작은 것이면 충분합니다.

5. 주 단위 혹은 하루 단위로 아주 단기간의 목표를 적어 내려가는, 틀에 짜인 단계를 밟아 가세요. 한 가지 일에 집중하고 마감하는 훈련은 더 큰 일을 완수할 수 있는 자신감을 키워 줄 것입니다.

왜 아주 작은 소리에도 깜짝 놀라는 걸까요?

🔖 경험자 견해

아주 작은 소리에도 화들짝 놀랍니다. 그게 무슨 소리든 간에요. 항상 벼랑 끝에 선 느낌이에요. 심리상담가의 도움으로, 그것이 강간을 겪고 2년이나 지나고도 안전함을 느끼지 못하고 있기 때문이라는 걸 알게 되었어요.

내 경우에는 전혀 모르는 사람이 나를 뒤에서 낚아챘어요. 그가 뒤에 오고 있다는 걸 알지 못했고요. 그로 인해, 이제는 벽을 등지고 앉는 습관이 생겼어요. 그래야 앉은 자세에서 통제할 수 있어서 크게 놀라지 않으니까요. 현실의 삶에서는 그런 통제가 불가능하므로, 심리상담가는 호신술을 배우라고 권했어요.

실제 상황을 재연하면서 죽을 것같이 무서웠지만, 그래도 버텼습니다. 예전에 그랬던 것처럼 뒤에 누군가가 있도록 재연했는데, 연습한 기술로 그 상황을 통제할 수 있었어요. 그리고 내 직감에 귀 기울일 수 있게 되어서 자신감이 더 많이 생겼습니다. 이제 내 주변을 더욱 잘 인식하게 되었고, 긍정적인 방향으로 나아지고 있습니다.

　　—안나, 28세

✚ 전문가 견해

: **과잉 각성** :　과잉 각성은 수면 장애, 초조 불안, 갑작스런 분노나 화의 표출, 집중력 장애, 위에서 언급된 것처럼 깜짝 깜짝 놀라는 과민 반응 등을 포함합니다. 이러한 증상은 모두 현재 주변의 안정감이 결여되어 있음을 드러내며, 다시 희생되지 않기 위해서 몸이 스스로 애쓰고 있는 것으로 볼 수 있습니다.

좌뇌, 우뇌에 한 개씩 있는 편도핵은 변연계, 즉 감정을 관할하는 뇌 시스템을 구성하는 세 가지 구조 가운데 하나입니다. 간단히 말해서 편도핵은 사랑, 우정, 분노, 공격성 같은 주된 감정 요소를 관할하고 위험을 인지하는 중심축 역할을 합니다. 투쟁·도주 반응 기제를 주관하는 부위로, 예를 들면 혼자 걷는데 뒤에서 발걸음 소리가 들릴 때 느껴지는 감정을 관장합니다.

: **조절법** : 주변 환경에서 안정감과 안전을 높이는 것이 무엇보다 중요합니다. 이는 강간 피해자는 물론, 많은 사람들이 안고 있는 과제입니다. 호신술 강좌, 실내 치안 시스템 설치, 이웃 사회 지킴이 프로그램, 일반적인 안전수칙 등 여러 가지 실질적 대책이 일상생활에서 필요합니다. 긴장을 풀어주는 체조와 음악을 이용하는 것도 몸과 마음을 안정시키고 과잉 각성을 완화하는 좋은 방법입니다.

자신을 안전하다고 느끼게 하는 것은 무엇이든 시도하세요. 강간을 겪었던 주변 상황을 살펴볼 때, 만일 교내였다면 교내 기숙사를 벗어나 아파트나 집으로 이사하는 편이 도움이 될 수 있을 것이고, 룸메이트가 있는 쪽이 더 편안하게 느껴질 것입니다. 혼자 조깅할 때였다면, 동아리와 함께 하거나 친구가 있을 때만 조깅을 함으로써 안전도를 훨씬 높일 수 있을 것입니다.

의사가 불안 발작이라고 진단했는데, 그게 무엇인가요?

🖉 경험자 견해

공황 발작이 처음 나타난 것은 어느 날 오후 식료품을 사고 있을 때였어요. 심장마비가 온 것 같았습니다. 맥박이 빨라지고, 양손은 땀이 차서 흥건할 정도였어요. 어지럼증이 일어 기절할까 두려웠습니다. 세 살배기 딸아이가 내 옷깃을 계속 끌어당기는 상태에서 아이가 엄마를 연거푸 부르는 소리를 들을 수 있었어요. 달리고 싶은 마음은 굴뚝같은데 한 발짝도 움직일 수 없었어요. 한참을 바닥에 들러붙기라도 한 듯 꼼짝 못하고 있다가 마침내 한 발짝 뗄 수 있었고, 나머지 한 발도 내딛게 되었습니다. 쇼핑 카트를 그 자리에 그냥 둔 채 딸아이를 들어 안고 차로 갔어요. 차에서 펑펑 울면서 한동안 그렇게 있어야 했습니다.

그날 오후 의사를 찾아갔습니다. 몇 가지 테스트를 거쳐 내 증상이 공황 장애라는 진단을 받았고, 그달 하순에 치료를 시작해서 공황 발작을 어떻게 다뤄야 하는지 알게 되었습니다. 아직도 완전히 낫지는 않았지만 불안 증세를 완화할 수 있는 방법을 알고 있습니다. ——조앤, 32세

✚ 전문가 견해

: **공황 장애** : 강간의 보편적인 생리학적 결과입니다만, 견디기에 보통 힘든 것이 아닙니다. 공황 장애는 강간 피해자를 두려움에 떨게 만드는 증상 가운데 하나입니다.

이러한 공황 장애는 대부분 강간이 일어난 장소와는 전혀 상관이 없는,

전적으로 안전한 곳에서 일어납니다. 예를 들면 슈퍼마켓이나 차 안과 같은 곳입니다. 장소와 직접적인 상관성은 없을지라도 교통 체증으로 꽉 막혀 있는 경우처럼 자신이 통제력을 발휘할 수 없는 상황에서도 강간 당시의 감정을 되살리게 될 수 있습니다.

공황 장애는 그 증세가 다시 나타나거나, 통제력을 잃게 되거나, 심장 발작을 겪을지도 모른다는 염려를 불러일으킬 수 있습니다. 공황 혹은 불안 발작은 약물 요법과 심리상담을 병행함으로써 치료될 수 있는 것으로, 다음과 같은 여러 증상을 경험할 수 있습니다.

- 심장 박동 혹은 맥박 수 증가
- 호흡 곤란
- 메스꺼움과 소화 불량
- 가슴 위쪽과 목 주변이 조이는 느낌
- 현기증, 어지럼증, 기절
- 자기 몸에서 분리되는 느낌

: 조절법 : 심신의 긴장을 풀어 주는 음악이나 운동은 공황 장애를 완화하는 데 상당히 좋은 방법입니다. 일단 공황 장애로 진단을 받았다면, 그 경험을 하고 난 후에 사전 조짐을 파악해 봄으로써 그 증상을 줄일 수 있을 것입니다.

운동은 긴장감을 해소하는 효과적인 방법입니다. 자기가 정말로 좋아하는 두어 가지 운동(여러 사람들과 함께하는 운동이면 더 좋지요)을 선택하여 다양한 육체적 활동을 활발히 즐길 것을 제안합니다. 볼링 대회, 댄스 교습, 소프트볼 팀 등에 참여해 보세요. 신체 활동을 재미있게 만드는 아주 좋은 방법입니다.

❷ 정신 치유

강간에서 회복이라는 이 책의 목적과 역할에 관련해 '정신 치유'는 치유에 대한 자신감을 키워 주는 것이라고 정의할 수 있습니다. 강간의 사실적인 측면을 파악하는 것에서부터 회복을 향한 단계별 특성에 대한 이해, 그리고 우리의 목적 달성에 도움을 줄 수 있는 전문가에 대해 대략적으로 살펴보았습니다. 전문적인 치료가 모든 경우에 유용하지는 않으며, 일부에게 더 선호되므로, 피해자가 스스로 진행해 나가는 회복에 관한 단락을 포함했습니다.

- 강간의 사실에 대한 파악과 대처
- 강간범의 유형에 대한 전체적 이해
- 학습하기
- 강간을 할 수 있는 남성
- 강간의 형사적 측면에 대한 전체적 이해

이해하고 싶은데, 이것이 도움이 될까요?

🖉 경험자 견해

강간 피해자로서 강간이 미친 영향을 가능하면 완전하게 이해할 필요를 느꼈습니다. 하지만 동시에, 더 많은 자료를 읽고 더 많이 알게 되는 것이 두렵습니다.

누가 그 사악함의 복잡다단한 모습을 완벽히 이해할 수 있을까요? 강간에 대해 알아 가는 과정에서 가장 힘겨운 부분은 강간범의 다양한 유형에 관한 것이었습니다. 강간범에는 네 종류가 있다는 사실을 이해하는 것이 어려웠습니다. 힘 재확인형, 힘 발휘형, 분노 복수형, 분노 흥분형. 나를 강간한 놈이 분노 흥분적 성향의 요건에 들어맞는 것을 알고는 참담한 기분이 들었는데, 이는 그걸 몰랐기 때문이 아니라 너무도 많은 남자들이 그 요건에 들어맞기 때문입니다. 부끄러운 일이지요.

강간 문제를 더 많이 알아 가면서 강간범 유형 이상의 것을 알게 되긴 했습니다. 그 일 이후 몸과 마음이 경험한 증상은 사실상 드문 일이 아니라, 당연히 그런 것임을 알았습니다. 그런 것을 알고 나니 회복에 더욱 힘써야겠다는 책임감이 들었습니다. 한참을 왔는데도 아직도 갈 길이 멀다는 생각을 합니다. ──익명, 33세

그 누가 어떻게 강간처럼 어마어마한 일을 삶과 잘 조화시켜 나갈 수 있겠습니까? 엄청나게 힘든 시기를 겪으면서 강간이라는 것에 대해 공부하기 시작했는데 그것이 첫걸음이 되리라는 것을 알고 있어요.

처음에는 아주 비판적이고 논리적인 자료를 읽었습니다. 여러 증상이 나타났고 심리상담을 받고 있었는데도 효과가 빨리 나지 않았어요. 증상이 차도 없이 여전했지요. 그러던 중에 다른 여성들의 경험담을 읽기 시작하고부터는 달라졌습니다. 사람들

이 그 경험을 얼마나 현명하게 잘 이겨 냈는지를 알고는 큰 위로를 받았지요.

상담뿐만 아니라 지지 모임에 나가기 시작하면서 앞으로 내게도 일어날 문제를 다른 사람들이 어떻게 대처해 나갔는지 배울 수 있었습니다. ――샌디, 24세

+ 전문가 견해

: **강간에 관해 알기** : 자신이 겪은 그 충격적 사건에 대해서 좀 더 많이 알아야 할 필요가 있습니다. 강간은 인생에 일어난 엄청난 일로, 몸과 마음, 정신의 측면에서 앞으로 어떤 일이 생겨날지 알아야만 합니다. 치유를 위해서 무엇이 필요한가를 짚어 보아야 합니다.

PTSD 증상과 도움을 줄 수 있는 치료, 법률이 강간 피해자에게 어떻게 적용되는지, 그리고 성적 기능의 회복 등과 같은 세부 사항을 스스로 아는 것이 무엇보다 중요합니다. 결정적으로 중요한 정보 창구가 열려 있음을 기억하세요. 다른 강간 피해자들의 경험을 읽고 어떻게 극복하고 또 더욱더 잘 살고 있는지 알아보세요.

: **강간을 할 수 있는 남자** : 모든 남자는 강간할 도구, 즉 음경을 갖고 있는 까닭에 남성이라면 누구나 신체상 조건은 갖추고 있습니다. 하지만 모든 남자가 다 강간을 하려는 잔인한 의도를 갖고 있는 것은 아닙니다. 남성은 여성 못지않게 동정심이 많으며 정서적 능력이 뛰어나므로 모든 남자를 잠재적 강간범으로 분류하는 일은 그들에게나 자신에게나 못할 짓입니다. 제가 얘기해 본 남자들은 모두 강간을 소름 끼치는 범죄라고 말했습니다.

도대체 어떤 남자가
이런 짓을 할 수 있죠?

✍ 경험자 견해

2년 정도 상담에 임하면서 스스로에게, 그리고 심리상담가에게 질문을 던지는 것을 그만두게 되었어요. 당신의 시간과 에너지를 많이 아껴 드리고 싶어 이 질문에 대한 대답을 바로 하자면, 강간범은 한 사람의 영혼을 잔인하게 살해하는 사람입니다.

운이 좋다면, 신체적으로는 생존하겠지요. 그렇게 심하지 않은 상해를 입었다면 말이죠. 하지만 강간범은 살인자예요, 두말할 것도 없이. 누군가의 믿음, 순수함, 자존감, 안정감을 죽여 버리는 살인마요. ___ 준, 31세

강간범의 각기 다른 유형에 관한 '설명'을 읽었어요. 그래서 동기나 행태에 관해서 알게 되었죠. 나를 강간한 놈이 '가학적'인 쪽에 해당된다는 것을 읽고 그의 동기를 더 많이 알게 되었느냐고 묻는다면, 별로 그렇지 못한 것 같습니다. 그렇게도 많은 강간범이 존재했기 때문에 그런 분류 체계가 만들어질 수 있었다고 생각하니 실로 비애감이 들어요. 내가 여전히 매달리고 있는 문제는, 강간범은 길거리의 보통 사람과 전혀 다르지 않다는 것입니다. 도대체 어떻게 해야 그 '몹쓸' 인간들을 알아볼 수 있을까요? 누군가를 무조건 그런 식으로 매도하는 것 역시 옳지 않지만요. ___수지, 41세

✚ 전문가 견해

강간은 공격성의 행위이지, 성적 욕구의 행위가 아닙니다. 안타깝게도, 단순히 겉보기만으로 어떤 이가 강간범인지 아닌지를 구분해 내는 일은 불가능하므로, 자신의 직감에 잘 의존하는 것이 훨씬 중요합니다. 성범죄자는

외모와는 관계없으며, 모르는 사람, 아는 사람, 친구, 애인, 심지어는 남편이 될 수도 있습니다.

일부 여성들은 자신에게 일어난 강간과 강간범에 관해 분석할 필요성을 느끼는 반면, 자신의 삶에 어떻게 다시 적응해 나가야 할지에 관해서만 관심이 있는 여성들도 있습니다. 이런 정보를 알려고 하는 데는 옳고 그름이 없습니다. 그것은 순전히 개인의 결정인 까닭입니다.

항상 기억해야 할 것은, 강간이 일어난 것이 결코 자신의 잘못이 아니었다는 사실입니다.

: 강간범의 유형 분류 :

힘 재확인형 일반적으로 자기 또래의 여성을 강간하고, 피해자의 스카프나 장갑 같은 물건을 가져가기를 즐깁니다. 이들은 종종 스토킹 성향을 보이거나 훔쳐보기 취향을 가지고 있습니다.

힘 발휘형 피해자를 외진 곳으로 데려가서는 그곳에 남겨 둡니다. 갓길 같은 곳에서 어려운 일을 당하거나 히치하이킹을 하는 여성들을 속여서 차에 태우는 경우가 많습니다. 많은 경우 이들은 마약이나 알코올 문제와 연관이 있습니다.

분노 복수형 여성에 대한 분노가 극에 달해 있고, 자기 엄마라거나 누군가를 상기시키는 여성에게 주먹을 휘두르는 식입니다. 이 여성들이 (그의 상상 속에서) 그에게 무슨 잘못이라도 했으면 자신의 페니스를 무기 삼아 여성들을 벌하려고 합니다. 피해 여성에게 필요 이상으로 너무 심하게 화를 많이 내고 주먹질로 여성의 배를 치는 경우가 많습니다.

분노 흥분형 공격성이 흥분제로 작용하여 그 결과 강간 도중에 피해자에게 심각한 고통과 고문을 가하는데, 그 강도를 높여 가면서 성적 흥분도가 점점 커지게 됩니다. 이들은 대체로 모르는 여성을 공격하며, 공격성은 성적으로 또 언어적으로 적대적이며 광폭하고 악랄합니다. 피해자를 감금하는 경우가 많고 상해를 입힐 때는 성적인 상해를 입히고 성폭행 중에 마약이나 알코올을 이용합니다.

형사 고발을
할 수 있을까요?

✎ 경험자 견해

금전적 손해 배상만으로는 자신을 온전하게 만들 수도, 고통을 가시게 할 수도 없습니다. 그래도 본인의 삶을 재정비하는 데 도움은 될 수 있어요. 내 경우에는 형사 재판 이후에 너무나도 오랜 기간 동안 우울증 상태에 빠져 있었어요. 증거 부족으로 소송이 기각되었거든요.

한참을 기다린 재판이었고, 그러면서 잠 못 이룬 밤이 셀 수도 없어요. 마침내 평결이 나왔는데, 정신을 잃고 말았어요. 완전히 기력을 잃었습니다. 회의 참석차 함께 출장 가 있을 때 나를 강간한 직장 동료는 멀쩡히 있는데 나는 아무것도 할 수가 없었습니다.

그의 변호사는 배심원들에게 아마도 동의하에 그랬을지도 모른다는 의심의 여지를 남겼어요. 남편은 이와는 달리, 민사 재판에서 이길 수 있다면 내가 다시 기력을 회복할 수 있을 거라 생각했습니다. 남편이 옳았고, 나는 이겼습니다. 손해 배상을 받아 보험이 되지 않는 개인 상담소에 갈 수 있게 되었고, 나머지는 여성 단체에 기부했습니다.

재판을 통한 싸움은 똑같은 세세한 내용이 반복 또 반복되는 까닭에 지쳐 버리고 맙니다. 다시 예전의 활력을 되찾을 수 있을지는 나도 모릅니다. 그 사람은 돈으로 갚아 줄 수 있는 것 이상의 것을 앗아 갔으니까요. ──제인, 41세

✚ 전문가 견해

: 법적 권리 : 형사 소송의 결과와는 무관하게, 가해자를 민사 소송으로 고

발할 수 있습니다. 민사 소송 재판은 유죄 혹은 무죄를 결정짓는 것이 아니라, 피해자가 범행 도중에 입은 상해에 대해 가해자가 책임이 있는지를 법정에서 가려내는 것입니다. 가해자에게 책임이 있다고 판명되면, 피해자에게 금전적 손해 배상을 해야 합니다. 여성 긴급 전화나 지역 내 성폭력상담소를 통해서 법률적 문제를 해결하는 데 도움을 받으십시오.

'미국범죄피해자변호사협회'는 지역 변호인 의뢰 서비스를 제공합니다. 한 명을 정하기 전에 여러 명을 만나 보세요. 대부분 임시 비용 계약의 부대 조항 기준으로 처리되고(변호사는 재판에서 금전적 해결이 난 경우에만 수임료를 받습니다), 소송 의뢰 동의서가 반드시 필요합니다.

재판 결과와는 상관없이 다양한 비용을 본인이 부담하게 될 수도 있으므로, 동의서에 서명을 하기 전에 계약의 이모저모를 잘 확인해야 합니다.

가능한 한 그 범죄의 모든 세부 사실을 말로써 다 표현해야 합니다. 힘들겠지만 변호인이 최대한 철저하게 일을 처리하려면 필요한 일입니다. 변호사를 만나러 갈 때에는 남편이나 친구, 파트너, 성폭력상담소 관계자 등 누군가를 데려가고 싶을 수 있습니다. 이날은 변호사를 만난 뒤에 친구와 만날 약속을 잡아 두거나 스스로에게 멋진 저녁 식사를 선물하는 일도 괜찮습니다. 큰일을 해낸 것이니까 여기까지 온 것에 대해 스스로 상을 줄 필요가 있는 것입니다.

가능하면 다음의 서류를 챙겨 두십시오.
- 소송이 제기된 경우 경찰 보고서 1부
- 강간범에 관한 가능한 한 많은 정보
- 범죄에 책임이 있을 수 있는 제3자, 예를 들면 강간이 교내에서 일어난 경우에는 대학에 대한 정보
- 본인의 신체·정서·심리적 상해에 관한 정보

- 의학적 치료, 병원, 의사 정보
- 일터에서 손해를 입은 시간(본인뿐 아니라 배우자 포함)
- 보험 증권, 범죄 피해자 보상 프로그램, 그 밖의 손해 배상금

| 한국 | 현재 성폭력에 대한 형사, 민사 소송에서 법률 구조금을 지원받을 수 있는 제도가 있습니다. 국가 지원의 경우 상담받고 있는 상담소 등을 통해 신청하면 해당 변호사에게 직접 지급되는데, 매년 예산이 한정되어 있어 조기에 마감되기도 합니다. 대한변호사협회에서는 민간 법률 구조금을 조성하여 변호사 비용, 소송에 소용되는 경비 또는 변호인을 직접 지원합니다.

성폭력 피해자의 고소, 고발, 재판 과정은 사회적 변화를 일으키는 매우 중요한 행동이지요. 국내 많은 성폭력상담소에서는 무료 법률 상담을 제공하고 있어, 고소장이나 증빙 자료를 검토하거나, 재판 절차상 궁금한 내용을 해소할 수 있습니다. 성폭력상담소와 관련 법조인들은 소송 과정상 피해자 및 가족 상담, 법정 동행, 전문가 의견 제출, 판결에 대한 분석 및 의견 제시(판례 바꾸기 운동), 재정 신청, 헌법 소원 등의 활동을 펴 피해자의 소송이 있기도 합니다.

강간이 별 영향을 주지 않았어요.
아무것도 바꿀 수 없을 텐데
왜 굳이 그 생각을 해야 하나요?

✍ 경험자 견해

아니, 바꿀 수 있어요.

우리가 바꿀 수 없는 유일한 것은 과거입니다. 하지만 미래는 우리 손에 달려 있어요. 강간을 겪은 것은 바꿀 수 없는 사실이지만, 그 일 때문에 자신을 잡아 두게 될지도 모르는 행태들은 바꿀 수가 있습니다. 어제 일어난 일처럼 느끼게 내버려 두는 감정을 바꿀 수 있습니다. 내일 아침 일어났을 때 자신에 대한 생각이 달라져 있을 수 있습니다.

강간범이 이미 많은 것을 앗아 갔는데 그보다 더 많은 것을 자꾸 잃어버려서는 안 되잖아요. 우리 집안에는 비행사가 많습니다. 가족 모두가 비행을 하고 있어요. 비행사는 대부분 이런 말을 원칙으로 삼고 현실 속에서 타협을 하며 삽니다. "걸어서 나갈 수 있는 추락이면 좋은 추락이다." 자신의 강간 문제에 이 말을 적용하기 시작했습니다. 나는 거기서 걸어서 나간 것입니다. 살아남은 거죠. 많은 여성들이 살아서 걸어 나갈 기회를 갖지 못하고 강간범에게 죽임을 당했습니다. 그들은 다음 날 깨어날 수 있는 선물을 받지 못했습니다.

'걸어서 나가다' 라는 것의 의미를 온전히 받아들였을 때, 극심한 상해에도 불구하고, 감정적으로나 신체적으로나 다른 기회가 있는 것입니다. 내 경우는 걸어서 나갈 수 있는 추락인 것입니다. ──테레사, 44세

✚ 전문가 견해

: 부정 : 부정하려 들 때는 불행한 상황에 처해 있음을 인정하기를 거부할 때입니다. 부정은 모두가 한두 번쯤은 사용하게 되는 방어 기제입니다.

　부정을 통해서 강간이 우리에게 영향을 미친 방식에 대처하는 것입니다. "별일 아니야, 난 다 잊었어."

　이 질문을 좀 더 자세히 들여다보면, 부정은 일어난 일을 잊으려는 것으로 강간 이후에 따라오는 현재의 정상적 감정에서 도망치려는 것입니다. 이 방어 기제는 한동안 효과가 있지만, 감정을 묻어 버리는 데 드는 에너지는 엄청납니다.

　강간의 영향은 여전히 남아 있고, 자아상, 가족과 친구와의 관계, 직장 혹은 학교에서 드러나게 마련입니다. 이런 감정은 드러내어 치료자 아니면 자신이 믿는 누군가와 얘기를 해야만 합니다.

　나쁜 감정만을 묻어 버릴 수 없고 좋은 감정도 함께 묻혀 버리기 때문에 문제가 더욱 심각해집니다. 곧 아무 감정이 없는 듯 느끼게 되는 것입니다. 그냥 아무것도 느낄 수가 없어집니다. 모든 감정을 너무도 잘 묻어 버린 것입니다.

　이럴 가능성은 매우 크고, 자신에게 엄청나게 많은 대가를 요구하는 일입니다. 강간 이후의 매 순간은 자신이 변화할 기회의 순간인 것입니다.

: 조절법 : 이 질문은 겉으로 볼 때는 그렇지 않지만, 실제로는 자신이 변화하려는 욕구가 있음을 의미합니다. 당신은 강간 이후 회복의 첫 단계에 있는데, 즉 강간의 후유증과 영향을 인식하는 중인 것입니다. 나아가서 강간 이후 자신을 괴롭히는 행태, 감정, 생각을 바꿀 수 있습니다. 부정하고 있음을 깨닫고 이를 극복해 나가는 데 상담이 매우 큰 도움을 줄 것입니다.

하느님은 어떻게 내게 이런 일이 생기게 내버려 두셨을까요?

✎ 경험자 견해

강간이 일어난 것 때문에 하느님께 얼마나 분노했는지 모릅니다. 이제 이런 생각이 얼마나 비논리적인가를 깨닫고 있지만, 하느님을 사랑하고 천주교를 믿는 사람으로 평생을 살아온 나는 하느님께서 내린 징벌이라고 보았어요.

강간 중에 하느님께 구원해 달라고 울부짖었지만 소용없었습니다. 나는 하느님이 내게 등을 돌렸다고 생각했습니다.

이런 분노는 개인적으로 고통스러웠던 만큼이나 회복에서 중요한 역할을 했습니다. 이는 내가 의도하지 않았던 영적인 여행으로서 더 큰 믿음을 갖게 된 계기가 되었습니다. 내게 일어난 일은 나 자신뿐 아니라 하느님께도 모욕적인 일이었음을 깨달았기 때문입니다. ——케이트, 44세

✚ 전문가 견해

분노: 이 질문은 분노에 관한 것으로, 그 대상은 이런 일이 있도록 허용한 신, 하느님, 힘의 존재일 것입니다. 불신하고 있는 것입니다. 우리는 강간에 대한 글을 읽어 왔지만 이것은 개인적 문제입니다.

신으로부터 소외된 느낌, 혼자 따로 떼어진 기분이나 버림받은 느낌이야말로 많은 여성들이 겪는 것입니다. 강간을 겪은 것에 화가 나고, 예전의 자기 자신을 잃어버린 데 대해 속은 기분이 들 것입니다. 당신은 분노를 알고 있습니다. 심장을 쿵쾅거리게 하고 에너지가 늘어나는 강렬한 감정입니다.

하지만 강간은 일종의 죽음과 같습니다. 순수성의 죽음, 우리가 믿는 바에 대한 죽음, 우리가 그 이전에 가졌던 한 인간의 죽음입니다. 분노를 느끼는 것은 예상 밖의 것이 아니라 전적으로 정상적인 일입니다. 당신은 상해를 입고 상처받았기에 화를 낼 권리가 얼마든지 있습니다. 그 감정은 친구, 가족, 사법부, 심지어 강간을 겪지 않은 다른 여성들을 향할 수도 있습니다.

분노를 공격적인 방식으로 표출하는 일은 당연한 반응입니다. 스스로도 분노와 신경질에 놀랄 수 있고, 자신도 모르게 복수할 방법을 생각하고 있을지도 모르며, 강간범에게 당한 고문을 똑같이 가하는 생각을 할 수도 있습니다. 이는 드문 일이 절대 아닙니다. 분노한다고 해서 자신이 나쁜 사람이 되는 것이 아닙니다. 분노는 강간으로 인한 정상적이고 예상할 수 있는 반응의 하나입니다.

사실상 우리의 분노와 화가 문제가 되는 것은 그것이 사적인 관계나 직장 내 인간관계의 질에 영향을 미칠 때, 분노를 행동으로 옮길 때뿐입니다.

조절법 요구 사항을 공격적인 방식이 아니라 분명한 주장으로 표현해 내는 것이 분노를 조절하는 건강한 방법입니다. 이는 비이성적 행동이 아니므로, 감정적·심리적·신체적인 상해를 입은 것과 관련된 감정을 자신이 편하게 느끼는 사람 앞에서 표출해야 합니다.

더 주의했더라면,
이런 일은 일어나지 않았을까요?

✍ 경험자 견해

"만일 그렇게 안 했더라면"과 같은 질문을 스스로에게 던지면서 지칠 대로 지쳤습니다. 심각한 음주 문제가 있었으며, 누구와 함께 있었고 무슨 일을 했는지 기억조차 못한다는 사실에 직면하는 것이 한 전환점이 되었어요. 진행 속도가 느린 전환점이었지만 말이죠. 어찌 보면 강간을 겪은 것이 내 생명을 살린 셈이 되었는지도 모르겠습니다. ___잔나, 42세

✚ 전문가 견해

: 타협 : 타협이란 "만일 그렇게 안 했더라면" 식의 사고방식으로 특징지을 수 있습니다. "밖에 나가지 않고 집에 있었더라면?" "짧은 스커트를 입지 않았더라면?" "그 남자한테 말을 걸지 않았더라면?" 타협은 비이성적이며, 대개 강간의 책임을 지나칠 정도로 자기 자신에게 묻는 일입니다.

: 조절법 : 타협에는 두 가지 가정이 있는데, 첫째는 일어난 일에 대해서 자신이 얼마의 책임이 있다는 것, 그리고 둘째는 일어난 일에 대해서 책임이 있으므로 자신이 벌을 받아야 한다는 것입니다.

첫 번째 가정 끝도 없이 지치게 만드는 "만일 그렇게 안 했더라면"이라는 질문을 자신에게 던짐으로써, 강간에 대해 자기가 어떤 책임이 있다고 단정 짓게 됩니다. 당신은 아무런 책임이 없습니다. 짧은 치마를 입은 것에도, 술에 취한 것에도 책임이 없습니다. 이성과 시시덕거리며 놀았다고 해도

아무런 책임이 없습니다.

이런 행동 가운데 일부는 자신에게 유익하지 않은 행동일 수 있지만, 그렇다고 해도 그 행동이 강간을 불러들인 것은 아니며 그런 상황에 처할 이유는 단 한 가지도 없습니다. 짧은 스커트를 입은 것이, 그 누구에게도 길거리에서 강간해도 된다는 면허를 준 것이 아니며, 쉬운 상대라고 말하는 것이 아니며, 단지 짧은 스커트를 입기 좋아한다는 것을 말해 줄 뿐입니다.

두 번째 가정 자신을 벌주는 것은 회복에 아무런 도움이 되지 않습니다. 자신의 행동이 강간에 일부 관여했다고 믿는다면 철저히 그 행동을 그만두십시오.

자신의 경계가 풀려 있었다고 느끼는 것은 술을 너무 많이 마셔 취했기 때문입니다. 해결책은 앞으로는 조절할 수 있는 양까지로 주량을 제한하는 일과 당신을(혹은 그 친구들을) 지켜봐 줄 믿을 만한 친구와 함께 외출하는 일이 될 것입니다.

자신의 행동이 강간에 어떤 영향을 준 것인지 확신할 수 없다면, 단짝 친구를 떠올려 보세요. 그녀가 강간 이전에 한 행동과 똑같이 행동했다고 그녀를 비난하겠습니까? 그녀에게 책임을 물을 수 있었겠습니까? 진정으로 그녀에게 책임을 물으려 한다면(예컨대 그녀가 과음하는 경향이 있는 경우) 그녀를 위해 도움을 주겠습니까, 아니면 계속해서 그녀를 나무라며 다그치겠습니까?

이제는 단짝 친구에게 보인 연민과 공감을 자기 자신에게 돌릴 차례입니다. 당신은 친구에게 스스로를 벌하는 일을 중단하라고 말하고 싶을 것입니다. 그와 마찬가지로 당신도 자책을 중단하세요. 아무짝에도 소용없는 일입니다.

세상이 죽어 버린 것만 같아요. 왜 이렇게 우울한 걸까요?

✎ 경험자 견해

우울증은 너무도 고통스럽고 모든 부분에 걸쳐 있었습니다. 그저 바란 것이라고는 침대에 누워 있는 것뿐이었습니다. 다 지난 일처럼 말하지만 여전히 우울증으로 고통을 받고 있습니다. 빈도가 줄기는 했지만 우울증 때문에 믿을 수 없을 만큼 힘든 날도 아직 있습니다.

감정적으로, 패배자의 심정이었습니다. 직업적 능력 면에서가 아니라, 전반적으로 삶을 꾸려 나가는 능력과 관련한 것입니다. 다른 일은 정말로 잘할 수 있었지만 삶을 챙겨야 하는 문제에서는 나 자신이 무능하게 느껴집니다. 반면 주변 모든 이들은 무척이나 유능해 보였습니다.

심리상담가가 그것을 먼저 알아차렸습니다. 상담 시간 동안에 내가 그저 멍하니 앉아 지금과 과거를 바라본다는 사실을 집어냈습니다. 나는 '조닝 아웃' 하는 듯해 보였지만, 실제로는 말을 해도 내 느낌을 적절히 표현하지 못할 것 같아 아무 말 하지 않았던 것입니다. 내게는 세상 역시 죽은 것처럼 느껴졌습니다.

그런 일을 겪고도 세상의 나머지는 어떻게 지속될 수 있는 것일까요? 슬픔이란 것이 과연 이런 것이구나 하고 새삼 확인합니다. 실제로 마치 죽은 것처럼 느껴집니다. 아니 정확히 말하면, 내가 갖고 있던 모습, 내가 되기를 희망한 모습이 더는 존재하지 않는 것입니다. 이제 무슨 일을 할 수 있을까요? ____샤나, 30세

약물 치료에 대해 심리상담가와 얘기한 바 있습니다. 여러 가지 성공 사례에 관한 것이었지만 그는 약물 복용을 시작하는 것에는 찬성하지 않았습니다. 그 이유는 그로

인해 강간과 관련한 감정과 정서가 가면을 씌우듯 감춰질 수 있기 때문입니다. 그 감정은 그 존재를 드러내고 함께 얘기하면서 진행시켜 가야 할 감정인 것입니다.

하지만 당시에는, 다른 사람들은 훨씬 덜 심각해 보이는 상황에서도 '행복 알약'을 먹고 잘해 나가는데 나만 계속해서 고통 속에 있게 하는 것은 불공평하다고 생각했습니다.

지금은 그 생각이 여러 측면에서 잘못되었다는 걸 깨달았습니다. 누군가의 우울증이 얼마나 심각한지 내 경우와 비교하는 일은 내가 할 일이 아니며, 항우울제는 '행복 알약'이 아니라는 것이지요.

하지만 중요한 것은, 왜 하필이면 내가 강간에 걸려들었을까 하는 억울함이, 나를 생각해서 처방전을 주지 않은 치료자에게 전치되었다는 것입니다. 그것은 억울한 일이었습니다. 바로 그 사실이 내가 받아들여야만 했던 것이었습니다.

항우울제를 복용했더라면 그런 통찰력을 키울 수 있었을까 하는 의문이 듭니다. 돌이켜보면 치료자가 옳았습니다. 힘겨운 일이었고 때로는 끔찍했습니다. 하지만 나는 회복을 향해 앞으로 나아가고 있습니다. ＿＿익명, 44세

✚ 전문가 견해

: **우울증** : 의학적 질병이며, '기분'이 아닙니다. 이는 인종·성별·소득 수준·직업 등과는 무관한 것으로, 누구도 우울증에 대한 면역성이 있지 않습니다. 모두가 그 가능성에 노출되어 있습니다. 고흐, 마크 트웨인, 처칠, 링컨과 같이 큰 업적을 이룬 사람들조차도 우울증을 앓은 바 있습니다. 하지만 일종의 낙인으로 남는다는 것 때문에 우울증으로 고생하는 사람이 도움을 받지 못하기도 합니다.

: **조절법** : 우울증은 치료 가능하며, 조기 치료를 통해 가장 심각한 증상조

차도, 예를 들어 죽음과 자살에 대한 생각까지도 확실히 완화시킬 수 있다는 것을 반드시 알아야 합니다. 정신 건강을 다루는 기관에서는 약물 치료와 심리상담을 합니다. 약물이 처방된 경우라면 두 가지 치료를 병행할 것을 제안합니다. 당신의 핵심적인 문제에 함께 접근하지 않는다면, 우울증의 증상을 단순히 완화시키는 것은 그다지 도움이 되지 않습니다.

스스로에 대한 부정적 생각이 정신 건강에 불리하게 작용해 종종 우울증을 불러일으킵니다. 이러한 부정적인 생각을 깨달음과 동시에 즉시 중단하는 것은 우울증 극복에 많은 도움이 되며, 이것이야말로 배움을 통해 가능하며 계발될 수 있는 기술입니다. 부정적인 생각에는 자책과 자기비판, 스스로에 대한 부정적 의견, 미래에 대한 부정적 느낌 등이 있습니다.

어떻게 해야 일어난 일을
받아들이는 법을 알 수 있을까요?

✎ 경험자 견해

회복 과정에서 이 단계가 가장 힘든 것 같습니다.

내가 예전의 내가 아니라는 사실을, 평생 동안 그 기억을 갖고 살아야 한다는 사실을 받아들일 수 없을 것 같습니다. 어떤 기억도 그 기억보다는 나을 거예요.

실제로 그 사실을 결국 수용하게 된 것은 완전히 지칠 대로 지쳤기 때문이었습니다. 그 일을 잊으려고 혹은 지워 버리려고 힘들게 애쓰고 있다가, 어느 순간 이미 일어난 잘못된 일을 바로잡기 위해 계속해서 발버둥치기보다는 차라리 있었던 일을 받아들이고 앞으로 나아가는 것이 덜 고통스럽겠다고 깨달은 겁니다.

그래서 사흘 동안 나 자신에게로 침잠해 들어갔습니다. 심리상담가가 권유해서 쓰게 된 일지를 꺼내 들고 내가 쓴 얘기를 하나하나 읽으며, 정말로 그 내용에 몰입했습니다. 그러자 내가 계속 지켜 온 패턴이 있다는 걸 알았습니다. 나는 거의 모든 상담 때마다 자신을 비하해 왔습니다. "어찌어찌 하다니 난 너무 멍청해", "난 너무 비현실적이야" 등등.

4년에 걸친 상담 이후에, 사실에 대한 깨달음도 통찰력도 없이 징징대고만 있었던 겁니다. 스스로를 끝임없이 비하해 온 것이 아무 소용도 없음을 알았습니다.

아마도 난 '터프 러브'(tough love, 애정을 표현할 때 부드러운 방법보다는 비교적 단호하게 접근하는 방법을 말한다. —옮긴이) 방식의 사고를 해 온 것 같습니다. 강간은 내 잘못이 아닙니다. 내가 그것에 관해 할 수 있는 일은 아무것도 없었습니다. 한 줄기 빛이 머릿속에 비치는 것 같았습니다. 받아들이세요. 그뿐이에요. 마법은 일어나지 않아요. 다음 상담에는 준비된 상태로 갔고, 심리상담가에게 이제 어제와 작별하고 앞으로 나아갈 때가 왔다고 말했습니다.

내가 원하는 사람이 되려고, 그리고 강간을 제대로 된 시각에서 바라보려고 열심히 노력하고 있다고 생각합니다. 너무도 끔찍한 경험이라서 이제 더는 반복하고 싶지 않지만, 이제는 잊을 겁니다. 전진해야 할 때니까요. ___테디, 44세

✤ 전문가 견해

: **수용** : 치유의 마지막 단계입니다. 스스로에게 "그래, 난 강간을 겪었어, 하지만 난 계속 나아갈 수 있어."라고 말할 수 있는 것입니다. 수용 단계에 이르면 나 자신에 대해 깨달을 수 있고 극복을 위해서 무엇이 필요한가를 알 수 있습니다. 나 자신을 돌보기 위해서 해야만 하는 일을 알게 됩니다. 필요한 것을 어떻게 충족해야 하는지를 알게 됩니다.

: **수용을 배우기** : 수용에 관한 진실을 말하자면, 우선 본인만의 때에 이 단계에 이르게 되는데, 그때는 사람마다 달라서 그 시간표를 제시할 수는 없다는 것입니다. 스스로 그토록 끔찍한 외상적 경험을 이겨 낸 용기를, 자신의 두려움을 살필 줄 아는 능력을 충분히 높이 살 때 이 단계에 도달할 수 있습니다. 단지 생존뿐만 아니라 오히려 더 잘 살아 나가기 위해 필요한 도움을 누가 언제 가장 잘 제공해 줄 수 있는지를 판단할 수 있는 능력을 충분히 갖췄을 때 이 단계에 이를 수 있습니다. 이제껏 스스로를 알아 온 것 이상으로 더 잘 알게 되며, 대부분의 사람들이 그들 자신에 대해 아는 것 이상으로 자신을 더 잘 알게 될 무렵에 이 단계에 도달할 수 있다는 것입니다.

당신은 불의 심판을 받아 온 것입니다. 지옥을 걸어 나와 살아남은 것이니 이제 5년, 10년간의 자신 삶을 되돌아볼 때, 자신의 용기와 생존 기술에 스스로 놀라움을 금치 못할 것입니다. 스스로 생각하기에도 자신이 자랑스러울 것입니다. 강간범이 아니라 당신이 이긴 것입니다.

강간 회복을 위한 단기간 지원은 어떤 게 있을까요?

🖎 경험자 견해

강간위기센터에서 나온 변호사가 아니었다면 신체 검진과 법적 고소를 할 수 있었을까 싶습니다. 그녀는 필요한 순간마다 곁에 있어 주었고, 모든 단계마다 다음에 무엇을 해야 하는지를 알려 주었어요.

예를 들면, 강간 검사 중에 증거를 찾기 위해 음모를 자세히 검사하게 되고, 음모 채취가 있으리라는 점은 몰랐어요. 그녀가 알려 주지 않았다면, 검사는 신체적으로든 감정적으로든 훨씬 더 불편하게 느껴졌을 것입니다. ____매건, 22세

✚ 전문가 견해

장단기 목표를 위한 여러 종류의 기술과 전문적 지식을 보유한 전문가들이 있습니다. 강간을 겪은 것이 20분 전이든, 20년 전이든 관계없이, 당신은 지금도 근심과 불안을 느끼고 있으며, 즉각적인 안도감이 필요합니다.

도움을 구하는 일은 고되고 힘들지만, 시간과 노력을 쓸 만한 가치가 있습니다. 도움의 필요성을 인식하고 찾아내는 일은 당신을 더욱 강하게 해 주고 자신을 돌보는 능력에 더욱 자신감을 심어 줍니다. 다음 전문가들은 위기 상황에 있는 강간 피해자들과 함께 작업해 나가도록 특별히 훈련된 사람들입니다.

: 강간위기센터 : 지역 내 강간위기센터에는 병원까지 동행해 줄 직원과 변호사가 있으며, 피해자가 강간의 위기 단계를 헤쳐 나가는 데 필수적인 정

보들을 제공합니다.

변호사는 경찰서까지 동행하고 인터뷰 중에 함께 있으며 신고 절차, HIV 와 임신 테스트, 성병에 관한 정보를 주고 피해자에게 필요한 상담과 의뢰 문제에 즉각적이고 장기적인 서비스를 제공합니다.

지역 내 강간위기센터는 사실 단기적 지원만 하는 곳이 아닙니다. 강간 사건의 변호사는 몇 달씩 시간을 들이고 엄청난 에너지를 쓰면서 강간 피해자 한 사람을 돕는 데 최선을 다합니다.

: **성폭행 대응팀** : 성폭행 대응팀은 간호사 검사관, 법률 시행, 강간 피해자 치료 및 가해자의 사법 처리에 대한 폭넓으면서도 해당 지역에 근거한 대응을 제공하도록 특별히 훈련된 캠퍼스 및 강간위기센터 직원을 포함합니다. 이들은 여러 차례 인터뷰마다 피해자가 내야 하는 시간을 줄여 줍니다.

: **성폭행 간호사 검사관** : 성폭행 간호사 검사관들은 성폭행 이후에 특정하면서도 광범위한 보살핌을 제공하도록 훈련되었습니다. 그들은 증거 채취와 보존을 위해 개발된 법의학적 검사를 시행하고, 전문적인 목격자 진술을 제공하며, 무엇보다도 꼭 필요로 한 시기에 공감과 위로를 보여 줍니다.

| **한국** | 〈여성·학교폭력 피해자 원스톱지원센터〉는 여성가족부, 경찰청, 의료 기관이 공동으로 운영하고 전국 시도에 16개소가 있는데, 증거 채취 및 검진, 고소/고발, 진술 녹화를 한 번에 할 수 있습니다. 〈성폭력 전담의료 기관〉에서는 성폭력 피해에 대한 응급 처치, 증거 채취, 검진, 치료를 무료로 받을 수 있고요. 피해 직후에 365일 24시간 운영되는 〈여성긴급전화 1366〉에 전화하면 상황에 적합한 각 전문 기관을 연계받을 수 있습니다.

성폭력상담소는 대부분 민간 기관인데 변호사가 상주하고 있는 곳은 없고, 상담원이 병원, 경찰서에 동행하는 지원을 하고 있습니다. 한국에서 피해 직후에 즉각적이고도 세심한 지원을 받을 수 있는 공공 인프라가 대대적으로 생긴다면, 성폭력 피해를 숨기지 않아도 되는 환경이 만들어질 겁니다. 이 책 3부를 참고하십시오.

긴급 상황에서 어떤 도움을 기대할 수 있을까요?

⚐ 경험자 견해

처음에 단기간 지원을 받는 것이 아주 중요합니다. 강간은 침해 정도가 크며 끔찍한 경험인 까닭에 혼자 감당해서는 안 됩니다. 한동안 혼란스러우며, 짜증이 나고, 외로움에 시달릴 것입니다. 첫 한 달 동안에 수만 가지 감정을 겪게 될 것입니다.

그 일 이후 내게는 삶이 모호함 자체였습니다. 아무도 강간에서 회복되는 데 필요한 시간과 에너지를 비축해 놓고 살지는 않겠지요. 도와주는 변호사가 없었다면 법적으로 앞뒤 분간을 할 수 없었을 겁니다. 변호사는 약속을 잡아 주었고, 우리가 계획을 세울 수 있도록 남편과 나의 의논 상대가 되어 주기도 했어요.

그 일은 어느 날 갑자기 찾아와서 세상을 거꾸로 처박아 놓고, 삶 전체를 뒤바꾸는 질병과도 같습니다. 그 일 이후 2주쯤 뒤에 처음으로 레스토랑에 식사하러 갔는데, 뭔가 대단한 일이라도 이뤄 낸 기분이었습니다. 주변을 둘러보니 종업원도, 메뉴도, 포크를 집어오는 일이나 씹는 일까지도 아무것도 변하지 않았는데, 내 세상 속에서는 모든 것이 변해 버렸습니다.

매일같이 반복되는 일상을 견뎌 내야만 하는 상황에서 단기간 지원을 활용하지 않았더라면 훨씬 더 악화되었을 것입니다. 이것이 바로, 변호사로 활동하고 있는 한 사람으로서, 여성들에게 즉각적인 도움을 권장하는 이유입니다. ___안젤리카, 41세

✚ 전문가 견해

긴급 상황에서 도움을 빨리 받을수록 장기적인 문제로 발전할 가능성을 낮출 수 있습니다. 강간 피해자로서 받을 수 있는 지원은 여러 가지가 있으므

로, 힘겨운 시기일 뿐 아니라 당신의 독립적인 성격에 반한다고 할지라도 누군가가 당신을 도울 수 있도록 허용해 주세요.

: 긴급 상황 시 지원의 단계 :

법의학적 검사 첫 단계는 법의학적 검사인데 종종 '강간 키트'라고 불립니다. 간호사 혹은 의사가 필요한 증거를 수집할 것이며 체내 검사를 할 것입니다.

입, 질, 항문 부위(강간과 연관된 경우)에 남겨진 분비물을 면봉으로 채취합니다. 머리카락과 음모 샘플이 뿌리째 채취되고 음모는 털과 분비물 채취를 위해 빗겨질 것입니다. 사진을 찍어 상해를 모두 기록하고 옷은 증거물로 보관됩니다. 고발하기로 결정한다면 고발 조치가 취해집니다.

다시 성폭행 대응 팀에게 도움을 받을 수 있는지 문의해 보세요.

이 팀의 협조를 받으면 고발 조치는 더 순조로울 것이며, 반복되는 진술도 일정 시간 내에 마무리될 수 있습니다. 강간 변호사는 의학적·신체적·정신적 건강의 필요성에 대한 전반적 평가를 제공하도록 훈련을 받아 정보와 의뢰 등을 같이 제공하게 됩니다.

더불어 개인적으로 안전함을 느끼도록 각종 정보를 제공하는 등 협조를 계속해 줄 수 있습니다.

평가 단계 두 번째 단계는 강간으로 인해 피해자의 삶이 어떤 영향을 받았는지를 판단하기 위해 정서적으로 즉시 요구되는 사항들이 무엇인지 평가하고, 회복 계획이 진행됨에 따라 치유를 시작합니다.

재정상화 단계 세 번째 단계에서는 피해자의 삶을 다시 정상화시키면서 지속적인 치유가 이뤄집니다. 변호사는 피해자가 사법 시스템은 물론 다양한 기관들과 교류할 수 있도록 협조할 것입니다.

| **한국** | 성폭력 전문 기관, 상담소 등에 첫 상담을 하는 것은 무척 중요합니다. 성폭력이 내 잘못으로 인한 것이 아니었다고 더 먼저 인지할수록, 스스로를 덜 힘들게 할 수 있으니까요. 첫 상담을 했던 기록과 시기는 이후 사건 진행 과정에서도 피해자의 상황을 입증해 줄 수 있는 자료가 되기도 합니다. 병원 검진은 증거 채취의 경우 48시간, 사후 피임약 처방의 경우 72시간 안에 이루어져야 합니다. 샤워를 하지 않고 가야 한다는 것을 잊지 마세요. 개인적으로 신뢰가 가는 친구나 주변인에게 연락하여 위로와 지지를 요청하거나 겪은 사건에 대해 기억이 생생할 때 자세히 기록을 남겨 보는 것도 필요합니다.

강간 회복을 위한 장기적 도움에는 어떤 것이 있을까요?

✍ 경험자 견해

강간 이후에 누군가가 절실히 필요했으나, 어떻게 하면 나의 가장 내밀한 생각과 감정을 나눌 만한 사람을 만날 수 있을지 알지 못했습니다. 그래도 논리적인 편이기 때문에, 내게 필요한 것을 가장 잘 충족시켜 줄 만한 사람이 누구인지 조사하기 시작했어요. 마침내 약물 치료를 받기 위해서 정신과 의사를, 상담을 받기 위해 심리학자를 만나게 되었습니다. 이 두 전문가를 찾아낼 수 있었던 것은 큰 행운이라고 생각합니다. ___조안나, 44세

✚ 전문가 견해

앞서 언급한 대로, 전문가의 도움이 필요하다는 것을 인식하는 것 자체가 피해자가 회복하려는 의지가 어느 정도인지를 말해 줍니다. 다음과 같은 전문적 상담가들이 있습니다.

면허 취득 임상 사회복지사(LCSWs): 임상 사회복지사는 사회복지 분야 학사, 석사, 박사 학위를 가진 정신의학 전문가들입니다. 개인적 치료를 포함한 수많은 문제들을 체계적으로 다루는 훈련을 받았습니다.

결혼·가족 상담사(MFTs): 심리상담과 가족 제도 분야에서 훈련받은 정신의학 전문가입니다. 정신적·정서적 질환을 진단하고 치료하는 훈련을 받고, 주로 부부·가족들과 함께 일을 진행합니다.

: **심리학자** : 심리학자는 APA(미국심리학회)가 인정한 대학 또는 전문적 교육 기관에서 심리학 박사 학위를 취득하고 뇌의 기능에서부터 삶의 전개에 관한 각종 문제에 이르기까지 마음과 행동을 연구하는 전문가입니다.

: **정신과 의사** : 의과 대학을 졸업하고 정신과에서 전공의 수련을 4년 더 받은 의사들로, 많은 정신과 의사들은 특정 전문 분야에서 추가적인 수련을 받아 정서적·신체적 질환 사이의 연관성을 이해하고 적절한 치료 계획을 수립할 수 있게 됩니다. 정신과 의사는 약물 처방을 할 수 있는 유일한 정신의학 전문가입니다.

| **한국** | 위기 상황에 대한 대처를 마무리해 갈 무렵, 장기적이고 지속적인 치유, 회복의 과정을 시작하여 성폭력 경험이 인생에 던져준 의미를 멀고 깊게 탐구하는 생존자들이 많습니다. 상담을 1~2년 이상 장기간 받거나, 해당 상담 이론에 대한 공부를 병행하면서 이해의 폭을 심화시켜 가는 것도 큰 도움이 됩니다. 매월 마지막 주 수요일에는 서로의 경험을 나누는 성폭력 피해자 그룹 모임이 열리고 있습니다(작은 말하기 cafe.daum.net/small-but-big-talk). 심리상담이나 신경정신과 치료를 받는 데 드는 비용을 성폭력 피해자 의료비에서 지원받을 수 있습니다. 1인당 300만 원까지 가능하며, 성폭력상담소를 통해 신청하면 추후 지원됩니다.

심리상담가를 어떻게 찾을 수 있나요?

✐ 경험자 견해

문제를 함께 해결해 나갈 수 있는 신뢰할 만한 심리상담가를 찾기 위해 세 명을 만나 보았습니다. 자격증을 갖춘 숙련된 사람인가를 넘어, 우리가 초기부터 소통을 위한 신뢰감을 공유할 수 있는가 하는 점이 가장 중요하다고 생각합니다. 첫 만남에서 다른 두 명에게서는 느낄 수 없었던 든든한 무언가가 느껴지는 상담사가 있었습니다. 통했던 것이죠. ___안나 마리, 30세

✚ 전문가 견해

: 정신적 외상 전문 치료사 : 외상 스트레스 연구를 위한 국제학회(ISTSS) 연구진에는 정신과 의사, 심리학자, 사회복지사, 결혼·가족상담가, 간호사, 상담자, 각 분야 연구자들이 포함되어 있습니다.

: 심리상담가 찾기 : 1. 지역 내 강간위기센터나 RAINN에서 세 명의 심리상담가를 소개받으세요.

2. 10~15분 정도 전화 통화를 하면서 증상과 목표에 대한 전반적 정보를 얻으세요. 다음과 같은 정보를 얻고 첫 상담 약속을 잡아야 할 것인지를 결정합니다.

- 출신 학교, 수련 기관 및 자격증
- 유사 환자를 다루는 데 있어 특정 치료 방식과 경험 및 성공 사례

3. 전화 인터뷰 혹은 첫 상담 이후 심리상담가를 선정하기 위해 다음의

내용을 살펴봅니다.

- 서로간의 소통을 위한 신뢰성을 확보했는가? 앞으로도 지속적으로 신뢰감을 키워 나갈 수 있는 사람이라고 느껴지는가? 증상에 관한 얘기를 나누는 것이 편안하게 느껴지는가?
- 제기하는 문제들과 고민거리를 이해하고 있는 것으로 보이는가?
- 당신의 문제에 관심을 갖고 있는가, 기꺼이 들어 줄 용의가 있는가, 상황을 수용하고 있는 것으로 보이는가?

| 한국 | 성폭력으로 인한 외상후 스트레스 장애나 자살 충동, 우울증, 섭식 문제 등을 겪고 있는 경우 이를 전문으로 다루는 심리 치료 기관을 이용할 수 있어요. 한국에도 대한외상성스트레스연구회(KSTSS)가 있고 다이어렉티컬 행동 치료, 지속 노출 치료를 전문으로 하고 있는 센터가 있는데, 성폭력상담소에 문의하여 성폭력 피해자 지원 경험이 풍부한 치료사를 추천받는 것이 좋습니다. 심리 평가를 먼저 진행한 후 그 결과를 바탕으로 치료사는 치료 기간과 방법을 제안합니다. 그때 궁금한 점과 의견을 충분히 나누십시오. 간혹 성인지적 감수성과 성폭력 문제에 대한 이해가 부족하여 여성 피해자를 비난하는 통념을 그대로 가지고 있는 상담가도 있습니다. 심리상담가, 치료사들의 성폭력에 경험과 인식을 엿볼 수 있도록 강의록, 칼럼, 사례 연구물 등을 살펴보는 것도 좋겠습니다.

어떤 종류의
심리상담이 가능한가요?

✎ 경험자 견해

본격적인 심리상담에 들어가기 이전에 한참 동안 알아보았어요. 어떤 것이 가능한지? 내게 가장 잘 맞는 것이 무엇인지? 심리학과 정신의학 분야는 평범한 사람들에게는 너무도 낯설어서 어디서부터 시작해야 좋을지 도무지 알 수가 없다고 생각합니다.

　심리상담의 유형은 어떤 것이 있는지? 심리학자, 정신과 의사, 면허를 취득한 임상사회복지사, 결혼·가족상담가, 모든 이의 이력을 꼼꼼히 읽고 나니 그 전보다 훨씬 더 혼란스러웠어요. 어떤 이는 행동 치료, 어떤 이는 인지 치료, 또 어떤 이는 인지 행동 치료를 권했습니다.

　모든 다양한 유형들에 대해 공부한 후에, 마침내 매우 논리적이고 직설적인 방법인 인지 행동 치료를 택했습니다. 솔직히 이전부터 그런 점이 없지 않았는데, 강간으로 인한 부정적인 자의식이 나의 '정체된' 상태에 매우 큰 역할을 하고 있음을 알고 있었어요. 다른 사람들은 어떻게 아무런 문제없이 잘 해나가고 있는지 이해할 수 없었어요. 난 항상 규칙에 충실하고 일을 잘 처리하고 나아갈 방향을 뚜렷이 하면서 지내 왔지만, 그런 것이 힘든 고통이었으며, 제대로 잘된 것은 아무것도 없었습니다. 나 스스로에게 그렇게 말하고 있었습니다.

　심리상담가는 발목을 붙잡는 그런 부정적인 생각을 계속 고쳐 나가야 한다고 강조했어요. 그리고 숙제를 잔뜩 내주었는데 지금은 상당한 진전을 이룬 것 같습니다. 그는 스스로 못마땅한 행위에 초점을 맞추며, 생각이 어떤 식으로 그 행위를 낳는지를 연결지어 생각하도록 도와줬습니다. 상담에 15년을 쓰고 싶지는 않았던 만큼, 이것이 나에게는 탁월한 상담 방법이었습니다. ＿＿세리, 39세

+ 전문가 견해

: 행동 치료 : 행동 치료는 보상, 무감각화, 강화의 사용을 통해 원치 않는 행위를 규명하고 변화시키는 것을 도와줍니다.

: 생물 의학적 치료 : 생물 의학적 치료에서는 정서 장애를 치료하는 데 약물과 정신 치료를 병행합니다. 정신과 의사는 유일한 정신의학 전문가로, 약물을 처방할 수 있고 정신 치료 제공자가 될 수도 있으며 심리상담가와 함께 연계해서 일할 수도 있습니다.

: 인지 치료 : 인지 치료는 스스로 하고 싶지 않은 행위로 이끄는 사고방식의 왜곡을 규명하고 변화시키는 것을 돕습니다. 한마디로 사고방식 변화에 도움을 줍니다.

: 인지 행동 치료 : 인지 행동 치료는 행동 치료·인지 치료 방식을 모두 사용하고, 보통 단기간 치료를 합니다. 이는 매우 능동적인 치료 방법으로, 치료사는 숙제와 읽기 과제에 비중을 많이 둡니다.

: 대인 관계 정신 치료 : 일대일 대화를 직접적으로 활용하면서 통찰력 있게 문제를 규명하고 해결해 나가는 데 도움을 줍니다. 치료 목표는 행동의 변화를 이끌어 내는 것입니다.

: 정신 분석 : 정신 분석가는 현재의 행동적·감정적 부분에 직접적인 영향을 줄 수 있는 과거 문제를 규명하는 것을 돕습니다. 정신 분석가와 수많은 상담을 하게 되는 집중적 치료법입니다.

누군가 미술 치료를 제안했는데, 도움이 될까요?

✍ 경험자 견해

나는 고통, 분노, 상처를 색깔과 모양의 형태로 경험합니다. 그래서 '예술 치료' 라는 것을 해 보았습니다. '자기 주도적으로' 했다고 말할 수 있을 겁니다. 학부 때 미술사를 전공했지만 그 능력을 사용해 본 적은 없었어요.

회사에 들어가 일하면서는 수년 동안 계발해 온 회화나 드로잉 능력을 발휘할 기회가 전혀 없었어요. 알고 지내던 사람에게 상당히 잔인한 강간을 겪은 후에, 그 어느 것도 위안이 안 된다는 것을 알았습니다.

그런데 어느 날 창고 방을 깨끗이 치우다가 유화 재료를 발견했습니다. 그날을 정확히 기억합니다. 구름 낀 비오는 날이었는데, 이젤을 설치하고 캔버스에 그냥 붓질을 했습니다. 분노란 분노는 모두 신경질과 더불어 표출되어 색이며 모양으로 그 모습을 드러냈습니다. 그림을 그리면 그릴수록 이미지는 조금씩 덜 신경질적으로 되어가고, 그 결과 나 자신도 화를 덜 내게 되었지요.

미술 치료를 전문으로 하는 심리상담가를 찾아 나서기 시작했고, 그 후 그토록 찾지 못했던 마음의 평화를 찾아낼 방법을 알게 되었습니다. ──토니, 32세

✚ 전문가 견해

미술 치료는 회화, 드로잉, 사진 등 미술 매체를 표현 수단으로 삼습니다. 치료에 이용된 미술은 피해자의 감정과 갈등을 표현해 내도록 하는 것입니다.

미술 치료를 통해 자기 주도적 학습으로든 미술 치료 전문 상담가와 함께든 정해진 형태에 얽매이지 않고 행동과 문제 해결 능력을 탐구해 나갑

니다.

: 미술 치료사 구하기 : 1. 미술 치료사에게 인증서를 발급하는 미국미술치료협회(AATA)에서 세 명의 상담가를 소개받으세요.
2. 10~15분의 전화 통화를 하면서 증상과 목표에 대한 개략적인 내용을 제공 받으세요. 각 치료사한테서 다음의 정보를 받아두세요.
• 상담가의 출신 학교, 수련 기관 및 자격증, 심리학이나 사회복지 분야 졸업 학위와 더불어 미술 치료 분야에서 심화된 교육이나 훈련을 받았는지 여부.
• 유사 증상을 가진 의뢰인에 대한 상담 경험 및 성공의 특정한 방법.
3. 전화 인터뷰 혹은 첫 상담 이후에 다음의 것을 고려해 보고 알맞은 치료사를 선택합니다.
• 상담가와 소통을 위한 신뢰감을 가질 수 있었는가? 그가 앞으로도 신뢰를 키워 갈 수 있다고 느껴지는 사람인가? 증상을 얘기하는 것이 불편하지 않았는가?
• 그에게 문제나 걱정을 털어놓으면 충분히 이해해 줄 것 같은가?
• 문제에 관심을 가진 듯이 보이는가, 적극적으로 귀를 기울여 주는가, 상황을 받아들이고 있는가?

| **한국** | 미술 치료, 음악 치료, 춤동작 치료, 놀이 치료, 원예 치료 등 예술 치유 영역이 점차 넓어지고, 관련 치료사 배출이 늘어가고 있는 추세입니다. 각 분야에서 전문가를 배출, 인증하는 협회나 교육 과정도 다양해지고 있어 예컨대 미술 치료는 한국미술심리치료협회, 한국미술치료학회, 한국아동미술치료협회 등이 활동 중입니다. 따라서 개인 치료사의 경험과 신뢰

가능성을 타진해 보는 과정이 중요한 것 같아요. 성폭력 피해생존자를 위한 ○○테라피(치료) 과정을 성폭력상담소에서 개설하는 경우도 종종 있습니다. 이 과정은 성폭력에 대한 전문성 있는 치료자와 다른 생존자의 경험을 나눌 수 있고, 비용 또한 무료이거나 저렴하다는 장점이 있습니다. 치료 과정을 선택할 때 개인 치료와 그룹 치료, 성폭력 피해 경험자 그룹과 일반 그룹 중 더 도움이 될 만한 조건을 생각해 보면 좋겠지요.

EMDR이란 무엇입니까?
이런 상담이
도움이 될까요?

✍ 경험자 견해

심리상담가가 EMDR(안구 운동 민감 소실 및 재처리 요법)을 추천했을 때 몇 가지 이유 때문에 두려웠습니다. 우선 잘 알려져 있지 않기 때문입니다. 상담가는 내가 강간의 어떤 면을, 즉 당시 특히 불편했던 점을 머릿속에 담고 있을 것이라고 말했습니다. 그래서 생각의 방향을 효과적으로 다시 설정해 보아야 한다는 것이죠. 둘째, 이것은 그 밖에 다른 문제들과 관련이 있다고 생각되는데, 심리상담가한테 버림받은 듯한 느낌을 받았습니다.

그는 자기 동료가 EMDR 상담 치료를 시행하게 될 경우 자신이 언제나 함께하겠다고 약속했습니다. 하지만, 그가 다른 사람을 우리 관계에 개입시키는 것이라고 느꼈습니다. 그와 함께 공유한 정보는 너무나도 개인적인 것인데 그것을 또 다른 사람과 공유할 준비가 되어 있지 않았습니다.

마지못해 그 제안을 받아들였는데, 지금 와서는 정말 잘했다는 생각이 듭니다. 그는 약속을 지켜 동료가 있는 자리에서는 늘 내 곁을 지켜 주었습니다.

EMDR 치료사와 몇 차례 얘기해 보고 나서 믿음과 자신이 생겨 EMDR의 특화된 활동을 시작하게 되었습니다. 한 여성과 얘기를 나누는 것은 남성과 심리상담을 실행하던 것과는 다름을 알게 되었습니다. 그녀는 내 기록에서부터 작업해 나갈 증상을 정확히 결정짓는 문제에서 대단히 섬세하게 접근했습니다. 불필요한 것을 건드린다거나 하는 일도 없었습니다. 시간을 낭비한다는 생각도 들지 않았고, 그렇다고 해서 서둘러서 처리하려고 한다는 느낌도 받지 않았습니다.

여하간 이 치료법의 결과는 아주 만족스러웠습니다. 단순하게 말해서, 그녀가 가볍게 물어보는 방식은 강간 중에 몇몇 상황을 떠올리게 하는 데 도움을 주면서도 확실히 효력이 있었어요. 생각과 강간의 방향을 동시에 조정할 수 있으리라고는 생각조차 못했었죠. 얼마 되지 않아 강간의 격렬한 감정이 변화되었습니다. 놀랍습니다.
―― 일리노어, 33세

✚ 전문가 견해

: EMDR : 안구 운동 민감 소실 및 재처리 요법(Eye Movement Desensitization and Reprocessing)은 PTSD의 증상을 완화하기 위해 사용되는, 비교적 새로운 형태의 치료법입니다. EMDR 상담은 심리상담가가 불편함의 원인이 되는 생각과 감정을 떠올리게 하면서, 피해자가 상담가 곁에서 그런 것을 반복해서 경험하게끔 이끌어 주는 것입니다.

불편한 감정이 표출되면서 상담가가 눈동자 움직임의 방향을 재조정해 주고, 그 결과 그에 동반된 감정을 풀어 주는 것입니다.

: 치료사 구하기 : 제 경험상, EMDR 상담 의뢰는 EMDR 훈련이 된 상담가와 종종 협업을 하는 현재의 상담가가 주로 맡고 있으며, EMDR이 진행되는 동안에 그 방에서 의뢰인과 함께 있습니다. 이런 경우가 아니라면, EMDR협회에 의뢰하세요.

첫 상담에 앞서 다음의 것을 살펴보세요. 만일 원래 심리상담가가 의뢰한 EMDR 치료사와 함께하기가 어렵다고 느껴진다면 망설이지 말고 얘기해야 합니다. 회복을 위해서는 자신의 요구가 가장 중요한 문제이기 때문입니다.

- 그 상담가가 앞으로 신뢰를 키워 나갈 수 있으리라고 느껴지는 사람인가? 그의 상담실에서 편안한가?
- 이끌어 낸 문제와 근심을 그가 이해하고 있다고 느껴지는가?
- 문제에 관심을 보이고 적극적으로 귀를 기울인다고 느껴지는가?
- 소통을 위한 신뢰감을 확보할 수 있었는가?

| 한국 | 한국EMDR협회가 2003년 출범했으며 홈페이지(www.emdrkorea.com)에서 EMDR 치료사를 찾을 수 있습니다.

집단 상담을 받으러 가야 할까요?

✐ 경험자 견해

이것은 물론 개인이 결정할 사안입니다. 내게 효과가 있었던 것에 대해서만 말할 수 있습니다. 매우 개인적인 문제를 의논하려면 집중적 형태의 일대일 상담이 필요했던 것 같습니다. 그룹의 사람들과 강간의 세부 사항까지는 말할 수 없었을 것입니다.

물론, 지금은 다른 사람들이 이해할 수 있을 만큼 강간의 고통에 대해 자세하게 얘기하는 이점을 알지만, 상담 중에는 오로지 상담가만이 제공할 수 있는 공감과 감정이입이 필요했습니다. 집단은 저마다의 수준으로 고통을 받아들일지도 모르니까요.

집단 상담을 권하고 싶지 않다는 뜻은 아닙니다. 많은 경우에 비슷한 상황에 처해 있는 다른 사람들과 감정을 공유하는 것은 매우 도움이 되었습니다. 사실 내 심리상담가는 강간을 경험하지 않았으며, 지지 모임 사람들은 굳이 길게 설명하지 않아도 내가 경험하고 있는 수많은 감정을 이해할 수 있었을 것입니다.

다른 한편으로는 내 목소리를 찾는 것이 중요했고, 나 자신을 누군가에게, 예를 들어 그러한 감정을 직접 경험하지 않은 상담가에게 표현할 수 있는 일이 중요했습니다. ____수전, 33세

내게 맞는 집단을 찾기 전까지 몇 군데를 거쳤습니다. 심리상담가와 많은 것을 끌어내기도 한 반면에, 시간적 제한 때문에 얘기하지 않은 다른 근심거리들이 있었습니다.

처음에는 강간위기센터를 통해서 집단 상담 전문가를 찾으려고 했습니다. 하지만 거기서 소개해 준 분이 썩 마음에 들지 않았어요. 그녀는 집단에 그다지 큰 영향력을 발휘하지 않았기 때문에 필요한 원칙이 지켜지지 않았습니다.

예를 들어, 그녀는 참여하는 사람들이 최소한의 시간적 의무를 지키도록 요구하지 않았으며 몇몇 사람들을 봐주는 식으로 해서 멋대로 들락날락하게 했습니다. 하지만 내 생각엔 다른 참여자를 위해서 좀 더 많은 규칙이 있어야 할 것 같았습니다. ——토니, 38세

✚ 전문가 견해

: **집단 상담** : 유사한 문제를 지닌 다수의 사람들(대개 여섯 명에서 여덟 명)을 한 심리상담가가 선정해서 치료합니다. 이 상담가는 그룹 내 상호 교류뿐만 아니라 전문가의 개입 차원에서 모두 도움을 줄 수 있는 사람입니다.

: **적합한 집단 찾기** : 적합한 집단을 찾는 일은 개인 상담 전문가를 찾는 일 못지않게 중요합니다. 개인 상담을 진행 중인 경우에는, 집단 상담에서 이끌어 낼 수 있는 이점을 개인 상담 전문가와 함께 의논하여 적합한 집단을 찾는 것이 중요합니다.

집단 상담사 자격증은 미국집단심리상담협회에서 확인할 수 있으므로 그룹을 전체적으로 이끌고 있는 상담가의 자격을 섬세하게 살핍니다.

정신과 의사, 심리학자, 임상 사회복지사, 결혼·가족 상담사와 같은 정신건강 전문가는 고도의 특화된 훈련을 받아 자격증을 취득하고, 이후에도 정해진 시간의 연수를 받아야 합니다.

지지 모임이
내게 더 잘 맞을까요?

✎ 경험자 견해

지지 모임은 그룹 내 사람들이 서로 친밀하다면 매우 유익할 수 있습니다. 상담가 한 명이 이끄는 집단 상담에 참여해 보았고, 성인 강간 피해자를 위한 몇 군데 지지 모임에도 참여해 보았습니다. 집단 상담에서는 누구든지 심리상담가에 의한 모델링으로부터 배우는 반면, 지지 모임은 그 집단을 한데 묶어 주는 경험의 유사성에 의존하는 편입니다.

한 집단 상담에서는 침통한 경험을 했는데, 내가 느끼기에는 절대 일어나서는 안 되는 일이었습니다. 회원 가운데 한 남성이 내게 말로 공격한 것입니다. 수줍음을 많이 타서 마음을 여는 데 엄청나게 많은 시간이 걸리는 편인 내게, 그는 그러한 내 성격을 '정체된' 상황으로 오해를 해서 그 시간 내내 나를 타박했습니다. 돌이켜보건대, 그의 행태는 집단을 이끄는 심리상담가나 다른 회원들, 나 자신도 그냥 넘어가서는 안 되는 것이었습니다.

집단은 모든 회원들에게 안전과 신뢰의 장소여야만 하는데 실제로는 그렇지 못했습니다. 강간 후유증을 추스르기를 바라는 과정에서 이 경험은 나를 도리어 주저앉히고 말았지요. 나는 여성 회원만 허용하는 다른 지지 모임이 (그 당시) 심각하게 손상된 자신감을 더 많이 만회해 주었다고 생각합니다.

지지 모임에 대한 또 다른 선택은 인터넷인데, 이는 일단 누가 가해자일 수 있는지 전혀 알 길이 없으므로 주소와 같은 본인의 개인 정보를 주지 않도록 극히 주의해야 한다는 문제가 있습니다. 나라면 기관이나 잘 알려진 심리상담가가 운영하는 안전한 지지 모임에 의지할 것입니다. ＿＿매들린, 24세

✚ 전문가 견해

: 지지 모임 : 대체로 심리상담가가 아닌 일반인이 이끌어 간다는 면에서 집단 상담과 구별됩니다.

지지 모임의 이점은 무수히 많습니다. 상담에 관한 정보, 전문적 지식 습득, 법률 자문 등을 성폭행 피해 경험자끼리 나눌 수 있습니다.

지지 모임은 회복이라는 측면에서 매우 효과적일 수도 있지만 어떤 면에서는 피해를 줄 수도 있습니다. 저도 이 얘기의 모순을 잘 알고 있습니다만, 어떤 형태의 상담에서 성공적인 회복은 지도자의 역량과 더불어 구성원 간의 친화력에 달려 있습니다. 스스로의 직감을 믿고, 선택한 모임이 필요한 것을 충족시켜 주지 못한다면 다른 곳을 알아보세요.

: 적절한 지지 모임 찾기 : 1. 상담가나 지역 내 강간위기센터에게 의뢰합니다.
2. 지지 모임을 운영하는 실무자에게 다음 내용을 확인합니다.

- 지지 모임의 초점: 정보와 의뢰에 기초한 것인가, 아니면 개인적 경험의 공유를 위해서인가? 모임의 초점이 현재 진행 중인 상담과 병행될 수 있는가? 상담 중이 아니라도 필요한 것을 충족시켜 줄 것인가?
- 모임 구성원 간의 관계: 얼마나 규모가 큰가? 친밀한가? 정서적 지지를 얻을 필요가 있다면 주 단위로 모임 사람들과 공유할 시간이 있는가? 가족 혹은 배우자가 참석할 수 있는가?
- 모임의 빈도와 시간
- 모임의 위치
- 모임의 규모

상담을 시작한다면, 어떤 것을 미리 준비하고 있어야 할까요?

✎ 경험자 견해

시간입니다. 그리고 자신의 감정과 정서에 대한 솔직함, 신뢰(시간이 걸리는 일이긴 합니다만), 엄청난 인내, 목표, 그것을 심리상담가와 나누려는 의지, 모든 것이 변하기 마련이라는 것을 터득할 수 있는 능력 등입니다.

상담은 아마도 앞으로 할 일을 모두 합치는 것보다도 어려운 일입니다만, 그만큼 가장 가치 있는 일이 될 것입니다. 강간 도중에 일어난 일을 넘어서서 스스로에 대해 여러 가지를 알게 되었습니다. 내가 입양된 것과 강간과는 전혀 관계없다고 여겨 왔는데, 착각이었습니다.

심리상담가는 내게 어머니 같은 존재가 되었고, 내 삶에 쓰라린 상처로 남은 위안과 수용의 결핍을 채워 주었습니다. 그녀는 내가 생모에게 바라는 것처럼 모든 것이 되어 주었는데, 상담을 끝내려는 시점에 이르자 늘 힘겨워했던, 그 버림받는 문제가 고개를 들었습니다.

몇 달 동안 괜찮다가 플래시백, 악몽 같은 PTSD 증상을 다시 경험하기 시작했습니다. 그녀가 나를 '떠나는 걸' 원하지 않았고, 그 증상은 그녀가 내 곁에 남아 주기를 바라는 (무의식적인) 욕심이었습니다. 상담 전에는 그러한 통찰력이 생기게 되리라고는 상상도 못했습니다. 아마 과거 다른 중요한 관계에서 그랬던 것처럼, 그런 감정을 느끼고는 혼란스러운 상태에서 그녀가 '떠날' 수 있기 전에 그녀를 밀어내 버렸을 것입니다. 상담은 대단한 전환이 되었습니다. 평생 지속된 혼란을 벗어날 열쇠를 찾은 것처럼요.

당신은 강간 이후에도 그 이전의 당신과 동일한 사람입니다. 동일한 약점을 지녔고, 동일한 두려움을 지녔으며 동일한 감정을 지녔습니다. 하지만 강간을 겪고 나서는 그렇지 않으면 몰랐을 강한 면모를 갖고 있다는 것을 알았을 겁니다. 당신은 사고하고 판단할 수 있는 능력이 있습니다. 자신만의 성격과 단호한 마음가짐을 가졌습니다.

당신은 강간에서 회복되는 데 필요한 모든 것을 가졌습니다. 단지 선생님, 즉 그 어두운 숲에서 당신을 이끌어 주는, 의지할 만한 안내자가 필요한 것뿐입니다. ___캘리, 37세

✚ 전문가 견해

: 심리상담가에게 기대할 수 있는 것 : 상담가에게는 몇 가지 의무가 있습니다. 당신을 교육하고, 당신이 자신의 태도와 행동에 대한 통찰력을 얻는 데 도움을 주어 좀 더 온전한 삶을 살아가고 스스로 잠재력을 깨우칠 수 있도록 하는 것입니다. 당신은 상담에서 자신에게 기대되는 것에 더 관심이 많겠지만, 심리상담가에게 기대할 수 있는 것을 아는 일 역시 중요합니다.

당신이 시간과 에너지를 쏟아 부으며 이러한 단계를 밟아 가는 것은 마땅히 격려받을 일입니다. 함께 편히 상담해 나갈 수 있는 상담가를 고르십시오. 그러면 자신에게 가장 이로운 결정을 하고 행동을 할 수 있는 능력에 대해 자신감을 갖게 될 것입니다.

심리상담가는 당신을 살펴보고 PTSD나 다른 문제, 예를 들어 약물 남용, 우울증, 자해, 강박 장애(OCD) 등을 갖고 있는지 확인해 치료 계획을 세울 것입니다.

심리상담가는 상담 외에 약물도 도움이 될 것이라고 진단하여 정신과 의사나 다른 과 의사에게 진단을 의뢰할 수도 있습니다. 약물 치료와 상담을

병행하는 것이 효과가 적을 것이라고 보지 마십시오. 아마도 심리상담가는 완화될 수 있을 만한 다른 증상을 고려하여 더 빨리 앞으로 나아갈 수 있도록 할 것입니다.

심리상담가는 당신이 털어놓은 이야기에 대해 비밀을 지킬 것입니다. 그와 함께 있을 때 안전하다고 느낄 수 있어야 하며, 그의 행동과 말이 당신을 최대한 배려하고 있다는 게 항상 느껴져야 합니다. 그리고 당신을 회복시키기 위해 그 어떤 것과도 타협하지 않으리라는 것, 심리상담가와의 관계에서나 자기 자신에 대해서 앞으로 신뢰감이 더욱 커지리라는 것을 기대할 수 있습니다. 당신은 회복을 위해 열심히 노력하게 될 것이며 새로운 사고 방식, 행동 방식으로 나아가야 하는 어려움을 겪을 수도 있습니다. 상담가가 이러한 행동의 양상을 당신과 함께 조정해 나갈 것입니다. 또 상담에서 예상할 수 있는 것은 강간에서 회복될 때에 누구나가 경험하는 혼란과 분노, 상처, 슬픔 등의 모든 감정입니다. 그리고 이런 모든 감정이 상담실 테두리 안에서만큼은 모두 허용된다는 것을 기대하셔도 됩니다. 받아줄 것이라는 기대를 해도 좋습니다.

회복으로 가는 길은 직선이 아닙니다. 상담을 계속해 나가는 데 필요한 인내를 갖기가 힘들다는 것을 알지만, 회복은 성취 가능한 목표입니다.

상담을 받고 싶지 않은데, 다른 방법이 있을까요?

🔖 경험자 견해

나는 심리상담이 어울리는 사람이 아니에요. 내 얘기를 남편, 가족, 상담가, 그 누구와도 공유해 본 적이 없습니다. 경찰에 신고조차 하지 않았거든요.

강간은 내가 감당하기에는 너무 버거운 것이었던 까닭에 완전히 은둔해 버렸어요. 심각한 지경이라는 것을 알았지만, 전화를 든다는 것 자체가 불가능했어요. 남편에게 몇 번이고 말하려 했지만 입이 떨어지지 않았어요. 그래서 나름대로 강간으로부터 치유되기 위한 나만의 계획을 진행해 왔어요. 구할 수 있는 것은 모두 구해서 읽었어요. 강간을 겪은 여성들의 회고록, 평범한 사람들과 심리상담가가 쓴 강간 회복 서적, 심지어 심리상담가가 심리상담가를 위해 전문적으로 저술한 교재에 이르기까지 모든 것을요. 어느 책이든 다 읽을 만한 가치가 있었어요. 스스로 회복해 나가는 걸 도와주는 귀중한 것이었죠. 나 역시 일기를 쓰기 시작하고 엄청난 도움을 얻었어요. 누군가에게 그토록 얘기하고 싶었던 모든 것을 기록하는 데 신경을 많이 썼습니다.

강간에 대해서는 앞으로도 말하지 않을 것입니다. 나만이 경험한 것이니 남편이든 누구든 그것을 알게 될 사람은 아무도 없을 겁니다. 그러나 그들의 이야기를 책으로 펴낸 수많은 저자에게 감사하는 마음은 그지없습니다. 그들이 얼마나 큰 도움을 주었는지 모릅니다. 나는 혼자가 아님을 알고 있습니다. ——라나, 32세

수년 전 그 일을 겪은 당시에는 다른 사람의 경험을 공유하라는 권유가 내키지 않았는데, 나는 평생 일기를 쓰는 습관이 있었습니다. 내 삶을 구원한 것이 바로 그 습관이라고 믿습니다. 큰 소리로 말할 수 없던 부분을 종이에 쓰면서 기댈 수 있었던 거죠.

이전에 그랬던 것보다 훨씬 더 많이 일기와 비밀을 공유하게 되었습니다.

　부가적으로 얻은 이점도 있습니다. 내가 어떤 일을 겪었는지 남편을 비롯한 가족들에게 말할 내용을 효과적으로 예행 연습했던 거죠. 강간이 일어난 시점이 결혼을 바로 앞둔 때였기에 남편에게는 말하지 않았습니다. 그것을 후회하면서, 그러한 감정을 어느 정도 글로 표현할 수 있었던 것입니다. ＿＿수, 54세

✚ 전문가 견해

︙일기 쓰기︙ 일기를 쓰는 것은 매우 좋은 방안으로 진심으로 권장합니다. 감정과 생각을 표현하는 것은 회복에 결정적 역할을 하므로, 자신의 행태를 기록하고 재평가해 보는 것은 훌륭한 방법입니다.

　지금 가족이나 친구, 전문가, 심리상담가와 대화를 나눌 준비가 되어 있지 않다면, 일기를 쓰는 것은 당신에게 더없이 소중합니다. 글을 써 나가면서 상당한 통찰이 생겨나는 것을 깨달을 겁니다.

︙자기 주도 학습︙ 자기 주도 학습은 혼자 있기 좋아하는 사람들을 위한 방법입니다. 이들은 고통을 안에 간직한 채 자기만의 방법을 찾아갑니다. 형식적인 상담을 수행하는 것이 불편한 경우, 자기 주도 학습은 회복을 위한 다른 방법이 될 수 있습니다.

︙지지 모임︙ 지지 모임은 그 자체로든 일대일 심리상담과 병행하든 회복을 위해 매우 효과적인 방법이 될 수 있습니다. 정보와 개인적 경험을 다른 사람들과 공유하는 일은 감정적 측면에서 도움이 될 수 있습니다. 그룹이 제공하는 지원 시스템은 시간과 에너지 면에서 도움 받을 수 있는 곳과 진료 의뢰에 관한 정보를 공유하는 것만큼이나 그 가치가 높습니다.

❸ 육체 치유

치유에서 육체적인 건강은 대단히 중요합니다. 강간은 몸에 광범위한 영향을 줄 수 있으므로, 건강을 되찾기 위해서나 그 전보다 더 건강해지기 위해 전문가의 도움을 받아야 합니다.

산부인과 진료 예약이
불안하게 느껴져요.
어떻게 하면 좋을까요?

✎ 경험자 견해

강간 후 첫 부인과 진료 때 근심 걱정에서 헤어 나올 수가 없었습니다. 그렇지 않아도 부인과 진료는 환자가 스스로에 대해 통제력을 거의 갖지 못하는 자세 때문에 종종 힘든 법이지요. 누운 채로 두 발을 들어올리고, 사실상 낯선 사람이 몸속으로 뭔가를 삽입하니까요. 그리고 대부분의 경우 의사는 남성입니다.

그래도 몇 가지 아이디어를 생각해 내어 견딜 수 있었습니다. 우선, 7년간 지속적으로 진료를 받은 남자 부인과 의사에게 진료 예약을 합니다. 그것도 아침에 가장 처음으로 진료를 받습니다. 그러면 온종일 진료가 있는 담당 의사를 기다리지 않아도 되니까요. 기다림은 불안을 야기하기 마련인데, 그것을 최대한 피하고 싶거든요.

평소보다 15분 더 길게 미리 요청해 두면 검진에 앞서 상담을 할 수도 있습니다. 상담실에서 검진을 받되, 옷을 입고 두 발을 바닥에 두기를 원했습니다. 강간 이후 처음으로 누가 내 몸에 손을 대는 것인 만큼 내게 맞는 조건을 제시하고 싶었습니다.

둘째, 진료 예약 이후 곧바로, 강간 직후 의사의 검진 보고서 1부를 병원에 주고 왔습니다. 내 차트에 넣어 달라고 간호사에게 요청하고, 담당 의사가 진료 전에 읽을 수 있게 했습니다.

셋째, 당시 상해 정도와 현재 상태를 정리해 아주 간결하게 목록으로 만들어 갔습니다. 진료 중에 감정적으로 불안해져서 놓치는 것이 있으면 안 되니까요.

넷째, 진료 뒤 남은 시간은 직장에서 휴가를 내어 정말 하고 싶은 일을 했습니다. 친구와 약간 이른 점심을 먹은 뒤, 몇 시간 동안 쇼핑도 하고, 남자친구와 영화도 보고 저녁도 먹었습니다. 이것이 쉽지 않은 일이었지만, 이렇게 대처한 것이 잘한 일이라고 생각합니다.

자기 몸을 스스로 챙겨야 합니다. 신체의 상해 부분을 돌보는 일이야말로 가장 중요한 문제니까요. ──재니스, 33세

✚ 전문가 견해

: **부인과 진료 과정** : 우리는 대개 부인과 진료 중에 어떤 일이 있는지 모르고 있습니다. 성폭행 중에 상해를 입었든 아니든, 당신을 진료하는 산부인과 의사가 강간 사실을 알고 있는 것이 중요합니다.

성폭행 후, 큰 병원에서 다른 의사에게 치료를 받았을 수도 있고 아닐 수도 있지만, 당신이 평소 진료를 받던 의사에게 향후 치료를 받는 것이 가장 좋습니다.

그리고, 부인과 진료를 받을 때 어떤 일이 있는지를 미리 알아 두면 골반 검사의 여러 단계에서 느끼게 될 신체 감각에 대비할 수 있습니다. 골반 검사는 대략 다음과 같습니다.

: **외부 생식기 검사** : 외음부와 질 입구를 눈으로 검사한다. 기형, 발진, 포낭, 생식기 사마귀 등이 있는지 알아본다.

: **검경 검사** : 자궁경부 검진을 원활히 하기 위해 검경을 삽입한다. 기형 여부를 알아보고, 성병 검사와 자궁경부 세포진 도말 검사(Pap Test)를 한다.

: **손을 이용한 검사** : 장갑을 끼고 윤활제를 바른 상태에서 손가락 한두 개를 질 속으로 삽입하는데, 이때 의사는 안쪽 장기를 만져 보기 위해서 아랫배

를 누른다. 장기의 크기, 모양, 부드러운 정도, 아픔, 부은 정도나 확장 여부를 알아본다.

: **직장 질 검사** : 장갑을 낀 손가락 한 개를 직장에 삽입해 종양이 있는지 알아내고 근육 상태를 점검한다.

에이즈 검사를
받아야 할까요?

✎ 경험자 견해

즉시 HIV 검사를 받는 것이 중요해요. 심리상담가, HMO(Health Maintenance Organization 의 약자. 미국의 회원제 민간 건강 유지 단체로, 회원은 중앙 의료 센터에서 종합적인 의료 서비스를 받을 수 있다.— 옮긴이) 혹은 강간위기센터에 진료 의뢰를 부탁하세요.

내 경우에는 검진이 매우 인상적이었습니다. 전화로 예약한 날 오후에 바로 검사를 받을 수 있었고, 검사 전후로 상담을 위해 별도로 교육된 전문 간호사가 함께했어요. 아주 친절해서 마음을 편하게 해 주었습니다. 간호사는 어떤 검사를 하게 되는지와 그 결과가 의미하는 바를 알려 주고, 향후 필요한 검사와 더불어 여하한 위험 요소를 안고 있는지 질문했어요.

상담가는 강간에 관련된 문제로 찾아왔다는 걸 알고는, 45분을 더 할애해 준 다음, 이틀 후 다시 오라고 했어요. 그리고 음성 반응 결과를 알려 주면서 함께 눈물지었는데, 아마도 수많은 경우 다른 환자들에게 양성임을 알려야 했던 때에도 그랬을 거예요.

그분은 천사였어요. 너무나 힘든 일이었는데 호의와 깊은 연민을 갖고 상담에 임해 주었습니다. ___카렌, 28세

➕ 전문가 견해

: HIV 검사 : 비밀을 보장하는 시설을 찾되 반드시 전문적으로 교육된 심리상담가가 상주하면서 검사 이전에 상담을 제공하는지 확인하십시오. 성폭행 결과로 HIV에 감염될 수도 있다는 염려에 무척 힘들겠지만, 가능한 한

신속한 검사를 받아서 기본 행동 지침을 확립하는 것이 중요합니다.

　결과가 양성이든 음성이든 진료 예약을 해 두세요. 전화 통화나 이메일 같은 것으로 끝내서는 안 됩니다. 이후 치료 예약은 검진받은 그 자리에서 하는 것이 가장 좋습니다.

　심리상담가는 성폭행으로 인한 복잡한 감정을 추스르는 데 너무나도 중요한 역할을 합니다. 솔직하게 임하세요. 치료사는 도움을 주려는 사람이니까요.

강간으로 임신하게 될까
너무 두렵습니다.
어떻게 하면 좋을까요?

✎ 경험자 견해

강간으로 임신이 됐어요. 너무 충격이 큽니다. 어떻게 한 사람의 인생이 이토록 만신창이가 될 수 있을까요? 독실한 천주교 신자로서 아이를 낳는 결정을 하기까지 갈등이 무척 심했습니다. 유사하게 끔찍한 시련을 겪은 사람이 있다면, 내가 주제넘게 이래라 저래라 할 수는 없지만, 나 역시 그 결정에 자신이 없어지는 때가 있어요. 정말로요. ___케리, 38세

강간을 겪은 다음 날 병원을 소개받아 갔어요. 비상용 피임약을 먹기로 해서 임신 가능성은 제거되었어요. 결혼한 상태에서 강간으로 임신을 했더라면 어떻게 됐을까 하는 생각을 종종 합니다. 남편의 아이를 유산시킬 가능성이 조금이라도 있었다면 더욱 심각하게 고민했겠지요. 그런 문제는 겪지 않아도 되어 정말 다행이라고 생각해요. 하지만 그 입장에 놓인 여성들을 생각하면 마음이 아파 옵니다. 한 인간이 얼마나 많은 고통을 감내해야 하는지 경악을 금할 수가 없습니다. ___애나린, 26세

✚ 전문가 견해

: 임신의 위험 : 보호받지 못한 성관계에서 임신의 위험은 월경 주기에 따라 달라지며 예측하기 어렵습니다. 비상용 피임약은 임신의 위험을 줄여 주지만, 성병을 예방하지는 못합니다. 피임은 성폭행 직후부터 72시간 이내 가능한데, 되도록 빨리 시작해야 합니다. 대안으로 IUD(the copper·T intrauterine device, 자궁 내 피임 기구)를 강간 이후 5일 이내에 삽입할 수도 있습니다.

: 강간 임신에 대처하기 : 미국질병대책센터에서는 인구 조사 수치에 근거하여 강간 임신이 연간 32,101건에 이르는 것으로 추산되며 이는 전체 성인 임신 중 4.7%를 차지하는 수치라고 밝힙니다.

강간으로 인해 임신한 사실을 알게 되면 비참할 테지만, 선택이 가능합니다. 여성으로서 물론 적절한 시기의 결정이 얼마나 중요한지 알고 있을 겁니다. 이는 오로지 본인만이 내릴 수 있는 선택입니다. 다음과 같은 선택을 할 수 있습니다.

- 임신을 유지하고 아기를 지키기
- 임신을 유지하고 아기를 입양시키기
- 임신을 종결시키기

식이 장애가 계속되고 있는 것 같은데
어떻게 하는 게 좋을까요?

✍ 경험자 견해

강간을 겪은 뒤 4개월쯤 지나 문득 거울을 봤어요. 깜짝 놀랐습니다. 그 일 이후로는 자신이 더럽다고 느껴져서, 말하자면 쓰다 버린 것만 같아 몸을 쳐다보지도 않았거든요. 마치 교통사고로 상해를 입어 자신의 얼굴을 보고 싶어 하지 않는 피해자 같았어요.

내 몸이 그토록 형편없는 상태일 줄은 몰랐어요. 말라서 피골이 상접할 정도이고 피부가 뼈에 걸쳐진 것 같았습니다. 헐렁한 스웨터와 바지를 입고 지내던 터라 그 지경인 줄은 미처 몰랐고, 아마도 부정 단계였는지 내가 스스로를 어떻게 대해 왔는지를 숨기려고 했어요. 남자친구에게도 워낙 잘 숨겨 왔지만, 그는 왜 자꾸만 먹지 않는지 묻기도 하고 혈색이 나쁘다고 말해 줬어요.

곧바로 심리상담가를 알아보기 시작해, 강간으로 피폐해진 삶과 몸 상태를 얘기했어요. 몸매에는 늘 자신이 있었는데, 이제는 남자들이 쳐다보기만 해도 강간하려는 거라고 생각하게 되었어요. 이제 하루 한 차례씩은 먹기 시작했고, 점점 나아지고 있어요. 그렇지만 지금도 강간이 두려워 좋은 상태로 보이고 싶지는 않다고 했어요. 아직 갈 길이 먼 것 같아요. ——멜리나, 30세

✚ 전문가 견해

식이 장애를 고치기는 매우 힘듭니다. 강간을 겪은 여성의 식이 장애는 흔한 일로, 매우 접근하기 어려운 문제이며 그 이유는 다양합니다. 예를 들어, 거식증은 강간 당시 겪은 통제력 부재를 보상하기 위해서 자기 몸의 통제권을 얻으려는 시도일 수 있습니다.

폭식증은 음식을 강제로 집어넣음으로써 강간을 겪은 고통과 격렬한 감정을 누그러뜨리려는 것일 수 있습니다. 제거형 폭식증은 이러한 강렬한 정서를 풀어 놓으려는 시도일 수도 있습니다. 끝으로, 강박적 과식증은 앞으로 있을지 모르는 강간을 피하기 위해서 체형을 바꾸려는 시도일 수 있습니다. 강간을 불러온 것이 자신의 몸이라고 생각하기 때문입니다. 세 종류의 식이 장애를 대략적으로 살펴보면 이렇습니다.

거식증
- 나이와 체격이 유사한 여성들의 보편적 체중을 유지하는 능력 상실
- 자신의 현 상태 혹은 체중과는 상관없이, 과체중이 되는 것에 대한 극심한 두려움
- 자신의 외모를 평가하는 능력 상실
- 세 차례 연속 월경 주기를 건너뛴 경우에 거식증을 의심

폭식증(제거형 및 비제거형)
- 3개월 동안 한 달에 두 차례 이상 마구 먹어대는 일이 반복
- 먹는 것을 중단하지 못하거나 얼마나 많이 먹었는지를 말할 수 없음
- 지나친 운동에 기댐
- 구토를 유도 — 제거형
- 설사제, 관장제, 약물 남용 — 제거형

강박적 과식
- 배고파서가 아닌 다른 이유로 강박적으로 먹음
- 강박적으로 과식하고 나서 수치심과 죄의식을 경험

왜 자해를
하고 싶을까요?

✎ 경험자 견해

강간을 겪고 얼마 지나지 않아 자해를 시작했어요. 처음에는 칼로 작은 상처를 냈는데, 차츰 쉽게 낫지 않는 더 큰 자국을 내기 시작하면서 많이 두려워졌습니다. 긴팔 블라우스와 스웨터를 입어야 했고요.

강간 고통은 너무도 컸습니다. 감정을 억누를 수가 없었어요. 더 참담해질 여지조차 없어 내 몸을 해하는 수밖에 없었죠. 강간을 감당해 내기 위한 유일한 방법이었어요.

상담가와 자해를 멈출 수 있도록 하는 방법을 생각해 냈습니다. 그러한 믿기 힘든 충동이 일어날 때면 곧바로 하는 일을 모두 멈추고 30분간 기다리는 연습을 했어요. 앉아서 심호흡을 하고 5분 정도 충분히 안도감을 갖도록 했어요. 의자에 앉아서 두 발을 바닥에 대고 복식 호흡으로 세 번 숨을 깊이 들이쉬고 내쉬는 거예요. 감정을 파악하는 데 힘쓰는 것이죠. 다음에는 상처를 내려고 한 부위에다 표시를 해 두었어요.

아주 단순한 일처럼 보이지만 효과가 있었어요. 그런 인식이야말로 첫걸음이었어요. 수개월이 지난 지금까지 자해가 없었고 이제는 긍정적입니다. 하루에 한 걸음씩이지만요. ___로첼, 25세

✚ 전문가 견해

자해는 강간 피해자에게는 일반인이 생각하는 것 이상으로 흔히 일어납니다. 이는 강렬한 감정과 정서를 감당하고 '나쁜' 것에 대해 스스로 벌을 주기 위한 것으로, 종종 수치심과 죄의식의 결과입니다.

자해는 고의적이지만 자살하려는 전형적인 행동은 아닙니다. 대개 본질적

으로 크게 위험하지는 않지만, 스스로에게 상해를 입힌다는 것을 간과해서는 안 됩니다. 자기 몸을 베고 꼬집고 화상을 입히는 행위 등이 포함됩니다.

: **자해 충동 조절법** : 1. 자신이 느끼는 감정이 슬픔인지 분노인지 절망인지에 대한 인식을 키워 나갑니다. 자해하고 싶은 기분이 드는 순간마다 일기에 기록하는 습관을 가집니다. 최소한 5분, 다음에는 10분, 그리고 20분씩 감정이 다소 누그러질 때까지 펜을 들고 써 나갑니다. 이러한 감정을 남편이나 파트너, 지원 기관, 심리상담가와 공유하려고 노력해 보세요.
2. 자해를 피할 수 있었던 순간마다 스스로에게 상을 주세요. 아마도 혼자라는 느낌일 텐데, 그 느낌을 종이에 적어 병 속에 넣어 보세요. 당신에게 휘몰아친 그 파도에 휩쓸리지 않고 자해 충동을 이겨 낼 때마다, 그 종이를 갖고 싶은 물건, 예를 들어 (좋아하는) 책 한 권이나 예술품 한 가지와 맞바꾸는 거예요. 그리고 그 물건을 짧은 시간 내(5일 이내)에 구입하세요. 다시 말해, 그토록 힘든 것을 참아 낸 용기에 대해서 스스로 상을 주는 것입니다.
3. 자해를 피하기 위해서 다른 것에 신경을 돌림으로써 신경을 분산시킵니다. 몸의 감각을 민감하게 자극하지만 장기적 상해가 남지 않는 행위, 예를 들면 손목에 고무 밴드를 튕긴다든지 양손으로 얼음을 부수는 행위 등으로 고통에 대한 충동이 누그러질 수 있습니다. 빨간색 펜으로 손에다 글을 쓴다거나, 푹신푹신한 커다란 베개를 때리는 방법도 있습니다.
4. 스스로를 해치려는 그 파도가 지나간 후, 하고 싶은 일을 하면서 자신을 어루만져 주면서 그 에너지를 풀어내 보세요. 음악을 듣거나, 재미난 영화를 보거나 편안한 목욕을 하는 것 등으로 자신에게 즉각적인 보상을 해 주세요.

내 몸에서 분리된 느낌이에요. 왜 성욕을 느낄 수 없는 걸까요?

경험자 견해

강간 후, 성적으로도 제대로 기능하지 못하게 되었다는 느낌을 받았어요. 내 몸이 내 거라는 느낌이 들지 않았어요. 심리상담가에게 설명하려 했던 한 순간은 내가 내 몸에서 빠져 나와, 한구석에 붕 뜬 채 나 자신을 들여다보는 것이었습니다. 마치 죽은 것처럼 내 몸을 바라보고 있었어요. 얼마나 소름이 돋았는지 말로는 다 표현할 수 없습니다. 너무나도 희한하고 두려운 경험이었습니다.

그런데 남편과 관계를 가질 때도 똑같은 느낌입니다. 내가 몸이 없는 커다란 머리처럼 느껴져서, 거울을 보고 나머지 부분을 직접 확인해야 합니다. 상담에서 이 문제를 극복해 보려고 애썼지만 다시 육체를 느낄 수가 없었어요.

관계를 갖는 동안에 그저 눈을 뜨고 있는 것이 이탈된 느낌을 받지 않게 도와줍니다. ____디아나, 26세

✚ 전문가 견해

자신의 육체에서 해리된 느낌을 경험하게 되고, 그 결과 자신이 더는 섹시하지 않은 것 같다고 느낍니다. 이 경우에 손에 닿지 않는 자기 자신의 일부분들을 다시 통합하는 것이 목표이며, 위의 사례는 성에 관련된 문제지만, 해리 현상은 강간의 생리적 결과이므로 이 장에서 다룹니다.

해리: 자신의 몸에서 해리되는 경험은 성폭행을 겪은 사람의 매우 정상

적인 반응입니다. 심각한 심리적 외상에 직면하면, 우리 마음은 강렬한 감정적 고통에서 스스로를 보호하려는 생각에서 자신이 경험하는 사건으로부터 분리됩니다.

해리는 자신이 자신의 정체성, 감정, 생각, 기억과 연결이 끊어지는 것으로 정의될 수 있습니다. 예를 들어, 우리는 몽상을 할 때에 매우 약하게나마 연결이 끊어지는 느낌을 경험합니다. 당신은 성적 불능으로 한순간도 더 고생할 필요가 없습니다. 도움을 받을 수 있습니다. 여성 성기능 장애는 수많은 다른 질병에도 사용되는 용어로, 성관계에 대한 무관심과는 구별됩니다.

다시 안전하다고 느끼려면 어떻게 해야 할까요?

✎ 경험자 견해

호신술을 배우고 싶었습니다. 내가 선택한 곳에서는 여성만을 위한 수업이 진행되었는데, 여성이라면 흔히 처할 수 있는 현실적이면서도 일상적인 상황을 다루었어요. 심리상담가와 먼저 얘기를 나누고, 스스로 조사하고 수업에도 참여해 조교와 학생들이 어떤 식으로 상호 교류를 하는지 알아보았습니다.

조교는 대개 남성이었어요. 큰 패드를 덧댄 '머리' 모양을 뒤집어쓴 조교가 운영하는 프로그램에 참여했는데, 만족스러웠습니다. 공격을 받는 차례가 되었을 때 사실 여러 번 잠깐씩 공황 상태를 느꼈지만, 플래시백으로 전혀 고통받지 않은 것을 감사하게 생각합니다.

호신술 수업을 받고 나서 실제로 더 많이 안전하다고 느끼게 되었는데 아마도 수업에 자기주장 훈련이 함께 포함되어 있기 때문일 거예요. "안 돼" 하는 가르침은 특히나 유용했습니다. 교실에서의 공격이 내가 겪은 (뒤에서부터의) 강간과 꽤나 유사했기 때문에 또다시 무슨 일이 일어난다면 훨씬 잘 대비할 수 있으리라고 생각합니다. 절대 다신 그런 일이 생겨서는 안 되겠지만요. ──캐리, 25세

✚ 전문가 견해

┊ 호신술 강좌 ┊ 호신술을 배우는 일은 주변 환경에 대한 통제력을 길러 주는 훌륭한 방법입니다. 실제 피해 여성들이 호신술 강좌에서 배운 안전 전략, 단호한 태도, 상황 파악 기술을 실행에 옮길 수 있게 되었다는 상당히 많은 성공 사례가 보고되어 있습니다. 호신술의 직접적인 결과로, 많은 여

성이 폭행을 피할 수 있었다는 보고도 있습니다.

: 강좌 찾기 : 1. 호신술 강좌를 제공하는 곳에 문의하세요. 실제로 상당수 강좌가 훌륭한 홈페이지를 갖고 있고, 지역 강간위기센터에 의뢰할 수도 있습니다.

2. 제공되는 강좌를 잘 살펴보세요. 초보에서 중급, 고급에 이르기까지 다양한 과정이 있으며, 집단 공격이나 무기 소지자를 피하는 법 등이 별도 강좌로 마련되어 있기도 합니다. 호신술 개인 강습을 해 주는 곳도 일부 있습니다.

3. 강좌가 자신의 시간 및 경제 상황에 맞는지 판단하세요.

4. 몇 군데로 추려지면, 강간에 대한 추가적 배경을 알려 주기 위해 소장이나 조교와 직접 대화를 나눠 보세요. 성폭력 피해자와 함께한 경험이 있는 사람이 좋을 것입니다. 조교가 당신이 현재 경험하고 있는 증상을 인지하는지, 플래시백이나 다른 어려움을 겪게 될 경우 도움을 줄 수 있는지 분명히 확인하세요.

5. 현재 고통스러운 증상을 겪고 있다면, 상담가와 대화를 나눠 보세요.

6. 강좌를 참관해 보고 수강생들이 어떻게 생각하고 있는지 나중에 수강생들과도 얘기를 나눠 보세요.

7. 여성 조교와 남성 조교 중에 어느 쪽이 더욱 편안한지를 결정하세요. 호신술 강좌 유형에 근거해 볼 때 남성 조교가 좀 더 많아지고 있는 상황이지만, 일부 피해자는 여성 전용 강좌의 여성 조교에게 더욱 편안함을 느낍니다.

8. 스스로가 안전하다고 느끼고 조교를 신뢰하고 있는지 판단하세요.

❹ 성적 치유

이 책의 목표 가운데 하나가 강간 이후 성욕을 회복하고 성생활을 향유하기 위한 정보를 제공하는 것입니다. 당신은 과거 기억에 대한 고통 없이 사랑의 손길을 자유롭게 누릴 자격이 있습니다. 성을 경험할 수 있다는 것은 여성들에게 부여된 크나큰 선물 가운데 하나입니다. 이러한 섬세한 능력이 한때 겪은 강간으로 어떤 식으로든 위축되는 일이 없어야 합니다.

강간에서 회복되는 데 걸리는 시간에 대해 말하려고 합니다. 개인마다 회복에 얼마나 시간이 걸리는지 가늠하기란 불가능하지는 않지만 대단히 어려운 일입니다. 파트너가 성적인 면이나 다른 면에서 자신의 뜻만을 강요하지 않도록 하되, 당신의 요구 사항과 욕망을 알려 주는 것이 매우 중요합니다. 강간 피해자가 듣게 되는 가장 비참한 말 가운데 하나가 "아직도 그 문제에서 벗어나지 못했느냐?"입니다.

따라서 파트너를 회복 과정에 참여시켜 심리상담에 함께하는 것을 고려해 보십시오. 심리상담 외에 성 상담도 받을 것인지 의논해 보고, 파트너가 이해하는 데 도움이 될 만한 기사나 책에 관한 정보를 모아 볼 수도 있습니다. 저 역시 강간 피해자의 파트너를 위한 지지 모임의 남성들한테서 매우 긍정적인 피드백을 받은 적이 있습니다. 다시 말하지만, 당신과 파트너 모두 이것이 일시적인 상황이라는 사실과 회복 단계에서 함께 노력해야 함을 인식하는 것이 아주 중요합니다.

어떻게 해야 다시
성감을 되찾을 수 있을까요?

✎ 경험자 견해

이제는 내가 성적인 존재로 느껴지지가 않네요. 예전엔 옷을 잘 차려입고, 머리와 화장까지 완벽하게 하고는 일주일에 이틀쯤 밤에 친구와 외출하는 것을 즐겼습니다. 나에게 항상 성적 매력이 있다고 느꼈고 늘 최고의 모습이라고 생각했어요. 강간 이후로는 멋 부리고 싶은 욕망이 전혀 없습니다. 실상을 굳이 말하자면, 이젠 헐렁한 청바지에 커다란 스웨터를 입고 다닙니다.

심리상담가는 자위부터 시작해 볼 것을 제안했어요. 강간 이전에는 한 번도 시도해 본 적이 없었지만, 남편과 다시 성적인 교감을 느끼는 데 정말 어려움을 겪고 있었습니다. 죽을 만큼 두려웠던 것은, 글쎄요, 그게 무엇인지 나조차도 확신이 없지만, 어느 순간에 이르러 멈춰야 한다는 것입니다. 시작 무렵에는 성감을 느껴도 남편이 가슴과 성기를 만지는 순간부터 바짝 얼어 버립니다. 상담가는 자위행위가 다시금 터치에 익숙해지도록 해 줄 거라고 했습니다. 상담을 몇 차례 더 한 다음에야 겨우 용기를 내어 한 번도 자위를 해 본 적이 없노라고 말할 수 있었어요.

상담가는 좋은 책 몇 권을 권해 주었고 상당한 양의 '연습'이 필요했지만, 그 덕분에 잃어버렸다고 생각한 내 안의 무언가가 다시 깨어났음을 알았어요. 아주 천천히, 내 손을 남편의 손으로 바꾸었습니다. 결국 우리는 그전보다 더욱 친밀해졌습니다.

___케이, 31세

+ 전문가 견해

강간 이후에는 예전에 느끼던 성적인 느낌을 잃어버린 듯 여기기 쉽습니다. 남들은 모두 느끼는 것인데도 자신은 다시는 경험하지 못할 것처럼 말이에요.

부디 이것이 일시적인 현상임을 인식하길 바랍니다. 감정상의 문제들과 여러 종류의 상해가 있다면 지금은 그것이 더 우선되어야 하며, 그렇게 함으로써 스스로가 본인의 관능성에 대한 문제에 힘쓸 수 있는 시간을 벌 수 있을 것입니다.

: 성감 향상시키기 : 성감을 증진시키고 다시금 사랑을 나눌 준비를 할 수 있는 몇 가지 방법을 소개합니다.

자위 수많은 여성들이 강간 이후 성감을 회복하는 데 자위행위가 절대적으로 필요했다고 느낍니다. 강간 이전에 자위를 즐겼다면, 이제 와서 회피할 이유는 없습니다. 이는 안전하며, 누구보다도 자신을 잘 알고 믿을 수 있으므로 부담이 없습니다.

발끝에서부터 성기를 관통하는 따뜻한 흥분이 몰려올 때 자신의 느낌을 인식하는 것은 자신의 욕구를 파트너와 소통하는 데 도움을 주며 두 사람 모두 서로에게 적응하는 새로운 방법을 알려 줄 것입니다.

오르가슴을 느낌에 따라 자연스레 놓아 주면서 내맡기게 되는 것에 스스로 놀랄 것입니다. 이는 좋은 현상입니다. 몸이 원하는 것으로, 강렬한 기쁨을 경험하는 것입니다. 자위를 통해서 충분히 안전하면서도 자신의 욕구를 발산할 수 있습니다.

성교육　성감을 증진시키는 데 도움이 될 만한 책과 비디오가 많이 있으며, 상당수는 성교육자와 성 상담가가 부부 간 친밀도 향상을 위해 전문적으로 연구한 결과입니다.

　전문가가 저술하고 제작한 비디오는 매우 유용합니다. 집에서 프라이버시를 확보한 상태에서 세세한 테크닉과 기술을 알려 주는 성교육 비디오를 보는 것이 도움이 될 것입니다.

이제 더는 성생활을 하고 싶지 않아요.
벼랑 끝에 선 느낌이에요.
성 상담가를 찾아봐야 할까요?

✎ 경험자 견해

남편과 아주 만족스러운 성관계를 갖고 있었어요, 강간을 겪기 전까지는요. 그런데 이젠 아무것도 하고 싶지 않은 거예요. 강간범이 내 성적 매력을 본 것처럼 여겨지고, 그래서 위험에 빠진 거라는 생각이 듭니다. 죽임을 당할 수도 있었습니다. 이제 다시는 섹시하게 보이거나, 성적으로 느껴지는 것은 피하고 싶어요. 공공장소에서는 전혀 섹시하지 않게 보이려고 애쓰다가 스위치를 켜듯이 순간적으로 다시 남편에게 섹시한 파트너가 되는 일이 거의 불가능하다는 걸 알았어요.

남편은 우리가 정기적으로 가는 심리상담가에게 우리가 성 심리상담을 받아야 하겠느냐고 물어 보더군요. 얼마나 사태가 심각한지 남편이 알아차렸다는 사실에 충격을 받기도 했지만, 한편으로는 그가 질문해 준 것이 고마웠어요.

전문가를 만나면서 이런 증상이 예외적이 아니라는 것을 알았어요. 그녀의 치료법은 행동 위주로 거의 즉각적인 진척을 볼 수 있었어요.

돌이켜보면, 우리의 성관계에 관해서 심리상담가가 좀 더 빨리 질문을 해 주었더라면 좋았을 것 같습니다. 강간 이후에 성적 관심을 회복하는 일이 매우 중대하다는 걸 알면서도, 누구 하나 먼저 그 문제를 제기하지 않았기에 나 역시 그래서는 안 된다고 스스로 느끼게 되었나 봅니다. 상담을 내가 이끌어 나가야 한다는 것을 미처 '이해하지' 못한 것이었습니다. 그러니 당신은 문제가 생기면 즉시 스스로 먼저 제기하세요. 저절로 나아질 거라는 기대로 내버려 두지 마세요. 상담가의 시간과 전문 지식에 대해 비용을 지불하고 있는 거니까 충분히 이용하길 바랍니다. ──낸시, 33세

+ 전문가 견해

일차적 성적 욕구 억제(primary ISD)는 성적 환상 및 성적 활동에 대한 욕구의 부재로 정의 내릴 수 있는데, 강간 피해자에게 종종 나타나는 증상입니다. 이차적 성적 욕구 억제의 경우에는 관계 문제에 관한 한 가장 보편적인 원인이 되고 있습니다.

: **성 상담가** : 성 문제에 대해 별도의 훈련을 받은 정신 건강 전문가로, 내담자의 건강한 성행위를 증진시키는 데 관여합니다.

: **상담가 찾기** : 1. 전화 통화로 10~15분 정도 심리상담가와 인터뷰를 하면서 본인의 증상과 목표에 대해 대략적으로 설명하고, 상담가에 대한 다음의 정보를 확보하세요.
- 출신 학교, 수련 기관, 자격증, 심리학 및 사회복지 학위, 성적 욕구에 관한 별도의 교육 및 훈련 등
- 유사 내담자를 치료하는 데 사용한 방법, 경과, 성공 여부

2. 전화 인터뷰나 첫 상담 이후, 다음 사항을 고려해 알맞은 상담가를 고르세요.
- 그 상담가에게 신뢰감을 지닐 수 있었는가? 그가 앞으로도 신뢰감을 계속 키워 갈 수 있을 만한 사람인가?
- 제기된 문제와 우려를 충분히 이해한 것으로 보이는가?

*『정신 장애의 진단 및 통계 편람』, 4판, 미국정신의학회 2000. 저작권자 허락 하에 글을 일부 수정해 실음.

특정 체위가 감정적으로 매우 힘든데, 어쩌면 좋을까요?

✍ **경험자 견해**

나 역시 매우 유사한 경험을 했어요. 남편과의 관계에서 느끼는 불편함이 강간과 어떤 상관관계가 있는지 인식하지 못했지만, 때로는 두렵기도 하고 때로는 분노가 치밀어요. 강간 때에 항문 성교를 겪었기에 남편과는 그 행위를 하지 않았어요. 전에 우리는 엎드린 상태에서 등을 깨무는 것 같은 장난을 하곤 했어요. 좋아하던 행위였는데 그 일 이후에는 엎드릴 수가 없었어요. 때로는 전혀 웃기지도 않는데 발작적인 웃음을 터뜨리기도 해서 스스로도 당혹스러워요. 하지만, 남편의 감정을 상하게 하지 않으면서 멈추게 하려면 그렇게 할 수밖에 없었어요. 어떤 때에는 움직이려고 하는데 꼼짝달싹 못하게 된 것만 같아서 공포에 사로잡히기도 했어요.

물론 남편에게 솔직하게 말을 했더라면 나를 일으켰을 테지만, 스스로 너무 당혹한 나머지 이런 상태가 필요 이상 계속되었어요. 우리 둘 다 그토록 좋아하던 놀이를 더는 즐길 수 없다는 것이 정말이지 너무나 어처구니가 없어서 마침내 심리상담가에게 말했습니다. 창피해서 용기를 내는 데 4개월쯤 걸렸지요. 하지만 그 행위가 촉발제 역할을 해서 강간 중에 있었던 감정을 불러일으킨다는 것을 알고 나니 남편과 상의할 수 있었어요.

그는 내가 그토록 오랜 시간 마음 편치 못했던 것을 알고 충격을 받았지만, 무슨 일이 생기면 곧바로 남편과 상의하는 것이 중요하다는 걸 훨씬 잘 깨닫게 되었어요. 남편은 강간 중에 있던 일과 우리의 장난 사이의 연관성을 인식조차 못했던 겁니다. 소통하는 일이 매우 중요합니다. ——에이미, 29세

✚ **전문가 견해**

특정 체위가 불편한 감정을 야기할 수도 있습니다. 강간을 떠올리게 만드는 체위를 취하는 경우나 관계 중에 통제력을 상실하고 있다고 느끼게 되는 경우에 그렇습니다.

⋮ 강간 연상 체위 ⋮ 특정 체위는 강간의 여러 측면을 떠올리게 할 수 있지만, 더는 그것 때문에 괴로워하지 마세요. 당신과 파트너는 흥분과 만족을 주는 다른 체위를 얼마든지 시도해 볼 수 있습니다. 우선 어떤 자세가 가장 많은 문제를 일으키는지를 분명히 할 필요가 있습니다.

관계를 가진 마지막 시점을 돌이켜보고, 그때의 다양한 행위를 전희, 삽입 등으로 세세하게 구분해 보세요. 그리고 전희 행위에 대해 간략한 메모를 해 두세요. 어떤 불편함이 있었는가? 옆으로 누워 있었는지 아니면 똑바로 누워 있었는가? 남편이 당신을 바로 뒤집었는가? 불편함의 첫 신호가 무엇이었는가? 그로 인해 곧바로 중단하게 했는가 아니면 그냥 놔두었는가? 계속해서 사랑을 나눴는가?

가능하다면 불편함이 느껴진 그 체위나 행위, 혹은 순간을 따로 떼어놓으려고 해 보세요. 무엇이 불편한지를 뚜렷이 인식하는 것이 핵심입니다. 이것이 예전에 즐기던 체위라면 둔감화 연습을 통해서 회복될 수 있을 것입니다. 아니면, 이 기회에 다른 체위를 탐구해 보세요.

⋮ 통제력 상실의 느낌 ⋮ 강간의 부작용으로 끊임없이 문제가 생길 것입니다. 어떤 형태로든 강간을 연상시키는 일로 지칠 수 있고, 특히 성관계 도중에 더욱 그렇습니다. 하지만 당신은 여전히 성적 흥미를 갖고 멋진 성생활을 누릴 자격이 있습니다. 통제력 상실감은 강간 이후에 드물지 않은 현상입

니다. 실제로 분명 통제력을 가장 많이 상실했으니까요.

　자신이 통제력을 느끼게 하는 체위를 택하는 것은 충분히 가능한 일입니다. 가장 확실한 것은 여성 상위 체위입니다. 예전에 시도하지 않은 체위라면 새로운 것을 배워 보는 기회로 삼으시기 바랍니다. 어느 정도 회복이 되었어도 통제력이 필요한 순간이 올 수 있음을 기억하세요. 자신의 요구를 파트너에게 전달하고 소통하여 친밀감을 쌓는 기회로 삼으시기 바랍니다.

강간 도중에 성적으로 반응했기 때문에 죄책감이 있어요. 뭐가 잘못된 걸까요?

✍ 경험자 견해

강간 도중에 성적으로 반응한 자신에게 아주 오랫동안 환멸감을 느꼈어요. 강간범보다 자신으로 인해 더욱 힘들었어요. 어떤 면에서는 벌어진 일이 내가 원한 것일지도 모른다는 느낌을 가졌지만, 그것은 절대로 진실이 아니에요.

몇 달 동안 상담을 받으면서 내 반응은 그 상황에서 생물학적인 결과였을 뿐, 내가 강간을 겪도록 무의식적으로 원한 것이 아님을 깨달았어요. ――안나, 23세

✚ 전문가 견해

: 성적 반응 : 강간 도중에 성적으로 반응했어도 잘못한 것이 아니라는 것을 알아야 합니다. 성 기관이 만들어진 대로 반응했을 뿐 그 이상도 그 이하도 아닙니다. 육체적인 자극에 반응한 것이지 그것을 가하는 사람에게 반응한 것이 아닙니다. 아마도 어떻게 그토록 두려운 상황에서 성감을 느낄 수 있는지 혼란스러울 것입니다. 성적 흥분에 대한 생리학은 더 깊이 얘기되어야 할 소재로 잘 파악해야만 합니다.

고민하고 힘들어하는 것이 당연합니다. 많은 여성들이 질 내부가 젖는다거나 강간 도중에 오르가슴을 경험했다고 보고합니다. 이것은 그들이 성적인 감정을 가진 인간이라는 뜻이지 즐겼다는 의미가 아닙니다. 강간의 이런 측면에서 나타나는 죄책감과 수치심은 반드시 제대로 인식되어야 합니다.

우리 감각은 촉각 자극으로 고조되는데, 복부, 하지, 엉덩이 같은 부위를

자극받아 상승된 성적 반응은 두 개의 동일한 신경망에 전달됩니다.

정신적 외상 측면에서 특별히 흥미로운 것은 뇌의 편도가 하는 역할인데 이 부위는 두려움, 즐거움과 연관이 있습니다. 그리고 해마는 분노, 성적 흥분, 기억에 관련됩니다.

이러한 뇌의 기능을 알면 우리가 어떻게 강간 도중에 성적 흥분을 경험할 수 있는지 더 깊이 이해할 수 있습니다. 당신은 그렇게 만들어진 방식 그대로 자극에 반응해 움직였을 따름입니다.

강간 도중 성적으로 반응한 경우 어느 정도 죄책감과 수치심을 느낄지도 모릅니다. 하지만 이러한 생각을 즉시 떨쳐 버리기로 결심해야 합니다. 강간에 대해 죄책감을 느끼는 것은 아무런 도움이 되지 않습니다. 당신은 아무 잘못도 하지 않았습니다.

당신이나 저나 길에서 마주치는 사람 누구나 다 성적인 존재입니다. 클리토리스는 뇌가 있는 것이 아니라 만져졌을 때 반응하도록 섬세하게 고안된 일종의 신경 말단 기관입니다.

"그 옷을 입지 있지 않았더라면… 그렇게 많이 취하지 않았더라면… 그와 단둘이 있지 않았더라면…" 같은 말은 죄책감의 언어입니다. 어떤 행위를 한 것 또는 하지 않은 것을 자책하는 말이지요. 하지만 그 옷을 입은 것, 술을 마신 것, 그 사람과 단둘이 있은 것 모두 그에게 당신을 강간하라는 면허를 준 것은 아닙니다.

"이 일이 일어났으니 나는 나쁜 사람이다…"라는 식의 말은 바로 수치심의 언어로, 그것이 당신 내면을 공격합니다. 그것은 죄책감보다 오래 지속되며 훨씬 더 해로운 까닭에 반드시 고쳐야 합니다.

남편에게 이제 사랑을 나눌 준비가 되었다는 말을 어떻게 할 수 있을까요?

✎ 경험자 견해

심리상담가와 수많은 상담을 하면서, 다시 사랑을 나누는 문제에 대해서 어떻게 나아가야 할지를 얘기했습니다.

'일상적인' 삶에서는 항상 직접적인 접근법이 내게 효과적이라고 여겼지만, 솔직히 남편이 나를 거부할까 두려워 맞닥뜨릴 자신이 없었어요. 불안하긴 했지만, 다시 여성으로서 느끼고 우리의 성생활로 되돌아갈 필요가 있었습니다.

평소와 달리 상담 중에는 간접적인 방식이 가장 효력이 좋았어요. 처음 결혼해서 갔던 곳에 침실과 아침 식사를 주문해 두고, 멋진 주말을 위해서 필요한 모든 것을 갖춰 놓은 상태에서 남편과 함께 보냈어요.

거절에 대한 두려움을 나중에 남편에게 들려줬어요. 내 마음을 편하게 해 주었지만 얘기를 나누는 동안에 또 다른 문제들을 발견했어요. 두려움이 훨씬 더 커졌는데, 남편이 위에 있는 것이 강간을 연상시킬까, 플래시백을 경험하게 될까, 그리고 그것이 남편에게 영향을 줄까, 남편이 만지는 것을 나는 어떻게 느낄까, 다시 오르가슴을 경험할 수 있을까 등등, 마침내 서로를 마주하고 사랑의 관계를 가질 때까지 알 수 없는 수많은 질문들이 생겨났습니다.

감사하게도, 모든 것이 잘 진행되었고 플래시백을 경험하지도 않았어요. 우리가 그날 저녁 시작해서 밤까지 나눈 얘기들은 기대 이상으로 어떤 돌파구가 되었고, 그 주말은 소중함 이상의 중요한 의미로 자리 잡았습니다.

돌이켜 보면, 좀 더 직접적으로 말했으면 좋았을 걸 하는 생각이 들어서 그냥 원하는 바를 말했어요. 덕분에 얘기를 시작할 수 있었죠. 만일 그때가 다시 온다면 거절에 대한 두려움에 주춤할 게 아니라, 진정 중요한 문제를 가로막는 두려움을 쫓아낼 겁니다. 그 편이 우리 둘 모두에게 도움이 될 테니까요. ——캐럴, 32세

+ 전문가 견해

남편과 다시 사랑을 나눌 준비가 되었음을 알리는 방법 두 가지는 말로 하거나 보여 주는 것입니다.

침대 이외의 곳에서 보통 어떤 식으로 소통하는 편입니까? 관계를 가지려고 할 때 보통 어떻게 다가가는 편인가요? 시작하는 쪽이 본인인가요, 남편인가요? 강간 이후에도 우리는 그 이전과 동일한 사람으로, 이제는 결혼을 포함해 세상과 관계를 맺는 새로운 방법이 필요합니다.

의사소통이나 친밀감의 결여가 강간 이전의 결혼 생활에서 문제가 되었다면 더 심해질 수가 있습니다. 하지만 삶을 송두리째 바꿔 놓는 경험인 강간은 세상을 보는 시선을 바꿔 놓아, 극단적인 스트레스 상태를 지나오면서 진정으로 강간에서 살아남을 수 없을 거라고 느꼈을지도 모릅니다. 이것은 삶이 종종 얼마나 위태롭고 무상한 것인지를 보여 주기도 합니다.

: 내가 원하는 것을 전달하기 : 본인의 욕구를 배우자에게 전달하는 일은 결혼 생활에서 대단히 중요합니다. 강간을 겪은 후에는 남편에게 원하는 바를 전달하기가 당연히 불편해집니다.

그럴 때는 매일 이뤄지는 의사소통의 여러 층위를 깨달으면 도움이 됩니다. 우선 첫 단계는 서로가 일반적인 정보를 공유하는 것으로서 의사소통에서 가장 친밀도가 낮습니다. 모르는 사람이나 가족, 배우자와 공유하는 것입니다. 가장 높은 단계에 있는 것은 두려움과 걱정, 내밀한 바람이나 욕

망 — 우리 마음 가장 깊은 곳에 있는 — 을 공유하는 것인데 전형적으로 배우자를 향한 것입니다. 배우자와 의사소통이 낮은 단계에 머물러 있다면 우리가 바라는 바가 충족되지 않습니다. 그러나 우리는 날마다 의사소통 기술을 향상시킬 수 있는 기회를 가질 수 있습니다.

: **친밀감 형성** : 준비되었다고 스스로 느껴질 때가 되면 아마도 남편은 당신이 그 문제를 이야기할 수 있도록 해 줄 것입니다. 남자들도 눈치를 채니까요. 강간 이후 두 사람이 처음 사랑을 나누는 것에 대해 상대가 어떻게 생각하는지 아마 확신하기 어려울지도 모릅니다. 그러나 준비가 되었다고 느낀다면 바로 그때가 적절한 때이니 자기 자신의 감정을 믿으세요. 둘만을 위해서 주말여행을 계획하는 등 그가 반응을 보일 만한 분위기를 이끌어 내세요.

만지려고 하면 움츠러드는데 어쩌면 좋죠?

🖎 경험자 견해

충분히 이해합니다. 나 역시 남편이 가까이 올 때마다 움츠러들었어요. 그가 알아차렸을 것 같지는 않았고, 나는 '평상시'로 되돌아가려고 노력했어요. 하지만 조금씩 그가 나를 만지는 횟수가 줄었어요. 내 팔을 만지고 얼굴을 어루만지고, 가슴을 애무하는 일이 내 내면을 죽이고 있다는 걸 말로 잘 표현할 수 없었어요. 부드럽고 사랑 가득한 그의 손길에서, 입에 담지 못할 짓을 저지른 남자의 무시무시한 이미지를 떠올렸던 거죠. 그가 떠날지도 모른다는 두려움으로 제정신이 아니었고, 우리는 점점 더 멀어져 갔어요.

어느 날 서점에서 마사지에 대한 잡지 한 권이 눈에 띄어서 집어 들었어요. 애무의 필요성에 관한 기사였는데, 신체 접촉에 대한 우리의 욕구는 기본적인 것이라더군요. 사랑하는 관계에서의 접촉뿐만 아니라 어머니의 신체 접촉도 마찬가지고요. 기사에는 엄마가 많이 안아 준 아기가 그렇지 않은 아기와는 달리 성장하게 된다는 연구가 소개되어 있었어요. 신체 접촉에 대한 우리의 욕구는 원초적이면서 근원적입니다. 이후로 나는 마사지를 배우는 데 빠져들었고, 어떤 식으로 터치를 하고 또 터치를 받는 것인가에 대한 책을 몇 권 샀는데, 이전에 경험해 보지 못한 방식이 소개되어 있었어요.

사랑의 마사지를 배워 남편과 서로 해 주니까 마치 둘 사이의 벽을 허물고 새로운 방식으로 마음을 활짝 열기 시작한 기분이었어요. 마사지 상담사를 찾아갔다 해도, 잡지를 보지 않았다면 그렇게 많은 것을 배울 수 있었을 것 같지 않아요. 글은 정말 훌륭한 선생님입니다. ____론다, 27세

✚ 전문가 견해

: 신체 접촉의 필요성 : 강간을 겪은 여성에게는 아주 가벼운 신체 접촉조차 폭행 당시 기억을 불러일으킬 수 있습니다. 이성적으로는 위험한 상황이 아님을 이해하면서도 육체는 폭행, 공포, 두려움을 그대로 기억하는 까닭에 그렇게 반응하는 것입니다.

접촉에 반응하는 생리학적 측면은 복잡다단하지만, 다음에 소개된 내용은 접촉이 정신적 외상 증상에 어떤 영향을 주는지를 조금이나마 알려 줍니다. 감각이 당신을 흥분시킬 수 있고, 그것이 지극히 정상적이라는 걸 깨달아야 합니다.

: 신체 접촉의 생리학적 측면 :

중추 신경계 앞에서 말했듯이 우리의 감각은 촉각적 자극으로 고조됩니다. 자극이 중추 신경계에 의해 생성되는 것처럼, 성적인 반응 역시 이러한 감각적 반응으로부터 생성됩니다. 복부, 하지, 엉덩이 같은 부위를 자극받아 고조된 성적 반응은 두 개의 동일한 신경망에 전달됩니다.

부교감 신경계 및 교감 신경계(자율 신경계) 부교감 신경계와 교감 신경계는 심장 박동, 소화, 배뇨 생식 등의 활동을 조절합니다. 교감 신경계는 엄청난 스트레스가 있을 때에 기능해 회피할 것인가 혹은 싸울 것인가 하는 반응을 관장합니다. 반대로 부교감 신경계는 우리의 휴식과 소화를 관장하고 평상시의 기능을 통제 조절합니다. 두 가지 신경계는 평형 상태를 이루기 위해 서로 반대 위치에 놓여 있습니다. 마사지를 받는 동안에는 부교감 신경계가 기능하여 안락한 기분과 성적인 반응이 나타납니다.

시상하부, 편도선, 해마(대뇌 변연계) 뇌의 시상하부, 편도, 해마는 우리의 감정을 조절하고, 기억도 조절하는 것으로 알려져 있습니다. 정신적 외상의 측면에서 특히 흥미로운 것은 편도의 역할인데 그것은 두려움, 즐거움과 연관이 있고, 해마는 분노와 성적 흥분, 기억과 연관이 있습니다. 이러한 계통의 기능에 대해 알면 우리가 왜 마사지를 통해 성적 흥분에 도달할 수 있는지 그리고 동시에 강렬한 감정적 반응을 경험하는지 더 깊이 이해할 수 있습니다.

어떻게 해야 내 과거를 이해할 수 있는 마사지 치료사를 찾을 수 있을까요?

✎ 경험자 견해

신뢰할 수 있는 마사지 치료사를 만나는 일은 심리상담가를 찾는 일만큼이나 중요해요. 마음에 드는 여성을 고르기까지 여섯 명을 만나 봤어요.

미국마사지치료협회에 소속된 치료사 가운데 자격을 갖춘 사람들을 미리 선별했어요. 도덕적으로든 직업적으로든 어느 정도의 수준을 갖추고 있어야 하기 때문에 매우 중요한 일입니다. 과거에 대해 솔직히 말하고 그들의 반응을 주의 깊게 살폈어요. 내 얘기를 듣고 당황스러워한다면 나와 맞지 않는 것이었습니다. 그들의 현장 실습용으로 나를 맡길 수는 없으니까요. 마음을 여는 치료사에게는 유사한 서비스를 제공한 경험이 있는지 묻고, 계속해서 성공 사례와 성공 확률에 관해 얘기를 나누었어요. 꽤 괜찮은 자격을 갖춘 사람이 몇 명 있었는데, 소통에 가장 신뢰가 가는 한 사람을 선정했습니다.

첫 방문은 무척 힘들었어요. 하지만 우리는 함께 헤쳐 나갔고, 여전히 지속하고 있습니다. 몸이 강간을 기억하고 있으므로, 강간 이후에 몸을 다시금 일깨우는 것이 가장 훌륭한 방법입니다. ──레아, 39세

✚ 전문가 견해

정신적 외상은 몸으로 기억되며, 터치의 유익함을 다시금 배워 나가는 것은 강간에서 회복하는 데 중대한 부분을 차지합니다. 우리에게는 사랑하는 사람의 부드러운 손길이 필요한데, 성관계를 맺을 때뿐만 아니라 일상생활

에서도 마찬가지입니다.

마사지 치료사와 신체 운동 전문가가 점점 더 세분화되면서, 정신적 외상 환자에게 필요한 마사지 테크닉 적용에 대한 규정이 개발되고 있습니다.

이러한 전문가의 섬세한 노력은 치료를 촉진할 수 있습니다. 성폭행 기억의 촉발, 터치 중의 과각성 상태, 극도의 감성적 반응, 기억의 완화, 플래시백, 무감각, 해리 등은 마사지 전문가가 알고 준비하고 있어야 할 증상들입니다.

터치가 당신 의사에 반해 사용된 경험이 있으므로 신뢰감을 회복하는 일은 많은 시간이 걸리는 힘겨운 과정일 수 있습니다. 하지만 마사지 치료의 효과는 스트레스와 긴장감 완화, 자세 교정과 면역 기능 강화 등 매우 많습니다. 뿐만 아니라 몸과 마음 사이의 교감과 인식을 증진시켜 더 차분한 사고를 할 수 있게 도와줍니다.

강간으로 인해
만성 통증을 안고 사는데
해결 방법이 있을까요?

✎ 경험자 견해

만성 통증은 성관계뿐 아니라 일상생활에서도 사람의 기운을 앗아 갑니다. 성폭행과 강도를 겪을 때 허리 아래쪽을 다쳤습니다. 나를 땅바닥에 밀어붙이면서 강간하기 전에 골반 위에서 풀쩍풀쩍 점프를 하다시피 했거든요. 부러지지는 않았지만 몇 달째 멍이 들고 비참한 상태였습니다. 앉기, 서기, 걷기가 모두 힘들어서 운동을 완전히 중지해야 했습니다.

부인과 의사는 심각한 멍 자국을 제외하고는 특별한 이상을 발견하지 못했고, 나을 때까지 인내심을 갖고 기다리라고 말했어요. 통증이 말할 수 없이 큰 데다가 마냥 기다려야 한다는 말을 받아들일 수 없어서, 침술과 같은 여러 대안 요법을 시행해 보았어요.

HMO에서 제공하는 통증 관리 강좌를 들었어요. 극단적 고통을 어느 정도 다스릴 수 있기를 간절히 바라고 있었어요. 만성 통증에 시달려 본 분이라면 그게 무슨 의미인지 알 거예요. 고통이 자신을 압도하기 전에 스스로를 유지해 나갈 수 있는 정도를 말하는 것이죠. 몇 가지 전략을 배웠지만 강좌 초반 몇 번 동안은 준비가 되어 있지 않았습니다. 실제로 바닥에서 자세를 취하는 동작을 하다가 몇 차례 플래시백을 경험했는데, 그룹을 이끄는 의사와 얘기를 나누면서 평정을 찾을 수 있었어요. 그는 고통을 이겨 내도록 격려하면서 수업 중에 곁에 머물러 주었고, 지금의 내가 있기까지 도와준 사람입니다.

수업은 매우 가치 있었고 남은 수개월간 견딜 수 있게 해 주었으며 마침내 고통이

잦아들기 시작했어요. ──마르타, 43세

+ **전문가 견해**

: **만성 통증** : 특정한 질병이나 상해가 치료되는 데 걸리는 통상적인 기간을 넘어서 한 달 이상 지속되는 통증을 말합니다. 통증이 간헐적일 수도 있고 지속적일 수도 있는데, 수개월 혹은 수년 이어질 수도 있습니다. 이렇듯 오랜 기간 지속되는 통증은 감정적·육체적 건강에 심각한 해를 끼칩니다.

일을 할 수도 없어 경제적 손실을 끼칠 뿐 아니라, 일상생활을 영위하기도 어렵고, 성생활이나 운동을 지속할 수도 없습니다. 게다가 의사와 가족에게 고통의 정도와 심각성을 설명하기 힘들기에 절망감을 느낍니다. 통증은 순전히 본인만의 경험일 뿐, 엑스레이를 찍어도 검사를 해 봐도 겉으로 드러나지 않습니다.

: **조절법** : 한 개인이 거쳐 가는 회피, 분노, 타협, 슬픔, 수용 같은 슬픔의 단계들은 만성 통증을 해결하는 데도 똑같이 적용될 수 있습니다. 만성 통증 같은 어려움에 직면할 때에도 이 모든 단계를 거치지만, 회복은 직선적으로 이루어지는 것이 아니라 길고 복잡하게 빙 둘러 가는 식으로 이루어진다는 걸 명심하세요.

: **통증 설명하기** : 통증을 설명할 때 다음과 같은 묘사를 사용해 보세요.
- 심장이 쿵쾅거리는 느낌인가, 아픈 느낌인가, 타는 느낌인가, 찌르는 느낌인가?
- 간헐적인가, 지속적인가?
- 통증에 앞서서 어떤 일이 있는가, 아픈 부위가 어디인가, 한 군데인가

아니면 여기저기 바뀌는가?
- 통증이 어디서 시작되고 얼마나 오랫동안 아파 왔는가?
- 통증이 삶에 육체나 감정에 어떤 식으로 영향을 미쳐 왔는가?

: 조절법 : 통증을 다스리는 방법은 강좌 수강, 대안 요법, 음악 치료 등 매우 다양합니다.

강간으로 영구적인 장애를 입었는데 어떻게 하면 좋을까요?

경험자 견해

강간으로 인한 장애는 나를 한꺼번에 무너뜨리고도 남았습니다. 사실, 그야말로 죽고 싶었습니다. 예전의 '정상'으로 되돌려 놓을 수 있는 것은 아무것도 없었습니다. 나는 또 다른 종류의 정상, 나만의 정상을 배워야 했습니다.

솔직히 말하면, 심각한 자기 연민의 시기를 경험했습니다. 뱃속이 타 들어가고 너무 분노가 치밀어 누군가를 패 주고 싶기도 했습니다. 문제는 두들겨 패고 싶은 '누군가'를 찾을 길이 없다는 것이었습니다. 내 에너지를 재조정하지 않으면 분노와 상처 때문에 죽겠다 싶었어요.

강간을 겪은 다른 사람이 용감하게 살아가는 얘기를 들어도 위안이나 격려조차 되지 않았고, 남들처럼 의연히 일어설 수 없는 내가 무언가 모자란 것만 같아 오히려 더 무력해질 뿐이었습니다.

더 심해지지는 않았지만, 장애는 지속되었습니다. 자신을 한참 바라보면서 진정 이런 삶을 원하는지 물었습니다. 65세, 70세, 75세가 된 내 모습이 상상이 되는가, 남편 없이 살아가는 내가 떠오르는가? 성생활 없이 살아갈 것인가? 아니면 사랑하는 이가 안겨 주는 그 모든 기쁨을 남들처럼 누릴 자격이 내게도 있었을까? 나는 그렇다고 결심했습니다. 맑은 정신으로 아주 진지하게 내린 판단이었습니다. 나는 삶이 제공하는 모든 것을 누릴 만큼 소중하니까요. 하루아침은 아니지만 1년 반쯤 뒤에 약혼을 했고, 지금 신혼여행을 기다리고 있습니다.

장애를 지닌 사람들에게 유용한 성 관련 도움은 얼마든지 있습니다. 그런 것을 찾아보면서 다시 스스로에게 성적 매력이 있음을 느끼도록 하는 방법을 배웠고, 그 과정에서 미래의 남편과의 성생활을 기대하게 되었습니다. ――팻, 26세

✚ 전문가 견해

강간의 결과로 장애를 겪고 있는 당신이 매우 안타깝습니다. 잘 알다시피 이 끔찍한 범죄를 겪은 후에 삶을 지속하는 데는 커다란 용기가 필요합니다. 계속 감정적 치유를 해 나가는 동시에 육체적·성적 문제에도 관심을 가져야 합니다. 장애를 지닌 여성을 위한 지원이 많으니, 이제는 외롭게 고통을 당하지 않아도 됩니다.

: 영구적 장애 조절법 : 이는 정서적·성적 건강에 너무나도 중요한 대단히 전문적인 문제로, 접근 가능한 정보를 잘 파악해야 합니다.

흉터 때문에 옷을 벗기가 창피합니다.
벗은 몸이 다시 편하게 될
방법이 있을까요?

경험자 견해(외부 흉터)

강간의 흉터 때문에 외출을 급작스럽게 중단할 뻔했습니다. 뺨 옆에 커다란 칼자국이 있는데, 매일같이 보는 게 끔찍해서 열심히 화장을 했지만 그런다고 완전히 감춰지지는 않습니다.

거울을 볼 때마다 그 번쩍거리는 물체가 눈앞에 다가오던 순간이 떠오릅니다. 처음에는 아무런 고통도 느껴지지 않았고, 손을 올려보니 피가 쏟아져 나왔습니다.

매일같이 그 생각만 하고 있을 수는 없어서 치료를 해 보기로 마음먹었는데, 육체적 상처를 바꾸는 일이 그 기억을 안고 살아가는 일보다 훨씬 쉽더군요. 내게 가장 잘 맞는 흉터 치료를 받고는 부드러운 피부를 회복했고 흉터의 붉은 자국은 상당히 옅어졌습니다. ____니키, 26세

✚ 전문가 견해

: 흉터 치료 : 흉터는 자존감에 치명적이지만 그 고유의 두드러짐과 색상을 완화하는 데 도움이 되는 제품이 많이 있습니다. 새로운 흉터 치료 제품이 상처를 좀 더 부드럽고 매끈하게 만들어 주는데, 피부가 더 자연스러운 감촉과 색상이 되게 해 주며, 민감한 피부에 안전하며, 상처가 오래되었든 아니든 모든 경우에 잘 듣습니다. 큐레드의 스카 테라피(Scar Therapy from Curad) 같은 제품은 외적 상해에 놀라운 효과가 있는 것으로 나타났습니다.

엄청난 통증을 겪고 있고 의사는 강간으로 상처가 생긴 것 같다는데 어떻게 하면 좋을까요?

✎ 경험자 견해(내부의 상처)

생식기의 상처 조직에 대한 검사를 즉각 받아 봐야 합니다. 내 불임 문제는 강간범이 무언가를 삽입해 상처를 입힌 탓이었어요.

의사가 내게 상처 조직이 있음을 알았을 때 과거에 겪은 강간에 대해 얘기해야 한다고 느꼈어요. 그는 성폭행 중에 입은 상처를 가진 수많은 여성들이 고통을 겪고 있겠지만, 대개 밖으로 얘기되지 않기에 적절한 정보가 없다고 말했어요.

상처 조직의 다소 넓은 부위를 제거하는 수술을 받았고, 이후에 마사지 치료를 받았는데 통증이 줄었고 생식기 주변의 근육 팽창에도 도움이 되었습니다. 이 문제를 해결한 덕분에 예쁜 딸아이가 생겼어요. ──베티, 32세

✚ 전문가 견해

: **내부의 상처 치료** : 외상이나 질병, 수술로 염증이 생긴 조직에 상처가 남습니다. 조직이 위축되어 움직임에 제한이 생기고 치료 후에도 유착이 지속적으로 형성된 것입니다.

내부의 상처와 유착으로 인한 고통은 수술로 치료할 수 있습니다. 상처 부위를 자극하는 심층 조직 마사지는 상처 조직을 활성화하고 관련 조직을 팽창시켜 고통을 완화합니다. 이러한 부드러운 팽창은 장기간에 걸쳐서 진행됩니다.

물리 치료사나 마사지 치료사이면서, 골반과 복부 쪽에 고급 훈련 과정

을 거친 심층 근육 조직 치료 전문가를 선택하세요. 자신이 겪은 성폭행을 치료사와 공유함으로써 그 상황을 떠올리게 하는 상황이 촉발되지 않도록 유의하세요.

산부인과 의사가 성병 검사를 제안했는데 그게 무엇입니까?

✍ 경험자 견해

성병은 치명적일 수 있어요. 주저하지 말고 검사를 받을 것을 간곡히 권합니다. 스스로 생각하기에 또는 의사가 성병에 감염되었을지도 모른다고 한다면 즉각 치료를 시작하는 것이 중요합니다.

  가까운 친척 중 한 명이 성폭행으로 매독에 감염되었는데 성병 검사를 받지 않았습니다. 그녀는 신경계에 심각한 손상을 입어 고통받았으며, 비극적인 짧은 생애의 남은 기간은 병원에서 지내야 했습니다. 피할 수 없었던 일은 아니라고 생각합니다. 혹시 본인이 성병에 감염되었을 수도 있다고 의심된다면, 즉시 병원을 방문하시길 바랍니다. ___테디, 44세

✚ 전문가 견해

성병은 피부에서 나오는 분비물이나 액체, 성기의 점막 표면에 의해 확산되는 염증입니다. 클라미디아, 임질, 매독, 단순포진바이러스(HSV-2) 등이 흔한 성병입니다.

클라미디아
- 불임으로 이어질 수 있으므로 강간 이후에 반드시 검사를 받을 것
  - 균 배양 검사로 진단
  - 여성의 경우, 질 분비물과 아랫배 부위의 통증

- 남성의 경우, 음경 분비물과 소변 시 극심한 고통

임질 • 균 배양 검사로 진단
- 여성의 경우, 질 분비물과 아랫배 부위의 통증
- 남성의 경우, 음경 분비물과 소변 시 극심한 고통

매독 • 혈액 검사로 진단
- 초기 단계에는 통증이 없는 성기 궤양
- 이후 단계에서 발진, 관절 통증, 림프절 부종, 신경계 손상

단순포진바이러스 • 남녀의 성기, 그리고 여성의 경우 질에 통증이 수반되는 피부 궤양
- 사타구니 발열 및 림프선 부종(포진의 초기 발생에 전형적으로 발견)
- 궤양(포진의 연속적 발생과 관련)

의사가 질 경련으로 진단했는데
그게 무엇인지 또 어떻게 해야
좋을지 알고 싶어요.

✍ 경험자 견해

질 경련은 질에 물체가 삽입될 경우 내부 질 근육에 일어나는 경련 현상입니다. 질 경련 진단으로 일시적이나마 안도한 것은 강간 이후 남편과 다시 관계를 가질 당시 느낀 심한 통증이 무엇인지 마침내 알게 되었기 때문입니다.

하지만 그 안도감은 잠시뿐이었습니다. 증상을 알았으니 이제 치료에 힘써야 하니까요. 남편의 성기가 몸 어디에든 다가오기만 하면 곧바로 극심한 근육 경련을 느꼈어요. 안정을 되찾으려면 시간이 걸릴 거라고 생각해서 우리는 인내심을 갖고 한동안 주로 평안함을 되찾기 위한 마사지에 주력했습니다. 집중적인 상담 치료를 받고 오랜 시간이 걸린 후에 다시금 사랑을 나눌 준비가 될 거라고 남편에게 말했고, 또 진심으로 그렇게 믿었던 만큼 점점 초조해져 갔습니다.

하지만 몸은 따라 주질 않았습니다. 스스로에게 질문을 던졌습니다. 아마도 풀지 못했던 잠재된 앙금 같은 게 남아 있는 것 같아서, 성 상담을 받기로 했어요. 치료사는 질 확장기 사용을 제안하며 기대할 수 있는 결과가 어떤 것인지 알려 준 다음, 처방과 사용상의 지시 사항 및 후속 치료를 위한 정기 검진을 위해서 산부인과 의사에게 의뢰해 주었습니다.

더 많은 문제들을 함께 처리해 가면서 성 상담의 역할이 특히 유용했습니다.

성 상담을 시작하고 3주 만에 남편과 다시 관계를 가질 수 있었지만, 그 후 1년 반 동안 확장기를 지속적으로 사용했습니다. ＿＿세리, 32세

+ 전문가 견해

: 질 경련 : 질 바깥쪽 3분의 1 지점에서 발생하는 근육 경련으로, 종종 통증에 대한 두려움 때문에 유발되고 어떤 것이든 흡입이 힘들어지게 됩니다.

폭행을 경험한 여성만이 질 경련으로 고통받는 것은 아님을 알아야 합니다. 다른 이상 증세가 질 경련의 내재된 원인일 수도 있기 때문에, 그런 가능성이 있는지 부인과에서 확인하도록 하는 것이 중요하며, 부인과 의사가 폭행 피해 사실을 모르고 있다면 알려야 합니다.

이러한 정보를 드러내는 일이 힘든 것은 알고 있습니다만, 이 경우 의사가 이런 특수한 문제를 지닌 환자에게 도움이 되는 이를 소개해 주는 일이 중요합니다.

: 조절법 : 질 경련은 성공적으로 치료될 수 있습니다. 성 상담가는 회복 기간 중에 당신을 이끌어 주는 역할을 해 줄 수 있습니다.

목표는 우선 작은 물체부터 흡입한 다음, 성기를 둘러싼 근육이 차츰 크기를 키워 가면서 점점 덜 긴장하도록 하는 것입니다. 질 근육이 흡입 과정에서 편안해지도록 서서히 조절하기 위해 손가락과 질 확장기가 이용됩니다.

질 경련은 성폭행 피해자에게 아주 흔히 발견되는 증상으로, 강간으로 인한 또 다른 증세를 해결하는 데 (물리) 치료와 더불어 심리상담을 병행하는 것이 좋습니다. 이 일을 자신의 몸에 대해 그리고 스스로가 파트너에게 어떤 식으로 반응하는지에 대해서도 더욱 잘 이해할 수 있는 계기로 삼으세요. 질 확장기 사용에 앞서, 근육의 긴장을 풀기 위해 15~30분 정도 뜨거운 물에 몸을 담그세요. 질 확장기를 사용할 때는 윤활제를 넉넉하게 이용하고, 파트너에게 도움을 받으세요. 질 경련 극복이라는 목표를 향해 두 사람 모두 노력한다면 친밀감도 더 높아질 수 있습니다.

❺ 가족·친구

강간 이후에 당신은 아내, 연인, 딸, 엄마, 친구인 그녀에게 가장 중요한 사람입니다. 당신은 그녀에게 일어난 가장 끔찍한 범죄로부터 어떻게 회복해 나갈 것인가에 중요한 열쇠를 지니고 있습니다. 이 시기에 그녀에게 필요한 것이 무엇인지 물어보세요. 그리고 그것을 제공하세요.

스스로에게도 편하게 대해 주어야 합니다. 강간 피해자의 가족이나 친구가 된다는 것은 어느 관계에서든 대단히 어려운 상황입니다. 이 길을 걸어가야만 하는 당신에게 진심으로 위로의 뜻을 전합니다.

아내는 너무나 엄청난 고통을 겪고 있고 나는 분노만을 느낄 따름인데, 그녀와 나 자신을 도울 방법에는 무엇이 있을까요?

📖 경험자 견해

분노의 감정을 충분히 이해합니다. 아내가 강간을 겪은 것에 얼마나 화가 나는지 이루 말할 수가 없습니다. 이따금씩 분노가 폭발합니다. 아내가 악몽이나 플래시백을 경험하는 것을 가만히 지켜봐야 하는 것이 너무나 힘들고, 돕지 못하는 내가 완전히 무능하게 느껴집니다. 그녀가 울면서 일어나면 꼭 안아 주지만, 내가 원하는 것은 그녀를 강간한 놈의 목을 부러뜨려 놓는 것입니다.

그녀에게 무슨 말을 하면 오히려 상황을 악화시키기 때문에 그냥 안으로 삭힙니다. 그녀를 도울 방법이 아무것도 없다는 걸 알고 있습니다. 이러한 분노를 위한 다른 배출구가 필요하다는 걸 깨달았습니다. 나는 그녀의 고통을 키우기만 하고 있으니까요.

나 자신이 심리상담을 받습니다. 2주에 한 번씩 아내와 함께 상담가를 방문하고, 따로 매주 찾아갑니다. 누군가에게 내 감정을 솔직히 말할 수 있다는 것은 엄청난 변화를 불러왔습니다. 상담가에게 아내가 아닌 내가 강간범에게 하고 싶은 상상 속 일에 대해 말하는 일이 도움이 됩니다. 아마도 그가 나와 같은 남자이기 때문인 것 같습니다.

내가 다른 인간에게 그 어떤 육체적인 행동을 하지 않을 거란 사실을 알고 있으며, 아내나 나를 위험에 빠뜨릴 일은 더더욱 하지 않겠지만, 마음속 생각을 털어 버리는 것이 분노를 엄청나게 덜어 줍니다. 스스로의 분노를 해소할 다른 배출구를 찾는 일은 자신과 아내를 위해서 중요한 일입니다. ——레이, 33세 남편은 내가 혼자 있고 싶어 한다고 짐작했습니다. 그가 왜 그렇게 생각했는지 알 수는 없지만, 돌이켜보니, 강간에 대해서 맘을 터놓고 얘기해 본 적이 없었음을 깨달았습니다. 그는 내가 무엇을 원하는지 물어본 적이 없었고, 나도 말한 적이 없습니다. 사실 내가 제일 원하지 않던 것은 바로 혼자 있는 것이었습니다. ___캐서린, 28세

아내 캐서린이 좀 더 나아지기를 원하고 있습니다. 재미있고 재치가 넘치던 사랑스러운 과거의 그녀 모습을 되찾기를 원합니다. 다른 사람이 된 듯한 그녀에게 내가 어떻게 해야 할지 모르겠습니다. 나 자신이 깊이가 없고 초조해한다는 것을 알고 있지만, 그녀가 겪고 있는 일을 감당할 능력이 바닥에 다다랐습니다. ___마이크, 46세

✚ 전문가 견해

: 그녀의 회복 시간표 : 불행하게도 강간의 회복을 위해 정해진 시간표는 없습니다. 그녀는 한 달 후에 '더 나아질' 수도 있고, 민감한 신체 일부가 이미 낫고 있을 수도 있습니다. 아니면 1년 후에 '더 나아질' 수도 있습니다. 결국 아무도 확신할 수 없다는 것입니다. 그녀는 자신만의 속도로 치료해 나가야 할 것입니다.

: 도울 수 있는 것 : 그녀가 현재 견뎌 내고 있는 것을 더욱 측은하게 여기고 따뜻한 시각으로 공감해 주세요. 측은하게 여긴다는 것은 말 그대로 다른 이와 고통을 함께하며 그 불행에 슬픔을 느낀다는 뜻입니다. 그녀가 겪고 있는 일은 끔찍한 사건이며 강간 피해의 치료에는 지름길이 없으므로 그녀 자신만의 시간표에 맞춰 맞서게 될 것입니다. 인내를 가지시기 바랍니다.

상황을 '바로잡으려' 하는 것은 너무나도 당연한 일입니다. 특히 남성들은 주로 행동하는 편이라서 어떤 행동을 취해야 한다고 느끼기 마련입니다.

판단하지 말고 그녀 말에 귀를 기울이세요. 그녀로 하여금 당신과, 상담가나 정신과 의사 등에게 스스로 말을 걸도록 격려해 주십시오. 그녀가 좀 더 빨리 상담가와 신뢰 관계를 형성해서 분노·수치심·상실감 같은 문제 해결을 위한 노력을 시작할수록, 증상이 장기적으로 발전할 확률은 낮아집니다. 그녀에게 자기감정을 표출하도록 글로 적어 보게 하거나 다른 창의적인 배출구를 마련할 것을 권해 보세요.

아내가 회복하는 데 심리상담이 도움이 될까요? 함께 가야 할까요?

✐ 경험자 견해

아내가 무엇을 원하는지 본인이 직접 물어보는 것이 중요합니다. 아내는 혼자서 엄청난 시련을 겪으면서 당신의 감정까지 신경 써야 한다고 느낄 수도 있습니다. 그녀는 누군가 귀 기울여 들어 줄 사람이 필요하고 존중받아야 하며 무엇보다도 자기 잘못이 아니라는 것을 알 필요가 있습니다. 그 어떤 희생이 따른다고 하더라도 그것을 알아야 합니다.

그녀가 오랜 기간 혼자서 상담 치료를 받고 있나요? 함께했으면 좋겠다고 말한 적이 있었나요? 먼저 물어보고, 아내가 함께 가 주길 원한다면 그렇게 하세요. 두어 차례 함께한 이후에 그만 왔으면 좋겠다고 해도 아내에게 상처를 주거나 화를 내지 말아 주세요.

바로 내 아내에게 있었던 상황입니다. 나중에 아내에게는 알리지 않고 따로 그녀의 상담사와 몇 차례 상담을 하면서 내 감정을 털어놓았습니다. 두 사람 모두 자기 방법을 찾아야만 하는 어려운 상황인 거죠. ____마크, 34세

✚ 전문가 견해

상담은 아내에게 큰 도움을 줄 수 있을 것입니다. 상담사를 선택하는 결정권은 그녀에게 있어야 하지만, 알맞은 상담사를 알아보는 것을 도와준다면 진심으로 고마워할 것입니다.

: **아내의 상담사 찾기 협조** : 아내에게 이 책의 2부를 읽도록 권해 주세요. 상담과 다양한 유형의 상담사에 대한 대략적 설명과 더불어, 상담사를 찾는 방법을 알려 줍니다. 만일 강간을 겪은 지 한 달이 못 되었다면 아내가 유난히 화를 낼 수도 있고(이것을 예상하고 있어야 합니다), 결정 내리기를 매우 어려워할 수도 있습니다.

이런 경우, 그렇지만 그녀가 앞으로 나아갈 의지를 표현하고 있다거나 도움을 요청한다면,

1. 10~15분쯤 상담사와 전화 인터뷰를 하면서 증상과 목표하는 바를 개략적으로 알려 주세요. 상담사에 대한 다음의 정보를 알아보세요.
   - 출신 학교, 수련 기관, 자격증
   - 아내가 갖고 있는 증상을 치료하는 방법과 경험 및 성공 사례

2. 전화 인터뷰나 첫 상담 이후에, 아내와 얘기할 시간을 갖고 다음 사항을 고려해 그녀가 상담사를 선정하는 것을 도와주세요.
   - 아내가 그 상담사와 신뢰 관계를 잘 경험했는가? 아내 입장에서 앞으로 신뢰를 더 쌓아 갈 수 있다고 느껴지는 사람인가? 아내가 자신의 증상을 말할 때 편안함을 느끼는가?
   - 아내가 얘기한 문제나 염려되는 부분을 잘 이해하는 것 같은가?
   - 부부가 함께 상담에 참여하는 것(아내가 원하는 경우)에 대해 개방적인가? 두 사람이 동시에 개인 상담을 받을 것을 제안하는가?

아내를 보호하지 못한 것을 자책하고 있습니다. 그녀 역시 그럴까요?

✎ 경험자 견해

충분히 이해할 수 있습니다. 아내를 강간한 놈한테 화가 나는 건지, 아니면 그 자리에 함께 있지 않아서 보호해 주지 못한 나한테 화가 나는 건지, 누구한테 더 화가 나는지 알 수 없었습니다.

그가 아내에게 한 짓을 곱씹으면서 그리고 출장으로 멀리 있었던 나 자신을 원망하면서 지새운 그 많은 밤을 말로 다 표현할 수가 없어요.

수도 없이 이에 대해 같이 얘기했고 아내는 나를 원망하지 않는다고 했지만, 내 생각은 그렇습니다. 남편의 의무가 아내를 보호하는 것이니까요. 이런 말을 하는 것이 너무도 구식으로 들린다는 것도 압니다만, 어쨌든 나는 그녀를 지키지 못했어요. 나는 행동이 빠른 사람이에요, 아마도 많은 남성들이 그렇겠지요. 그녀는 모든 것이 괜찮다고 말하지만, 단지 아니라고 몇 번을 얘기하는 것으로는 충분하지가 않아요. 집에 보안 시스템을 다는 것을 시작으로 해서 이웃 지킴이 프로그램을 운영했습니다.

끝으로, 그녀와 함께 호신술 강좌를 듣는 일을 시작했기 때문에 내가 그녀 옆에 있지 않더라도 그녀는 싸울 수 있을 것입니다. 이 일로 인해 죽도록 겁이 난 것도 사실입니다. 이제 다시는 이런 일이 없도록 아내를 보호하기 위해 무엇이든지 다 할 것입니다. ──톰, 44세

✚ 전문가 견해

: **강간 이후 아내에 대한 과잉보호** : 아내가 강간을 겪은 이후 감정은 경험해 보지 못한 사람은 결코 알 수 없는 일이고, 과도한 보호가 드문 일이 아닙니다. 우리는 일련의 규칙 체계에 따라 오늘을 살고 있고, 그 규칙 가운데 하나가 남편은 아내를 돌보아야 한다는 것입니다. 보호자 역할을 수행해야 할 필요성이란 것을 다소 심각하게 받아들이는 듯합니다만, 어떤 식이든 당신을 탓할 사람은 없습니다. 반드시 꼭 같은 방식으로 복수하기를 원하는 것, 강간범을 찾아내서 당신 방식대로 정의를 실현하고픈 것이 당연하고 정상적인 감정입니다. 하지만 이 시기 아내는 당신의 협조와 지도를 원하고 있는 것이지, 그녀가 본인 감정뿐 아니라 당신의 감정까지 추스르고 돌보고 싶지는 않을 것입니다.

: **자조 방법의 습득 협조** : 다음 방법으로 아내가 스스로를 보호하는 법을 배우도록 도와주세요.

1. 아내에게 혼자 또는 당신과 함께, 호신술 수업을 듣고 싶은지 물어보세요. 저는 부부가 함께하는 것을 제안합니다. 그녀가 협조적이라면, 둘이서 함께 이 문제를 해결해 나갈 수 있는 시간적 기회가 생기는 것이고, 혼자가 아니라는 안정감도 줄 수 있습니다.

2. 안전에 관한 문제를 아내와 의논하되 몇 가지 방안을 갖고 접근하세요. 아내가 강간을 겪은 장소와 시간에 우선 주목하세요. 강간이 대낮에 집 안에서 일어났다면 보안 시스템을 설치하는 것이 해결 방법이 될 수 있을 것입니다.

3. 아내와 함께 이웃 지킴이 프로그램을 만드는 것을 의논해 보세요. 경찰서는 이와 같은 프로그램의 구체적인 사항에 기꺼이 도움을 제공하는

범죄 예방 부서를 두고 있습니다.

4. 현재 상담을 받는 중이라면 상담사나 친구, 지지 모임과 감정을 상의해 보세요. 스스로를 책망하려는 감정에 관해서는 좀 더 주의 깊게 살펴 해결해 나감으로써 둘이서 이 극심하게 힘든 시기를 잘 넘길 수 있을 것입니다. 다른 사람들의 협조와 견해를 구하는 일은 매우 중요합니다.

5. 그녀가 자기 삶에 대한 통제력을 얻을 수 있도록, 처음에는 작은 것에서 시작해서 그 다음은 더 크고 중대한 것으로 옮겨 가십시오. 그녀가 자기 결정에 자신감을 가지는 데 도움 되는 일을 행하도록 격려해 주세요.

언니가 섭식 장애로 심각한 부정 단계에 있는데 어떻게 도울 수 있을까요?

경험자 견해

우리 언니 역시 강간 이후에 힘든 시기를 보냈습니다. 아예 먹는 것을 중단해 버렸습니다. 아무것도 먹고 싶지 않다고 말했어요. 모든 고통과 모든 분노가 언니 자신에게로 되돌아온 것만 같았어요. 너무나도 심하게 고통을 받았기에, 언니 곁에 있는 것조차 힘들었습니다.

얘기를 나눠 보려고도 했고, 책에서 읽은 대로 거식증 환자가 자신의 모습을 보고 도움을 받을 수 있도록 할 만한 일은 모두 해 보았습니다. 하지만 아무 소용이 없었어요.

끝내는 쓰러져서 입원했습니다. 입원을 시킨 이유는 우선 건강해 보이는 상태로 되돌리기 위해서였고 그 다음, 입원 프로그램에 참가시키기 위해서였습니다. 이제 먹기 시작했고 체중도 늘었는데, 지금은 자기감정을 다스리기 위해 외래 환자 프로그램을 이용하고 있어요.

스스로에 대해 늘 높은 목표치를 가진 완벽주의자라서 언니의 거식증이 강간에 대한 감정 표출 방식이란 점은 그다지 놀랍지 않습니다. 마음속에서는 자신이 이제는 '완벽'하지 않으며 망가진 듯 보였던 겁니다. 그런 잘못된 생각이 어디 있겠어요? 가족과 친구들은 언니가 알고 있는 것 이상으로 언니를 사랑하기에, 이런 일이 일어나지 않도록 무슨 일이라도 했을 것입니다.

나 같으면 관련 사실을 더 많이 알아내고 좀 더 빨리 전문가의 도움을 얻고자 애를 썼을 거예요. 기다리지 마세요. 목숨이 달린 문제일 수 있습니다. ──제이, 31세

◆ 전문가 견해

거식증, 폭식증, 강박적 과식증 등 식이 장애는 가족 전체에게 엄청나게 힘든 일일 수 있습니다.

강간을 겪은 여성의 식이 장애는 매우 복잡한 문제로 그 이유는 매우 많습니다. 예를 들어, 거식증을 앓고 있는 여성은 강간 중에 자신이 갖지 못한 통제력을 보상받기 위해 자기 몸에 대한 통제력을 얻으려는 시도일 수 있습니다.

폭식증 여성은 음식을 억지로 삼킴으로써 강간 당시의 격렬한 감정과 고통을 완화하려는 것일 수 있습니다. 제거형 폭식증 여성은 이러한 격렬한 감정을 풀어놓고자 하는 것일 수 있습니다.

그리고 마지막으로, 강박적 과식증 여성은 앞으로 있을지 모르는 강간을 피하기 위해서 체형을 변화시키려는 것일 수 있습니다. 마음속으로 강간을 불러들인 것이 자기의 몸이라고 믿고 있을지도 모릅니다.

딸이 고의적으로 자해를 하고 있는 듯해서 안타깝습니다. 어떻게 해야 할까요?

✍ 경험자 견해

따님의 문제에 대한 교육을 받을 필요가 있습니다. 어느 날 저녁 딸이 소파에서 잠든 후에 그 아이가 자해를 일종의 의식처럼 행하고 있다는 걸 알았습니다. 오랜 기간에 걸쳐서 성폭행 상담 중이었는데, 아이 아빠나 나는 그저 잘 지내고 있는 줄로만 알았습니다. 예전으로 돌아오고 있었거든요. 일도 열심히 하고 몇몇 친구들도 다시 만나기 시작했습니다.

아이가 TV를 보다가 잠들어서 담요를 덮어 주려는데 팔이 툭 떨어지자 팔걸이에 스웨터가 걸려서 팔이 드러났어요. 나는 경악하고 말았습니다. 집안에서 어떤 일이 벌어지고 있는지 전혀 알지 못한 것이었어요. 그날 저녁 별 말은 하지 않았지만 내내 자지 않고 자해에 대해 알아보았습니다. 신속히 도움을 줘야 한다는 것을 알았기에 다음 날 아침 일찍 상담사에게 전화를 걸었습니다.

자해에 관해 찾을 수 있는 것을 전부 찾아 읽고, 딸아이가 왜 그런 행동을 했는지 알게 됐습니다. 그 일을 우리와 상담사가 안 만큼 함께 그 아이를 도울 수 있었습니다. 부모로서 도움을 줄 수 있는 좋은 책과 지지 모임이 수없이 많이 있습니다. 지금 당장 알아보세요. 아이를 이렇다 저렇다 판단하려 하지 말고 행동을 취하세요. ——도리스, 51세

✚ 전문가 견해

딸의 자해 행위를 알게 된 것은 참담한 일이지만, 딸의 문제에 관한 놀라운 징후를 알아차린 것은 지금 도움을 줄 수 있음을 의미합니다.

┊ 자해 ┊ 자해는 일반 사람들이 생각하는 것 이상으로 강간 피해자에게는 흔한 일입니다. 자해를 하는 사람들은 강렬한 느낌과 정서를 감당해 내기 위해서, 무언가를 느끼기 위해서, 그리고 스스로의 '잘못'을 벌하기 위해 그런 행동을 하는데, 이는 종종 수치심과 죄책감이라는 결과를 낳습니다.

자해는 고의적이지만 자살을 시도하려는 행위는 아니며, 대개는 극단적이지 않습니다. 하지만 스스로를 해한다는 문제가 있습니다. 자해를 막는 방법은 '육체 치유' 장에서 찾아보실 수 있습니다. 딸이 부모의 말을 잘 따르는 편이라면 좋은 심리상담가를 찾을 수 있도록 도와주세요.

3

도움이 되는 책·영상·기관

책

어린이

SOS 수호천사 | 권태현 글·그림 | 새롬주니어
나쁜 비밀이 있어요 | 류현 | 별똥별
내 몸은 나의 것 | 린다 월부어드 지라드 글 | 로드니 페이트 그림 | 권수현 옮김 | 문학동네어린이
내 몸은 내가 지켜요 | 코넬리아 스펠만 글 | 테리 와이드너 그림 | 신형건 옮김 | 보물창고
내 몸은 내가 지킨다 | 양동석 | 김&정
네 잘못이 아니야, 나탈리 | 질 티보 글 | 마리 클로드 파브로 그림 | 이정주 옮김 | 작가정신
다정한 손길 | 샌디 클레븐 | 조디 버그스마 그림 | 이승숙 옮김 | 내인생의책
만화로 배우는 어린이 성폭력 예방법 | 이왕성 글·그림 | 킹프로덕션
말해도 괜찮아 | 제시 | 권수현 옮김 | 문학동네
성폭력 싫어요! | 델핀느 쏠리에르 글 | 베르나데뜨 데스프레 그림 | 김태희 옮김 | 푸른숲
소중한 내 몸을 위해 꼭꼭 약속해 | 박은경 | 책읽는곰
싫다고 말해요 | 편집부 | 학은미디어
어린이 범죄 No No No | 임해봉 글·그림 | 씨앤톡
어린이가 스스로 자신을 지키는 36가지 방법 | 황연희 | 글고은
이럴 땐 싫다고 말해요 | 마리 프랑스 보트 글 | 파스칼 로메트르 그림 | 홍은주 옮김 | 문학동네어린이

청소년

가장 특별한 말 | 마리 프랑스 보트·파스칼 르메트르 | 이정순 옮김 | 웅진주니어
우리가 성에 관해 너무나 몰랐던 일들 | 김성애·이지연 | 도서출판 또 하나의 문화
운하의 소녀 | 티에리 르냉 | 조현실 옮김 | 비룡소
유진과 유진 | 이금이 | 푸른책들
으랏차차 청소녀를 위한 호신가이드북 | 한국성폭력상담소

일반

강간의 역사 | 조르쥬 비가렐로 | 이상해 옮김 | 당대
강요된 침묵 | 엠마뉴엘 레이노 | 김희정 옮김 | 책갈피
국내외 대학의 성희롱 성폭력 정책연구 | 김계현·이영분 | 학지사
근친 성폭력, 감춰진 진실 | 주디스 루이스 허먼 | 박은미 옮김 | 삼인
깨어진 침묵 | 울리케 아이힐러 | 김상임 옮김 | 여성신학사
나는 인생을 믿는다 | 사미라 벨릴 | 용경식 옮김 | 마음산책
너 아니면 나 | 정희운 | 이매진
도가니 | 공지영 | 창비
성범죄 없는 직장 문화 만들기 | 이만종 | 한국학술정보
성폭력 근절, 남성도 뛴다 | 한국성폭력상담소
성폭력 전문상담 | 박옥임 외 | 시그마프레스
성폭력 피해가족을 위한 치유 프로그램 | JILL S. LEVENSON, JOHN W. MORIN | 하나의학사
성폭력 피해생존자를 위한 법률지침서 | 한국성폭력상담소
성폭력 피해자와 가해자를 위한 치료 지침서 | A. E. Jongsma, R. Budrionis | 박경 옮김 | 학지사
성폭력, 법정에 서다-여성의 시각에서 본 법담론 | 한국성폭력상담소 | 푸른사상
성폭력·가정폭력·성매매 관련 법제 정비방안 | 박선영 외 | 한국여성정책연구원
성폭력과 상담 | 이원숙 | 학지사
성폭력관련 공판에서의 2차 피해와 피해자권리 | 한국성폭력상담소
성폭력사건지원, 나침반을 찾아라 | 한국성폭력상담소
성폭력에 맞서다 | 이미경 외 | 한울
성폭력을 다시 쓴다 | 한국여성의전화연합 | 한울
성피해 심리치료 | 채규만 | 학지사

335

성학대 피해 아동과 청소년 어떻게 도울 것인가 | 김연옥 | 하나의학사
성희롱 성폭력 상담자 가이드 | 하혜숙 | 학지사
성희롱 정책 | 천대윤 | 선학사
성희롱 행동의 이해와 실제 | 김정인 | 교육과학사
성희롱·성폭력 상담자 가이드 | 하혜숙 | 학지사
성희롱과 법의 정치 | 국미애 | 푸른사상
섹슈얼리티 강의 | 한국성폭력상담소 | 동녘
섹슈얼리티 강의, 두번째 | 한국성폭력상담소 | 동녘
스피크 | 로리 할스 앤더슨 | 문학세계사
슬픈 란돌린 | 카트린 마이어 | 문학동네
아동 성학대의 치료 | 캐슬린 C. 풀러 | 학지사
아주 특별한 용기 | 로라 데이비스·엘렌 베스 | 이경미 옮김 | 동녘
여성을 위한 성범죄 법률상식 | 조명원 | 가림M&B
여자, 길을 내다 | 한국여성의전화연합민경자 | 한울
영유아를 위한 성폭력 예방교육 프로그램 | 권정숙 | 동문사
용서할 수 없는 | 크리스 린치 | 황윤영 옮김 | 메타포
우리 아이들을 성폭력으로부터 지키기 위하여 | 미리엄 사피라 | 나남
위험사회와 성폭력 | 심영희 | 나남출판
인비저블 걸 | 패티 페어리젠 외 | 이배근 옮김 | 홍익재
풀밭 위의 식사 | 전경린 | 문학동네
한국여성인권운동사 | 한국여성의전화연합 | 한울
형사법의 성편향 | 조국 | 박영사

영상

2001 성희롱 보고서 | 여성부
개 같은 날의 오후 | 이민용 감독
굴레를 벗고서 | 한국여성의전화
귀향 | 페드로 알모도바르 감독
그대의 침묵을 말하라 여성과 성폭력 | 한국여성개발원
낮은 목소리로 1, 2 | 변영주 감독
내 몸은 내가 지켜요 | 한국성폭력상담소
너 무슨 생각하고 있니 | 한국성폭력상담소
단지 그대가 여자라는 이유만으로 | 김유진 감독
더월 | 낸시 사보카 감독
도하의 꿈 | 서울여성의전화 (애니메이션)
돌로레스 클레이본 | 테일러 핵포드 감독
릴리 슈슈의 모든 것 | 이와이 슌지 감독
립스틱 | 라몬트 존슨 감독
붉은 가마 | 이소홍 감독
성폭력 없는 사회를 위하여 | 한국여성개발원
성폭력 없는 세상 만들기 | 한국여성개발원
성폭력, 내 얘기라구요? | 여성부
성희롱 어떻게 생각하십니까? | 여성부
성희롱 없는 건강한 직장문화 | 한국성폭력상담소
시고니 위버의 진실 | 로만 폴란스키 감독
써클 | 자파르 파나히 감독
아주 먼 내일 | 한국여성의전화
안토니아스 라인 | 마를렌 고리스 감독
우리들의 약속 | 한국성폭력상담소
적과의 동침 | 조셉 루벤 감독
전사의 후예 | 리 타마호리 감독
칸다하르 | 모흐센 마흐말바프 감독
컨빅션 | 마르코 벨로치오 감독
포화 속의 마리아 | 라이너 베르너 파스빈더 감독
폭로 | 베리 레빈슨 감독
피고인 | 조나단 캐플란 감독
R U Ready? 지금 우리는 | 한국성폭력상담소

여성긴급전화

1366 (핸드폰: 지역번호+1366)

원스톱지원센터

강원 | 033-243-8117 | www.gwonestop.or.kr
경기 | 031-216-1117 | www.ggonestop.or.kr
경기 북부 | 031-874-3117 | www.ggnonestop.or.kr
경남 | 055-244-8117 | www.gnonestop.or.kr
경북 | 054-843-1117 | www.gbonestop.or.kr
광주·전남 | 062-225-3117 | www.gjonestop.or.kr
대구 | 053-556-8117 | onestop.daegumc.co.kr
대전·충남 | 042-280-8436 | www.djonestop.or.kr
부산 | 051-507-1170 | www.bsonestop.or.kr
서울 | 02-3400-1700 | www.smonestop.or.kr
서울 보라매 | 02-870-1700 | www.smsonestop.or.kr
울산 | 052-246-3117 | www.usonestop.or.kr
인천 | 032- 582-1170 | www.iconestop.or.kr
전북 | 063- 278-0117 | www.jbonestop.or.kr
제주 | 064-749-5117 | www.jjonestop.or.kr
충북 | 043-272-7117 | www.cbonestop.or.kr

웹사이트

기독교여성상담소 | www.8275.org
대한호신술협회 | www.hosinsul.org
여성부 여성폭력방지 종합정보 | www.moge.go.kr
천주교성폭력상담소 | www.peacewell.org
한국성폭력상담소 | www.sisters.or.kr
한국성폭력위기센터 | www.rape119.or.kr
한국양성평등교육진흥원 | www.kigepe.or.kr
한국여성민우회 성폭력상담소 | fc.womenlink.or.kr
한국여성의전화 성폭력상담소 | www.hotline.or.kr
한국여성장애인연합 | www.kdawu.org

성폭력 상담 기관

서울

강남성폭력상담소 | 02-547-0690
내일청소년상담소 | 02-3141-6191
서울강서양천여성의전화 | 02-2605-8466
심리치료영성센터 | 02-2646-0951
이레성폭력상담소 | 02-866-1365
인구보건복지협회 | 02-467-1400, 0845
종로경찰서 | 02-722-0118
천주교성폭력상담소 | 02-825-1272, 1276
한국성폭력상담소 | 02-338-5801~2
한국성폭력위기센터 | 02-883-9285
한국아동성폭력피해가족모임 | 02-3481-6779
한국여성민우회 | 02-335-1858
한국여성상담센터 | 02-953-1504
한국여성의전화 | 02-2263-6465

인천·경기

강화 여성의전화 | 032-934-1903~4
경기 여성긴급전화 | 031-442-2885
경기 인구보건복지협회 | 031-257-3233
고양 여성민우회 | 031-919-1366
광명 YWCA | 02-895-1966
광주 씨알여성회 | 031-797-7032
구리 성폭력상담소 | 031-878-5598, 565-1366,
군포 여성민우회 | 031-399-0201
김포 여성의전화 | 031-986-0136
동두천 성폭력상담소 | 031-861-5555
동두천 여성상담센터 | 031-858-1366
부천 새부천성폭력상담소 | 032-662-1191
부천 새소망성폭력상담소 | 032-322-4846
부천 여성의전화 | 032-328-9711
부천 청소년성폭력상담소 | 032-655-1366
성남 여성의전화 | 031-751-6677, 1120
수원 생명의전화 | 031-237-3120, 031-237-4244

수원 여성의전화 | 031-224-6888
안산 성폭력상담소 | 031-419-1142
안산 성폭력상담소 | 031-419-2266
안산 시민참여복지회 | 031-419-1366
안산 YWCA | 031-413-9410, 9414
안성 성교육성폭력상담센터 | 031-676-2366
안양 여성의전화 | 031-442-4394
양주 가정·성폭력상담소 | 031-864-7545~6
양주 사랑깊은뜰 | 031-864-7545~6
연천 행복뜰상담소 | 031-832-1315
용인 생명의전화 | 031-898-2448
용인 성폭력상담소 | 031-281-1366
의정부 사랑깊은뜰 | 031-876-7544~5
의정부 성폭력관련상담소 | 031-876-7546
이천 가정폭력·성폭력상담소 | 031-638-7200
인천 여성단체협의회 | 032-864-1365, 865-1365
인천 여성의전화 | 032-529-2545, 527-0090
인천 인구보건복지협회 | 032-451-4093~5
인천 한무리여성상담소 | 032-885-5504
일산 성폭력상담소 | 031-911-1366
일산 성폭력상담소 | 031-911-1366
파주 상담센터 뜰 | 031 946-9091~2
평택 새움터부설현장상담센터 | 031-663-4655
평택 성폭력상담소 | 031-611-4252
평택 성폭력상담소 | 031-618-1366, 652-6614
포천 가족·성상담센타 | 031-542-3171
하남 성폭력상담소 | 031-796-1213
하남 YWCA 성폭력상담소 | 031-796-1274, 1213
화성 가족과성상담소 | 031-8003-1033

강원

강릉 가정폭력·성폭력상담소 | 033-652-9555~6
강원 인구보건복지협회 | 033-263-3167
동해 가정폭력·성폭력상담소 | 033-535-4943
속초 성폭력상담소 | 033-637-1988
영월 성폭력상담소 | 033-375-1366

원주 가정폭력·성폭력상담소 | 033-765-1366~8
춘천 가정폭력·성폭력상담소 | 033-257-4687~9
태백 성폭력상담소 | 033-554-4004

대전·충청

당진 미래가족상담센터 | 041-354-2366
대전 대한가정법률복지상담원 | 042-637-1366
대전 성폭력상담소 | 042-526-4000, 712-1369
대전 여성장애인성폭력상담소 | 042-223-8866
대전 원스톱지원센터 | 042-280-8436~7
대전 YWCA | 041-255-0078, 255-0004
대전·충남 인구보건복지협회 | 042-712-1366
아산 성폭력상담소 | 041-546-9181
옥천 성폭력상담소 | 043-732-1307
제천 성폭력상담소 | 043-653-1331
조치원 YWCA | 041-862-9191~2
천안 여성의전화 | 041-561-0303
청주 여성의전화 | 041-252-0968
충남 성폭력상담소 | 041-564-0027~9
충북 여성긴급전화 | 043-220-5651
충북 여성인권상담소 늘봄 | 043-257-8297
충북 인구보건복지협회 | 043-270-5940
충주 성폭력상담소 | 043-845-1366
홍성 성폭력상담소 | 041-634-9949
홍성·청주 YWCA | 041-268-3007~8

광주·전라·제주

광양 성폭력상담소 | 061-763-3700
광주 성폭력및학교폭력피해자지원센터 | 062-232-3117
광주 어등성폭력상담소 | 062-946-8004
광주 여성긴급전화 | 062-384-1366
광주 여성민우회 | 062-521-1360
광주 여성의전화 | 062-363-0487
광주 참사랑성폭력상담소 | 062-954-4236
광주 한국아동성폭력피해가족모임 지원센터 | 062-267-1388

광주·전남 인구보건복지협회 | 062-670-4040~2
군산 성폭력상담소 | 063-442-1570
김제 성폭력예방치료센터 | 063-546-1366, 8366
남원 YWCA | 063-625-1316
목포 성폭력상담소 | 061-283-4510
목포 여성상담센터 | 061-283-4552
순천 성폭력상담지원센터 | 061-721-1366
여수 성폭력상담소 | 061-666-4001~2
완도 성폭력상담소 | 061-554-1366
익산 성폭력상담소 | 063-834-1366, 1377
전남 성폭력상담소 | 061-755-8033, 753-1366
전남 여성긴급전화 | 061-690-1366
전북 인구보건복지협회 | 063-242-8275
전주 성폭력예방치료센터 | 063-236-0151~2
정읍 가람성폭력상담소 | 063-537-3600
정읍 성폭력예방치료센터 | 063-537-1366
제주 여민회 | 064-755-1366
제주 여성인권연대 | 064-748-8297
제주 인구보건복지협회 | 064-742-0457
제주 YWCA 여성의피난처 | 064-747-3041~3
해남 성폭력상담소 | 061-533-9181

대구·경북
경북 여성긴급전화 | 054-338-1366
경북 여성통합상담소 | 054-282-1470, 275-7436
경산 새경산성폭력상담소 | 053-814-1318
경주 성폭력상담소 | 054-777-1366
구미 여성종합상담소 | 054-463-1386~8
김천 성폭력상담소 | 054-434-5452
김천 아내업어주기운동본부 | 054-437-6100
대구 로뎀성폭력상담소 | 053-853-5276, 854-4646
대구 여성긴급전화 | 053-256-7300
대구 여성의전화 | 053-471-6482~3
대구 여성폭력통합상담소 | 053-745-4504
대구·경북 인구보건복지협회 | 053-566-1900
대구남 성폭력상담소 | 053-471-6482

대구서 성폭력상담소 | 053-568-7942
문경 가정폭력·성폭력·청소년문제상담소 | 054-555-8207
상주 필그림가정폭력·성폭력상담소 | 054-534-5999
칠곡 여성폭력 종합상담센타 | 054-973-8290~1
포항 성폭력상담소 | 054-282-1470
포항 한마음통합상담소 | 054-277-9540, 278-4330

부산·울산·경남
경남 여성긴급전화 | 055-298-8363
경남 인구보건복지협회 | 055-261-6219
김해 여성의전화 | 055-329-6451
동래 성폭력상담소 | 051-531-1366
마산 경남여성회 | 055-244-8400
마산 YWCA | 055-246-8297
밀양 성폭력상담소 | 055-352-1368
부산 성폭력상담소 | 051-333-1364
부산 성폭력상담소 | 051-558-8832~3
부산 성폭력청소년상담실 | 051-624-5584
부산 여성긴급전화 | 051-508-2969
부산 여성의전화 | 051-817-6464, 6474
부산 여성폭력예방상담소 | 051-752-0871
부산 인구보건복지협회 | 051-624 -5584
사천 성폭력상담소 | 055-852-9040
양산 성가족상담소 | 055-366-6676
양산 성폭력상담소 | 055-366-6663
울산 가정법률상담소 | 052-246-9568
울산 생명의전화 | 052-269-9191
울산 성폭력상담센터 | 052-903-4211
울산 성폭력상담소 | 052-257-1374~5
울산 여성긴급전화 | 052-246-6713
울산 여성의전화 | 052-244-1555, 070-8230-1555
울산 여성회 | 052-287-1364
울산 인구보건복지협회 | 052-276-4463
진주 여성민우회 | 055-746-7462
진해 성폭력상담소 | 055-546-0036

진해 여성의전화 | 055-546-8322
창원 여성의전화 | 055-267-1366, 283-8422
통영 YWCA | 055-642-0233
함안 성폭력상담소 | 055-585-1366
함양 가족성폭력상담소 | 055-964-1385

부산 | 051-244-1375 | www.child4u.or.kr
서울 | 02-3274-1375 | www.child1375.or.kr
인천 | 032-423-1375 | www.sunflowericn.or.kr
전북 | 063-246-1375 | www.jbsunflower.or.kr
충청 | 043-857-1375 | www.1375.or.kr

장애인 성폭력 상담 기관

거제 | 055-635-4483, 055-637-5749
경북 | 054-843-1366
광주 | 062-654-1365
대구 | 053-637-6057
대전 | 042-223-2360
마산 | 055-241-1366, 5041
목포 | 061-283-4767
부산 | 051-517-9669
서울 | 02-3675-4465~6
서울 장애여성공감 | 02-3013-1367
성남 | 031-752-3663, 722-1366
아산 | 041-541-1514~5
울산 | 052-246-1368
의정부 | 031-840-9203~4
전주 | 063-242-8275
제주 | 064-753-4980
천안 | 041-592-6500
청주 | 043-224-9414

성폭력 전담 의료 기관

가평 | 가평군보건소 031-580-2819
강릉 | 강릉동인병원 033-651-6161 | 강릉아산병원 033-610-3793 | 강릉의료원 033-610-1431 | 아나병원 033-642-1164
강진 | 강진의료원 061-430-1001
거제 | 거제백병원 055-635-2187 | 대우병원 055-680-8114
거창 | 거창적십자병원 055-944-3251
경산 | 경산시보건소 053-810-6475
경주 | 동국대학교경주병원 054-770-8137 | 맘존여성병원 054-743-6688
계룡 | 김광석외과 042-841-4411
고성(강원) | 고성군보건소 033-681-4000
고성(경남) | 고성군보건소 055-670-2701
고양 | 그레이스병원 031-907-1717 | 동원산부인과 031-921-1515 | 명지병원 031-810-5114 | 일산백병원 031-910-7114 | 일산병원 031-900-0114
고창 | 고창종합병원 063-560-5600
고흥 | 고흥종합병원 061-832-1911
곡성 | 곡성보건의료원 061-362-4000
공주 | 공주의료원 041-855-4111~5
광명 | 광명성애병원 031-2680-7132 | 광명제일산부인과 031-2616-1133
광양 | 미래여성의원 061-791-7070
광주광산 | 운남산부인과 062-959-7600
광주남 | 광주기독병원 062-650-5000
광주동 | 전남대학교병원 062-220-5114 | 조선대학교

해바라기아동센터(아동성폭력전담)

강원 | 033-252-1375 | www.childsaver.or.kr
경기 | 031-708-1375 | www.sunflower1375.or.kr
경남 | 055-754-1375 | www.savechild.or.kr
광주·전남 | 062-232-1375 | www.forchild.or.kr
대구·경북 | 053-421-1375 | www.csart.or.kr

병원 052-220-3114
광주북 | 에덴병원 062-260-3000
광주서 | 미즈피아산부인과병원 062-380-2000
구례 | 구례보건의료원 061-780-2032
구리 | 구리시보건소 031-550-2252 | 구리장스여성의원 031-550-3105
구미 | 구미차병원 054-450-9634 | 세명산부인과 054-454-5050 | 순천향구미병원 054-463-7151 | 임영미산부인과 | 054-455-3003 | 진혁희 맑은마음의원 054-451-7582
군산 | 개정신경정신과 063-451-8400 | 군산의료원 063-472-5472 | 메디퀸산부인과 063-468-2993 | 미래와여성산부인과 063-441-1100
군포 | 산본제일병원 031-396-3301 | 원광대학교 산본병원 031-390-2345
금산 | 금산을지병원 041-752-8883 | 조산부인과 041-754-2267
김제 | 김제시보건소 063-540-1300
김천 | 김천의료원 054-432-8901 | 이상식산부인과 054-433-3307
김포 | 김포우리병원 031-999-1000
김해 | 프라임여성병원 055-328-0059 | 환명의료재단 조은금강병원 055-330-0300
나주 | 나주종합병원 061-330-6114 | 우리산부인과 061 - 337-0007
남양주 | 소예신경정신과 031-594-7912 | 한나산부인과 031-592-5100
남원 | 남원의료원 063-620-1114
남해 | 남해군보건소 055-860-3557
논산 | 백제종합병원 041-733-2191
담양 | 담양여성의원 061- 383-1175
당진 | 백병원 041-356-7114 | 유명산부인과 041-356-5560
대구남 | 영남대학교병원 053-620-4440
대구달서 | 가야기독병원 053-620-9500
대구달성 | 달성군보건소 053-668-3101

대구동 | 대구파티마병원 053-940-7114 | 현대산부인과 053-955-5400
대구북 | 신세계병원 053-964-7771
대구서 | 대구의료원 053-560-7575 | 가족보건의원 053-566-1901
대구중 | 경북대학교병원 053-422-1141
대전대덕 | 연세산부인과 042-633-8855
대전동 | 가양산부인과 042-632-7766
대전서 | 미래여성병원 042-471-7100
대전유성 | 유성구보건소 042-825-3211
대전중 | 충남대학교병원 042-280-7114
동두천 | 해성산부인과 031-868-0868
동해 | 동해동인병원 033-532-3006
마산 | 동마산병원 055-290-5000 | 마산의료원 055-249-1000 | 미래산부인과 055-221-3777
목포 | 그린산부인과 061-245-3002 | 목포미즈아이병원 061-260-8050 | 목포의료원 061-260-6450 | 중앙병원 061- 280-3000 | 한국병원 061-270-5500
무안 | 무안종합병원 061-453-7587
무주 | 무주군보건의료원 063-322-2201
문경 | 김성연산부인과 054-552-3344 | 문경제일병원 | 054-550-7700
밀양 | 제일병원 055-352-7851
보령 | 보령아산병원 041-930-5114 | 윤산부인과 041-935-6232
보성 | 보성아산병원 061-850-3401
봉화 | 봉화군보건소 054-673-4000
부산강서 | 강서구보건소 051-970-4500
부산금정 | 김경미산부인과 051-514-1772 | 새동래병원 051-517-8311
부산동 | 일신기독병원 051-630-0300
부산동래 | 본메디케어여성병원 051-525-0800 | 한마음신경정신과 051-504-3131
부산사하 | 뉴본여성의원 051-910-7116
부산서 | 고신대학교복음병원 051-990-6012 | 부산대학교병원 051-240-7493

부산수영 | 가족보건의원 051-624-5581 | 이현숙신경
정신과 051-752-0075
부산연제 | 부산의료원 051-507-3000
부산진 | 김상엽정신과의원 051-668-8680 | 미래산부
인과 051-896-1999 | 부산진구보건소 051-605-6011
부산해운대 | 해운대산부인과 051-746-0052 | 혜원산
부인과 051-545-1216
부안 | 부안성모병원 063-581-5100
부여 | 건양대학교부속부여병원 041-837-1200 | 정승
우산부인과 041-833-2947
부천시 | 순천향대학교 병원 032-621-5114 | 고광덕산
부인과 032-665-0070 | 부천대성병원 032-652-0141
사천 | 늘푸른모자원 055-833-2777
산청 | 산청군보건의료원 055-973-2289
삼척 | 삼척병원 033-574-7694 | 삼척시보건소 033-
574-7905 | 삼척의료원 033-572-1141
상주 | 상주성모병원 054-532-5001 | 상주적십자병원
054-534-3501
서산 | 서산의료원 041-661-6136
서울강남 | 서울의료원 02-3403-0211
서울강동 | 김현식산부인과 02-488-4011
서울강북 | 아가엄마산부인과 02-999-8275
서울관악 | 강남고려병원 02-874-8001 | 사는기쁨신
경정신과 02-888-0675 | 양지병원 02-887-6001
서울광진 | 건국대학교병원 02-2030-7124
서울구로 | 구로성심병원 02-2067-1500 | 고려대구로
병원 02-2626-2014
서울금천 | 조윤희산부인과 02-802-8892 | 희명병원
02-804-0002
서울노원 | 을지병원 02-970-8566 | 인제대학교상계
백병원 02-950-1402
서울도봉 | 한일병원 02-901-3252
서울동대문 | 동대문구보건소 02-2127-5365 | 삼육서
울병원 02-2210-3633 | 시립동부병원 02-920-9340
| 가톨릭대학성바오로병원 02-958-2114
서울동작 | 김석호내과의원 02-826-2777 | 동작구보

건소 02-820-9467 | 박언규신경정신과 02-532-1283
| 보라매병원 02-840-2279 | 중앙대학교병원 02-
6299-1114 | 청화병원 02-815-3788
서울마포 | 동교신경정신과 02-333-3572 | 이유명호
한의원 02-719-4231
서울서대문 | 동신종합병원 02- 396-9161 | 연세대학
교세브란스병원 02-2228-5045
서울서초 | 가톨릭의대성모병원 02-590-2381
서울성동 | 동인병원 02-2293-1121 | 성동구보건소 |
02-2286-7118
서울성동 | 조은산부인과 02-2282-3088 | 한양대학교
병원 02-2290-8114
서울성북 | 고려대안암병원 02-920-5695 | 열린산부
인과 02-929-6817
서울송파 | 경찰병원 02-3400-1114
서울양천 | 이대의과대학부속목동병원 02-2650-2611
서울영등포 | 김종률내과 02-831-1585 | 대명치과의
원 02-841-1572 | 신학재외과 02-848-4654 | 이상태
산부인과 02-842-0199
서울용산 | 순천향대학교병원 02-709-9114
서울은평 | 은산부인과 02-359-7175 | 은혜산부인과
02-353-4307 | 인정병원 02-309-0909 | 청구성심병
원 02-385-5511
서울종로 | 서울대학교병원 02-2072-2200
서울중 | 국립의료원 02-2260-7114 | 조아산부인과
02-2233-6992
서천 | 미래산부인과 041-951-8900 | 해성의원 041-
952-0079
성남 | 포천중문의과대학차병원 031-780-5000
속초 | 고려산부인과 033-635-3535 | 속초병원 033-
639-3000 | 속초의료원 033-632-6821 | 중앙산부인
과 | 033-637-7000
수원 | 경기도립의료원수원병원 031-888-0680 | 아주
대학교병원 031-219-6011
순창 | 순창군보건의료원 063-650-1550
순천 | 순천시현대병원 061-720-1111 | 순천의료원

061-759-9110
시흥 | 중앙산부인과 031-313-3333
아산 | 청아산부인과 041-543-2101
안동 | 안동의료원 054-858-8951
안산 | 이지은산부인과 031-401-7777 | 한도병원 031-8040-1152 | BM산부인과 031-501-0660
안성 | 경기도립 안성병원 031-674-7520
안양 | 샘여성병원 031-449-6114 | 한림대학교성심병원 031-380-4111
양구 | 양구군보건소 033-480-2550 | 양구성심병원 033-482-3001 | 인애병원 033-481-2128
양산 | 하나병원 055-370-0600
양양 | 양양군보건소 033-670-2559
양주 | 모아산부인과 031-859-3535
양평 | 김란산부인과 031-772-2136
여수 | 여수여천전남병원 061-690-6000 | 여수전남병원 061-640-7114
여주 | 여주고려병원 031-885-3009
연기 | 성가신경정신병원 041-867-5357 | 안산부인과 041-864-7799
연천 | 연천군보건의료원 031-839-2556
영광 | 영광기독병원 061-350-3000
영암 | 영암제일병원 061-460-9000
영월 | 영월군보건소 033-370-2552 | 영월의료원 033-370-9151
영천 | 영천시보건소 054-330-6712
예산 | 예산명지병원 041-671-2211
오산 | 수경의료재단서울병원 031-375-0081
완도 | 완도대성병원 061-554-1234
완주 | 고려병원 063-290-0114
용인 | 용인세브란스 031-331-8888
울산동 | 울산대학교병원 | 052- 250-7946
울산중 | 동강병원 | 052-241-1114
울진 | 울진군의료원 054-785-7015
원주 | 미래산부인과 033-766-8008 | 본비뇨기과 033-746-5667 | 원주기독병원 033-741-0114 | 원주의료원 033-760-4500 | 이신경정신과 033-744-1142
의령 | 복음의원 055-573-9977
의성 | 의성군보건소 054-830-6471
의정부 | 가톨릭대학교 의정부성모병원 031-674-7744 | 경기도립의료원 031-674-7520
이천 | 양정분산부인과 031-635-5300 | 이천의료원 031-639-4805
익산 | 제일산부인과 063-855-0887
인제 | 인제군보건소 033-461-21221
인천강화 | 서울이산부인과 032-933-2360
인천계양 | 의료법인 인성의료재단 한림병원 | 032-540-9025
인천남 | 고은산부인과 032-883-3535 | 황원준신경정신과 032-435-7766
인천남동 | 가천의과대학교길병원 032-460-3114 | 인구보건복지협회 가족보건의원 | 032-431-4000
인천동 | 인천의료원 | 032-580-6000
인천부평 | 가톨릭대학교인천성모병원 032-510- 5500
인천서 | 그린산부인과 032-574-3535
인천연수 | 대한적십자사 인천병원 032-280-2114
인천옹진 | 인천광역시의료원백령병원 836-0852
임실 | 임실군보건의료원 063-640-3102
장성 | 장성혜림병원 061-399-3000
장수 | 장수군보건의료원 063-351-8000
장흥 | 장흥종합병원 061-862-8300
전주 | 김임신경정신과 063-272-7676 | 다솜신경정신과 063-272-7582 | 전북대학교병원 063-278-0117 | 한나여성병원 063-250-3500
정선 | 정선군보건소 033-560-2557
정읍 | 정읍아산병원 063-530-6644
제주 | 서귀포의료원 064-730-3111 | 예나산부인과 064 -748-0088 | 제주대학교병원 064-750-1234 | 제주의료원 064-724-2101 | 한라병원 064-740-5215
제천 | 인신경정신과 043-645-7455 | 제천서울병원 043-643-2327
진안 | 진안군보건소 063-430-8500

진주 | 미래여성병원 055-760-8005 | 진주의료원 055-740-8300
진천 | 미래산부인과 043-533-1223
진해 | 예인여성병원 055-551-1020 | 진해시보건소 055-548-2402
창녕 | 창녕서울병원 055-532-1975
창원 | 창원파티마 055-270-1109 | 한마음병원 055-268-7756
천안 | 단국대학교부속병원 041-550-7114 | 이화여성병원 041-579-1400 | 천안의료원 041-570-7290 | 혜민신경정신과 041-552-8017
철원 | 철원길병원 033-452-0862
청양 | 신충수외과 041-943-6200 | 청양보건의료원 041-942-3401
청주 | 가족보건의원 043-274-7476 | 청주의료원 043-279-2300
춘천 | 강원대학교병원 033-258-6348 | 한림대학부속춘천성심병원 033-252-9970
충주 | 건국대학교의료원충주병원 043-845-2501 | 충주의료원 043-841-0114
칠곡 | 혜원성모병원 054-979-7114
태백 | 신태백산부인과 033-553-6901 | 태백중앙병원 033-580-3333
태안 | 태안군보건의료원 041-671-2211
통영 | 참사랑여성병원 055-643-3575 | 통영시보건소 055-656-4111
파주 | 경기도립의료원파주병원 031-941-5811 | 미래여성병원 031-940-1726
평창 | 평창군보건의료원 033-330-1130
평택 | 굿모닝병원 031-659-7700 | 박애병원 031-652-2121
포천 | 경기도립의료원포천병원 | 031-539-9114
포항 | 김남주산부인과 054-273-6920 | 포항여성병원 054-274-7775
하남 | 제일산부인과 031-795-2561
하동 | 하동군보건소 055-880-2641 | 하동삼성병원 055-880-4220
함안 | 함안군보건소 055-583-4000
함양 | 한마음정형외과 055-964-2301
함평 | 함평성심병원 061-324-0001
합천 | 파티마의원 055-933-2680
해남 | 해남종합병원 061-530-0114
홍성 | 홍성의료원 041-630-6114
홍천 | 아름다운 병원 033-430-9901 | 연세신경정신과 033-435-1775
화성 | 동수원남양병원 031-356-2828 | 미즈파크산부인과의원 031-8003-7575
화순 | 차메디컬의원 061-371-2001
화천 | 화천군보건의료원 033-440-2550
횡성 | 횡성군보건소 033-340-2550 | 횡성대성병원 033-343-0901